金蝶 ERP 实验课程指定教材

管理会计综合实验教程

杨 玲　孙慧英　主　编

周 磊　杨 媚　杨玉国　蒋水全　副主编

周忻瑶　廖佳佳　杨丹虹　孟晓轩　参　编

清华大学出版社
北　京

内 容 简 介

本书旨在培育具备管理会计、数字化转型、战略规划、国际商务、创新研发、供应链管理、绩效评估和风险控制等关键技能的综合性管理人才。本书通过一系列精心设计的管理会计实验案例，深入探讨了智能制造公司在数字化转型过程中的管理会计实践。

本书为读者提供了一个全面的管理会计实践视角，通过新达集团的案例，展示了如何将管理会计与企业战略相结合，实现财务数据与业务活动的深度融合，从而推动企业持续发展和提升企业市场竞争力。同时，本书提供了丰富的教学资源，包括教学课件、教学练习数据、参考答案等。

本书适合作为高等院校财务管理、会计学、工商管理、信息管理与信息系统等相关专业的教学用书，也适合作为企业中高层管理人员和信息化主管的参考书。

本书封面贴有清华大学出版社防伪标签，无标签者不得销售。
版权所有，侵权必究。举报：010-62782989，beiqinquan@tup.tsinghua.edu.cn。

图书在版编目(CIP)数据

管理会计综合实验教程 / 杨玲, 孙慧英主编.
北京 : 清华大学出版社, 2024.6. -- (金蝶ERP实验课程指定教材). -- ISBN 978-7-302-66559-5
Ⅰ.F234.3
中国国家版本馆CIP数据核字第2024UT7263号

责任编辑：高 岫
封面设计：周晓亮
版式设计：方加青
责任校对：马遥遥
责任印制：刘 菲

出版发行：清华大学出版社
    网　　址：https://www.tup.com.cn, https://www.wqxuetang.com
    地　　址：北京清华大学学研大厦 A 座　　邮　编：100084
    社 总 机：010-83470000　　　　　　　　邮　购：010-62786544
    投稿与读者服务：010-62776969, c-service@tup.tsinghua.edu.cn
    质 量 反 馈：010-62772015, zhiliang@tup.tsinghua.edu.cn
印 装 者：三河市天利华印刷装订有限公司
经　　销：全国新华书店
开　　本：185mm×260mm　　印　张：14　　字　数：324 千字
版　　次：2024 年 8 月第 1 版　　印　次：2024 年 8 月第 1 次印刷
定　　价：58.00 元

产品编号：103085-01

前 言

在数字化时代的浪潮中,企业如何通过管理会计的创新实践来提升竞争力,实现可持续发展,已成为业界关注的焦点。本书案例任务以新达集团为背景展开,深入探讨管理会计在现代企业中的应用,旨在为读者提供一个理论与实践相结合的学习资源。

案例公司新达集团作为一家在机器人研发、制造和服务领域领先的企业,面临全球化竞争和市场变化的双重挑战。在这一过程中,管理会计不仅是一种工具,更是企业战略决策和运营优化的重要支撑。本书通过新达集团的案例,展示了如何运用管理会计理论来指导企业的成本控制、预算管理、绩效评估和风险管理,以及如何通过数字化手段提升管理效率和决策质量。

本书共分为三大部分,介绍了管理会计综合实验案例背景、管理会计基础设置和管理会计在集团型企业的信息化应用等内容。

- 管理会计综合实验案例背景部分,引入了案例公司新达集团。其作为国内领先的机器人制造商,自2009年成立以来,以创新技术和卓越品质,迅速成长为全球销量排名前十的机器人生产厂商。面对日益激烈的市场竞争和劳动力成本上涨的挑战,新达集团不仅致力于研发先进的人工智能机器人,还通过管理会计的信息化应用,实现了对企业资源的高效配置和对成本的精准控制。

- 管理会计基础设置部分,以新达集团的组织架构为背景,介绍了集团内部的典型法人实体(新达集团、新达智能科技有限公司和新达机器人销售有限公司)的职能分工与业务流程,特别强调了新达智能科技有限公司在机器人生产、配件采购和库存管理中的关键角色,以及新达机器人销售有限公司在全球的销售网络的构建与管理。

- 管理会计信息化应用部分,详细阐述了新达集团如何通过管理会计信息系统,实现预算建模、编制、执行、控制与分析的全过程。本书还探讨了成本管理的创新实践,如标准成本的制定与实际成本的差异分析,以及现金池管理和"收支两条线"资金管理模式。此外,绩效管理机制的引入不仅激励了员工,还为管理流程和业务流程的优化提供了有力支持。

在编写过程中,本书力求将管理会计的复杂概念和方法以简洁明了的方式呈现,使读者快速掌握并应用于实际工作中。通过深入分析本书所提供的案例公司新达集团的管理会计实践,读者能够更好地理解管理会计在企业数字化转型中的核心价值,以及如何将这些知识转化为推动企业成长的动力。

希望本书能够成为管理会计学者、教育工作者和实践者的宝贵资源，激发更多关于管理会计创新应用的思考和讨论；同时，也期待读者能够通过对本书的学习，不断提升自己的专业素养，成为引领企业走向未来的管理会计专家。

本书提供了配套的教学资源，包含的内容有：

(1) 教学课件(PPT格式)，便于教师授课，可扫描右侧二维码获取；

(2) 教学练习数据，便于教学练习，可扫描书中二维码获取；

(3) 习题答案，便于强化巩固，可扫描书中二维码获取。

教学资源

本书融入了金蝶公司在助力客户实现数字化管理转型中积累的丰富实践经验，适合作为高等院校财务管理、会计学、工商管理、信息管理与信息系统等相关专业的教学用书，对于学生了解企业的数字化转型、管理会计在企业经营管理中的价值和作用非常有帮助。当然，对于企业中高层管理人员和信息化主管，本书也是一本不错的参考书。

本书是校企深度合作的成果，在编写的过程中，结合了多所院校教师的教学经验，并与金蝶软件的相关专家进行了充分的沟通交流，参考和借鉴了一些公司的管理会计的相关资料和实践成果。

本书由广州华商职业学院的杨玲、广东培正学院的孙慧英担任主编，由广州华商职业学院的周磊、海口经济学院的杨媚、广州商学院的杨玉国、重庆工商大学的蒋水全担任副主编，海口经济学院的周忻瑶、广州商学院的廖佳佳、金蝶精一的杨丹虹和孟晓轩参编。他们的专业知识和实践经验为本教材的质量和实用性提供了坚实的保障。同时，金蝶精一的曾欣、郭文强也参与了部分内容的编写工作。他们的辛勤劳动最终凝结成了本书。在此，谨对他们表示衷心的感谢！

编　者

2024年3月

目　录

第1章　管理会计综合实验案例背景 ·· 1

第2章　管理会计基础设置 ·· 3
　2.1　应收管理初始化 ··· 3
　2.2　应付管理初始化 ··· 5
　2.3　出纳管理初始化 ··· 8
　2.4　费用报销管理初始化 ··· 13
　2.5　资金管理初始化 ··· 15
　2.6　库存管理初始化 ··· 16
　2.7　存货核算初始化 ··· 22
　2.8　产品成本核算初始化 ··· 28

第3章　管理会计在集团型企业的信息化应用 ·································· 33
　3.1　新达集团编制2023年度经营相关预算 ··································· 33
　3.2　新达集团制定绩效考核要求 ·· 49
　3.3　新达智能科技有限公司确定产品标准成本 ······························ 64
　3.4　全集团日常业务处理 ·· 77
　3.5　月末业务处理、成本核算及相关报表分析 ···························· 159

第1章　管理会计综合实验案例背景

本书全部案例任务以新达集团为背景展开，所有任务背景统一且数据关联。

新达集团成立于2009年，注册资本5000万元，是一家主要集机器人研发、制造、服务为一体的公司，并且是国内顶尖的机器人制造商之一，该公司研发总部坐落于国家顶尖的机器人产业园——江苏省机器人科技产业园。该公司是一家采用日本、德国等国的尖端技术并拥有自主知识产权和核心技术的高新技术企业，其产品具有高稳定性、使用寿命长、维护简单、配件成本低的优点。自该公司成立以来，一直以"打造国内顶尖、世界先进的机器人生产厂商"为目标，目前是全球销量前十的机器人生产厂商。

面对国内劳动力成本不断上涨，人口红利的消失，公司迎难而上，把"服务于社会、造福于人类"作为公司的发展战略，以先进的人工智能机器人代替人类简单的重复劳动，但是随着社会化大生产和劳动生产率的迅速提高，竞争日趋激烈，买方市场逐步形成，从而要求企业提供更加多样化和更具个性化的产品与服务。在这种制造系统中，生产程序经常根据顾客的需要进行调整，一般按订单适时组织生产。

新达集团公司组织架构如图1-1所示，共有三个法人：新达集团、新达智能科技有限公司、新达机器人销售有限公司。新达集团作为总公司，负责资金管理和部分寄售业务。新达智能科技有限公司是其主体，为深交所上市公司，负责机器人生产、配件采购和库存管理，下设采购部、仓管部、生产部等部门。新达机器人销售有限公司负责将新达智能科技有限公司生产的机器人面向全世界销售，直接向新达智能科技有限公司要货，按照"销售省区"进行销售管理和业绩考核，下设广东省区、广西区、江苏省区、贵州省区、川渝区、河南省区、河北省区、京津区、山东省区、东北三省区共10个销售省区。

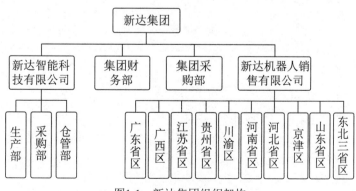

图1-1　新达集团组织架构

随着新达集团不断发展壮大，整体业务步入高速发展阶段，公司开始注重管理会计的信息化应用，决定先行以费用预算作为试点并且借助管理会计信息系统，实现对预算数据与业务数据的联动控制。在成本管理方面，对产品成本核算进行重新规划，通过制定标准成本，并在实际成本核算完成后与制定的标准成本进行差异分析，从而确保成本的精准核算，为产品定价提供可靠的参考依据。

新达集团主要采用现金池管理和"收支两条线"资金管理模式。为了激励员工，企业深入分析绩效考核结果，以发现工作中的不足之处。通过绩效管理机制，可促进管理流程和业务流程优化，确保组织战略目标的顺利实现，加强与其他人力资源管理流程的联系与协作。管理会计信息系统上线后，新达集团根据业务流程的梳理结果，在平台内完成预算、绩效、成本、资金等业务应用。

本教程案例将以管理会计在集团型企业的信息化应用为基础，在完成初始化业务后，各子公司根据集团预算管理委员会制定的统一规范要求编制相关预算表。在新达集团制定绩效考核要求和新达智能科技有限公司确定产品标准成本后，完成全集团日常业务处理，包括委外、生产、采购、资金下拨、费用报销、资金上划等，在集团层面进行投融资决策，月末完成产品成本核算、绩效管理报表、内部计息业务与预算分析。

为实验方便，所有实验用全功能角色(可操作所有功能)的用户登录。

第2章 管理会计基础设置

2.1 应收管理初始化

↗ 应收管理介绍

应收管理是企业或组织对应收账款的规划、控制、监督和考核,旨在保证及时收回应收账款,降低信用风险,提高资金效益。应收管理涉及客户信用评估、销售条款和信用政策、应收账款催收流程等方面,需要根据客户的信用价值和风险选择合适的策略和过程。应收管理是信用管理和财务管理的重要组成部分,需要有协调的组织结构和考核指标,以实现目标。应收管理是企业管理中的关键领域,通过有效地处理与客户和应收账款有关的财务事务,维护财务状况和客户关系,优化现金流。

↗ 应收管理流程

应收管理流程,如图2-1所示。

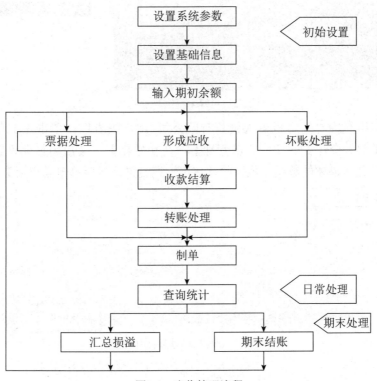

图2-1 应收管理流程

任务一　启用应收管理

▸ 任务描述

使用应收管理模块前,需要按组织设定启用日期,具体信息如表2-1所示。

表2-1　应收管理启用日期

结算组织编码	结算组织名称	启用日期
02_用户账号	新达机器人销售有限公司_用户账号	2023-01-01

▸ 任务要求

进入金蝶云星空系统,按任务描述的数据启用新达机器人销售有限公司的应收管理系统。

▸ 操作指导

打开金蝶云星空网页端登录界面,如图2-2所示,选择教师指定的数据中心,输入登录名和密码(登录名和密码均为用户账号),单击【登录】按钮。

图2-2　金蝶云星空登录界面

切换当前组织为"新达机器人销售有限公司_用户账号"。单击左上角的【所有功能】,执行【财务会计】→【应收款管理】→【初始化】→【启用日期设置】命令,如图2-3所示,按任务描述的数据完成应收款启用日期设置,然后单击【启用】按钮。

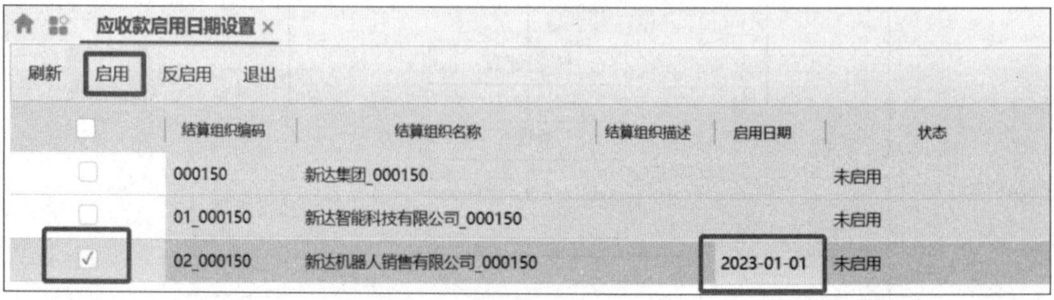

图2-3　应收款启用日期设置

任务二 应收管理参数设置

↗ 任务描述

系统当前默认销售出库单审核时自动生成应收单，需要修改应收款管理系统参数，保证后续业务正常处理。

↗ 任务要求

进入金蝶云星空系统，取消勾选新达机器人销售有限公司的参数"出库单审核时自动生成应收单"选项。

↗ 操作指导

进入金蝶云星空系统管理界面后，切换当前组织为"新达机器人销售有限公司_用户账号"。单击左上角的【所有功能】，执行【财务会计】→【应收款管理】→【参数设置】→【应收款管理参数】命令，如图2-4所示，在"应收款管理参数"界面，取消勾选"基本参数"→"自动生成"下的"出库单审核时自动生成应收单"选项，然后单击【保存】按钮。

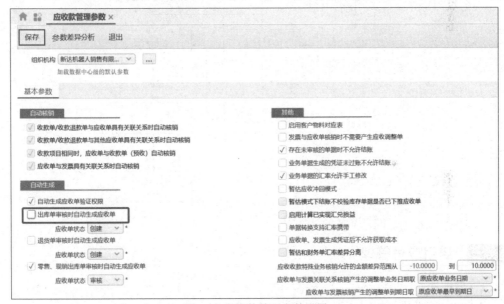

图2-4 应收款管理参数设置

↗ 思考题

在金蝶云星空系统中，企业在进行初始化设置时需要考虑是否启用应收管理功能。请阐述为什么企业需要启用应收管理功能，并列举启用应收管理功能的价值。

答案

2.2 应付管理初始化

↗ 应付管理介绍

应付管理是企业或组织对应付账款的规划、控制、监督和考核，旨在保证与供应商的财务关系,按时支付应付账款,优化资金使用,加强财务管理,维护公司信誉,规避资金风险。应付管理涉及应付款确认、到期付款、付款核销、期末处理等方面,需要根据企业的性质、规模、行业、市场等选择合适的方法和模式,如现金预算法、金字塔形资金管理、等比例型资金管理等。应付管理是企业财务管理的关键领域,需要有协调的组织结构和考核指标,以实现目标。应付管理是企业管理中的重要组成部分,通过有效地处理与供应商和应付账款有关的财务事务,支持供应链稳定性和业务成功。

↗ 应付管理流程

应付管理流程,如图2-5所示。

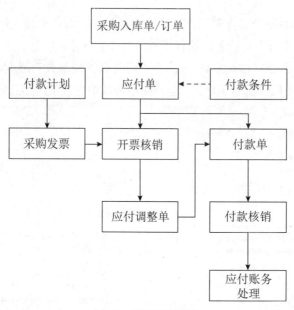

图2-5　应付管理流程

任务三　启用应付管理

↗ 任务描述

使用应付管理模块前,需要按组织设定启用日期,具体信息如表2-2所示。

表2-2　应付管理启用日期

结算组织编码	结算组织名称	启用日期
01_用户账号	新达智能科技有限公司_用户账号	2023-01-01
02_用户账号	新达机器人销售有限公司_用户账号	2023-01-01

↗ 任务要求

进入金蝶云星空系统,按任务描述的数据启用新达智能科技有限公司、新达机器人销售有限公司的应付管理系统。

↗ 操作指导

进入金蝶云星空系统管理界面后,单击左上角的【所有功能】,执行【财务会计】→

【应付款管理】→【初始化】→【启用日期设置】命令，如图2-6所示，按任务描述的数据完成应付款启用日期设置，然后单击【启用】按钮。

图2-6　应付款启用日期设置

任务四　应付管理参数设置

▸ 任务描述

根据企业实际业务场景，存在采购物料到货而发票未到的情况，没有发票不能根据采购入库单生成应付单，而系统默认采购入库单审核时自动生成应付单，所以需要修改应付款管理系统参数，保证后续业务正常处理。

▸ 任务要求

进入金蝶云星空系统，取消勾选新达智能科技有限公司的参数"入库单审核时自动生成应付单"选项。

▸ 操作指导

进入金蝶云星空系统管理界面后，切换当前组织为"新达智能科技有限公司_用户账号"。单击左上角的【所有功能】，执行【财务会计】→【应付款管理】→【参数设置】→【应付款管理参数】命令，如图2-7所示，在"应付款管理参数"界面，取消勾选"基本参数"→"自动生成"下的"入库单审核时自动生成应付单"选项，然后单击【保存】按钮。

图2-7　应付款管理参数设置

思考题

在金蝶云星空系统中,企业在进行初始化设置时需要考虑是否启用应付管理功能。请阐述为什么企业需要启用应付管理功能,并列举启用应付管理功能的价值。

答案

2.3 出纳管理初始化

出纳管理介绍

出纳管理是企业财务管理中的一个关键职能,主要负责处理和管理企业的现金流和资金往来。出纳员是企业财务团队中的核心成员之一,承担着处理日常资金事务、记录账目、进行银行交易,以及确保企业资金安全和流动性的职责。

出纳管理流程

出纳管理流程,如图2-8所示。

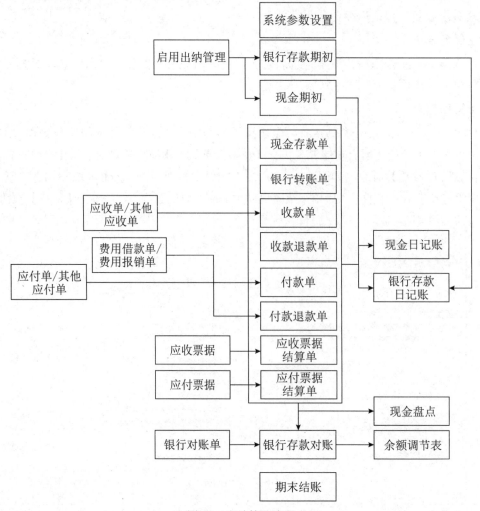

图2-8　出纳管理流程

任务五　启用出纳管理

▸ 任务描述

使用出纳管理模块前，需要按组织设定启用日期，具体信息如表2-3所示。

表2-3　出纳管理启用日期

组织编码	组织名称	启用日期
用户账号	新达集团_用户账号	2023-01-01
01_用户账号	新达智能科技有限公司_用户账号	2023-01-01
02_用户账号	新达机器人销售有限公司_用户账号	2023-01-01

▸ 任务要求

进入金蝶云星空系统，按任务描述的数据启用新达集团、新达智能科技有限公司、新达机器人销售有限公司的出纳管理系统。

▸ 操作指导

进入金蝶云星空系统管理界面后，单击左上角的【所有功能】，执行【财务会计】→【出纳管理】→【初始化】→【启用日期设置】命令，如图2-9所示，按任务描述的数据完成出纳管理启用日期设置，然后单击【启用】按钮。

图2-9　出纳管理启用日期设置

任务六　新增内部账户

▸ 任务描述

新达集团采用资金集中管控模式，由于内部结算中心管理的需要，还要进行内部账户的设置，与银行账户不同，内部账户是一个虚拟账户，账户内记录的资金流水和资金余额也是虚拟的。新达集团内部账户信息，如表2-4所示。

表2-4　内部账户设置信息

开设组织	创建组织	内部账号	账户名称	对应组织	透支策略	分配组织
勾选"在资金组织开设"	新达集团_用户账号	NBZH01_用户账号	新达智能科技有限公司内部账户_用户账号(资金)	新达智能科技有限公司_用户账号	不控制	新达智能科技有限公司_用户账号
勾选"在资金组织开设"	新达集团_用户账号	NBZH02_用户账号	新达机器人销售有限公司内部账户_用户账号(资金)	新达机器人销售有限公司_用户账号	不控制	新达机器人销售有限公司_用户账号

↗ 任务要求

进入金蝶云星空系统，按任务描述的数据分别新增新达智能科技有限公司、新达机器人销售有限公司的内部账户，并分配给对应的组织，确保分配后的内部账户为已审核状态。

↗ 操作指导

进入金蝶云星空系统管理界面后，切换当前组织为"新达集团_用户账号"。单击左上角的【所有功能】，执行【财务会计】→【出纳管理】→【基础资料】→【内部账户】命令，在"内部账户"界面，单击【新增】按钮，进入"内部账户-新增"界面，如图2-10所示，按任务描述的数据新增内部账号，然后依次单击【保存】【提交】【审核】按钮。

视频

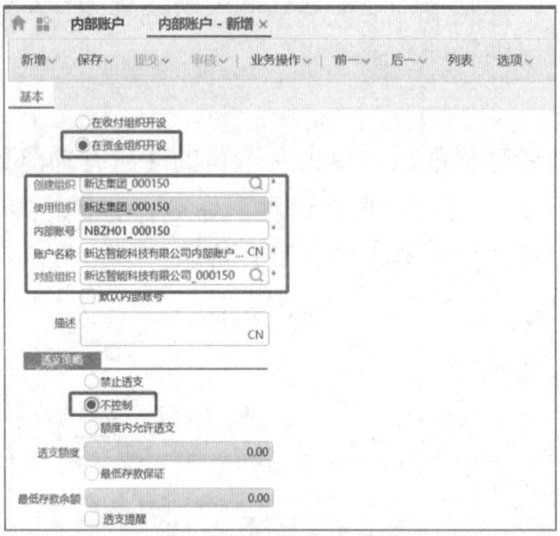

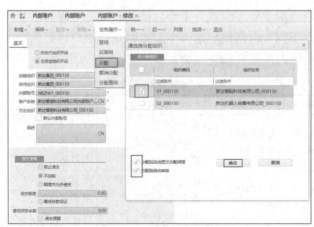

图2-10　新增内部账户

内部账户"新达智能科技有限公司内部账户_用户账号(资金)"审核通过后，如图2-11所示，执行【业务操作】→【分配】命令，在弹出的"请选择分配组织"窗口，勾选需要分配的组织，同时勾选"分配后自动显示分配明细"和"分配后自动审核"，然后单击【确定】按钮。

图2-11　分配内部账户

在"内部账户列表"界面,如图2-12所示,可以看到分配给对应组织的内部账户,数据状态为"已审核"。

图2-12　内部账户的数据状态

任务七　出纳管理参数设置

↗ 任务描述

出纳管理参数中的"内部账户可选类型"项的默认值是"在收付组织下开设",为了新增收付款单时,能关联到内部账号,需要修改该参数。

↗ 任务要求

进入金蝶云星空系统,修改新达集团的出纳管理参数,内部账户可选类型为"资金/收付组织下开设"。

↗ 操作指导

进入金蝶云星空系统管理界面后,切换当前组织为"新达集团_用户账号",单击左上角的【所有功能】,执行【财务会计】→【出纳管理】→【参数设置】→【出纳管理参数】命令,如图2-13所示,在"出纳管理参数"界面,"基本参数"→"付款控制"下,"内部账户可选类型"项选择"资金/收付组织下开设",然后单击【保存】按钮。

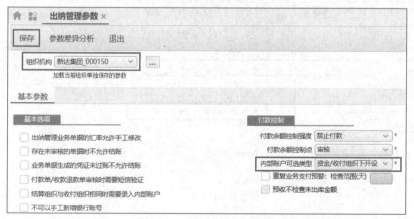

图2-13　出纳管理参数设置

任务八　新增银行账号

↗ 任务描述

根据资金收付的业务需求,以及集团的资金管控模式,各组织需要管理和维护自己的银行账号。新达集团内部采用"收支两条线"资金管理模式的组织，需要设置内部账户，实现与集团母账户资金的上划下拨，具体信息如表2-5所示。

表2-5　银行账号设置信息

创建组织	银行账号	开户银行	账户名称	账户收支属性	内部账户	上划规则	上划方式
新达集团_用户账号	ZJMZH_用户账号	招商银行	新达集团母账户_用户账号	收支			
新达智能科技有限公司_用户账号	NBYH01_用户账号	招商银行	新达智能科技有限公司内部银行账号_用户账号	收支	NBZH01_用户账号(新达智能科技有限公司内部账户_用户账号(资金))	勾选"资金上划"	全额上划
新达机器人销售有限公司_用户账号	NBYH02_用户账号	招商银行	新达机器人销售有限公司内部银行账号_用户账号	收支	NBZH02_用户账号(新达机器人销售有限公司内部账户_用户账号(资金))	勾选"资金上划"	全额上划

▸ **任务要求**

进入金蝶云星空系统，按任务描述的数据分别新增集团和各子公司的银行账号。

▸ **操作指导**

进入金蝶云星空系统管理界面后，单击左上角的【所有功能】，执行【财务会计】→【出纳管理】→【基础资料】→【银行账号】命令，在"银行账号"界面，单击【新增】按钮，在"银行账号-新增"界面，如图2-14所示，按任务描述的数据维护创建组织、银行账号、开户银行、账户名称、账户收支属性、内部账户、上划规则、上划方式等信息，然后依次单击【保存】【提交】【审核】按钮。

图2-14　新增银行账号

任务九　银行存款期初数据维护

▸ 任务描述

期初需要按币别录入各组织银行账号下银行存款的期初余额，并录入企业及银行期初未达账项，保证期初银行存款对账平衡，具体信息如表2-6所示。

表2-6　银行存款期初数据

收款组织	结算组织	银行	银行账号	账户名称	企业方期初余额/元	银行方期初余额/元
新达集团_用户账号		招商银行	ZJMZH_用户账号	新达集团母账户_用户账号	6 000 000	6 000 000

▸ 任务要求

进入金蝶云星空系统，按任务描述的数据维护新达集团银行账户的期初余额，保证对账平衡。

▸ 操作指导

进入金蝶云星空系统管理界面后，切换当前组织为"新达集团_用户账号"。单击左上角的【所有功能】，执行【财务会计】→【出纳管理】→【初始化】→【银行存款期初】命令，在"银行存款期初"界面，单击【新增】按钮，在"银行存款期初-新增"界面，如图2-15所示，按任务描述的数据维护银行存款期初余额，然后依次单击【保存】【提交】【审核】按钮。

图2-15　银行存款期初维护

2.4　费用报销管理初始化

▸ 费用报销管理介绍

费用报销管理是组织中的一项重要财务管理实践，旨在有效处理员工的业务相关费用。该管理涉及内容包括制定清晰的费用报销政策，员工提交费用报销申请并经过审批流程，采用电子报销系统以提高效率，确保费用的准确记录和分类，遵守法规和法律要求，及时发放批准的报销款项给员工，并定期进行费用差异分析。费用报销管理的目标是确保员工费用能够便捷、准确地报销，同时保持财务透明度和合规性，使整个过程在财务管理和会计框架下运作，成为企业管理中不可或缺的一环。

任务十　启用费用报销

▸ **任务描述**

使用费用报销模块前，需要按组织设定启用日期，具体信息如表2-7所示。

表2-7　费用报销系统启用日期

业务组织编码	业务组织名称	启用日期
02_用户账号	新达机器人销售有限公司_用户账号	2023/1/1

▸ **任务要求**

进入金蝶云星空系统，按任务描述的数据启用新达机器人销售有限公司的费用报销系统。

▸ **操作指导**

进入金蝶云星空系统管理界面后，切换当前组织为"新达机器人销售有限公司_用户账号"。单击左上角的【所有功能】，执行【财务会计】→【费用管理】→【初始化】→【启用日期设置】命令，如图2-16所示，在费用报销"启用日期设置"界面，勾选业务组织"新达机器人销售有限公司_用户账号"，将该业务组织的启用日期设置为"2023/1/1"，然后单击【启用】按钮。

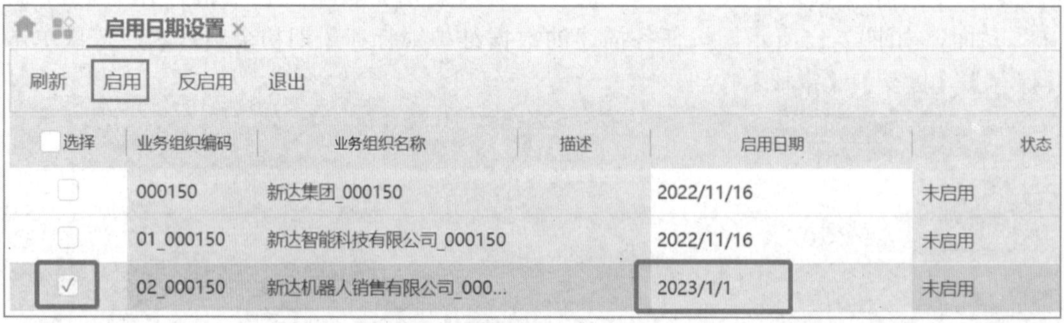

图2-16　费用报销启用日期设置

▸ **思考题**

假设你是新达集团的财务经理，公司最近计划优化费用报销管理流程以提高效率和降低潜在风险。请详细阐述你将如何综合利用费用政策设计、报销系统实施、审批流程控制、员工培训及数字化工具，来建立一个更加高效、合规和透明的费用报销管理体系。

答案

具体包括但不限于：

(1) 如何设计公司的费用政策以确保其明晰、合理，同时还能贴合公司的实际规模和业务特性？

(2) 在实施报销系统时，你会选择什么样的数字化工具，以及如何确保系统能够有效地与公司其他财务系统集成？

(3) 在设计费用审批流程时，如何设置内部控制措施，以防范潜在的错误和滥用？

(4) 你将如何进行员工培训，以确保他们充分了解费用政策和正确使用费用报销系统？

(5) 如何利用数字化工具简化报销流程，提高效率，同时确保合规性和准确性？请结合公司的具体情况和战略目标，提出详尽的计划和实施方案。

2.5 资金管理初始化

↗ 资金管理介绍

资金管理是企业或组织对资金来源和使用的规划、控制、监督和考核，旨在保证流动性、降低成本、提高效益、规避风险。资金管理涉及现金、投资、融资和风险等方面，需要根据企业的性质、规模、行业、市场等选择合适的方法和模式，如日常资金管理模式、投资管理模式、融资管理模式、"收支两条线"资金管理模式等。而"收支两条线"资金管理模式是一种将企业内部资金管理划分为两个独立流向的组织方式。其中，内部活期计息线负责积数计息、内部账户的资金收益核算，而出纳管理线则专注于公司的日常资金事务，包括现金收付、银行交易处理等。通过分离内部计息和日常资金管理的用途，该模式有助于提高操作效率、明确责任、最大化资金效益，同时确保合规、透明的资金活动，为企业的财务管理提供有力支持。

任务十一　资金内部账户期初

↗ 任务描述

在正式开始资金管理"收支两条线"的日常业务处理之前，需要先维护资金组织的期初余额，具体信息如表2-8所示。

表2-8　资金内部账户期初数据

资金组织	收付组织	单位内部账户	内部账户名称	币别	期初余额/元
新达集团_用户账号	新达智能科技有限公司_用户账号	NBZH01_用户账号	新达智能科技有限公司内部账户_用户账号(资金)	人民币	1 000 000
新达集团_用户账号	新达机器人销售有限公司_用户账号	NBZH02_用户账号	新达机器人销售有限公司内部账户_用户账号(资金)	人民币	1 000 000

↗ 任务要求

进入金蝶云星空系统，按任务描述的数据维护收付组织资金内部账户的期初余额。

↗ 操作指导

进入金蝶云星空系统管理界面后，切换当前组织为"新达集团_用户账号"。单击左上角的【所有功能】，执行【财务会计】→【资金管理】→【初始化】→【资金内部账户期初】命令，在"资金内部账户期初"界面，单击【新增】按钮，如图2-17所示，在"资金内部账户期初-新增"界面，按任务描述的数据维护资金内部账户期初余额，然后依次单击【保存】【提交】【审核】按钮。

图2-17 维护资金内部账户期初余额

> **思考题**

作为一家新创科技公司的财务经理,你发现公司正面临着扩张和资金管理的挑战。请详细阐述如何整合资金预测和计划、现金流量管理及投资决策这三个知识点,制定一套全面的资金管理战略,以确保公司能够实现可持续的增长并有效应对潜在的风险:

(1) 如何利用资金预测和计划确定公司未来的资金需求,以支持扩张计划?

(2) 现金流量管理方面,你采取哪些措施确保有足够的现金流量来支持日常运营和投资?

(3) 制定投资决策时,你将如何评估潜在投资项目、最大化回报并确保项目与公司战略一致?

(4) 如何确保这套资金管理战略能够适应公司的成长阶段和行业特点?

(5) 如何建立有效的监控和评估机制,在执行过程中如何及时调整战略以适应市场变化?

请综合运用这三个知识点,提出详尽的计划和实施方案,以支持公司的可持续发展。

答案

2.6 库存管理初始化

> **库存管理介绍**

库存管理是企业财务管理的关键组成部分。库存管理是企业为满足未来销售或生产需求而储存的物品和原材料的规划、控制和监督过程。库存管理的目标是在满足客户需求的同时,尽量降低库存成本,避免过多的库存占用资金和仓储空间。库存管理的内容包括仓库管理和库存控制两个部分。仓库管理的内容是指库存物料的科学保管,以减少损耗,方便存取;库存控制则是要求控制合理的库存水平,即用最少的投资和最少的库存管理费用,维持合理的库存,以满足使用部门的需求和减少缺货损失。

库存管理的模型和方法有很多,根据不同的生产和供应情况、供需规律、管理目的等,可以选择适合的库存管理模型,如经济订货批量模型、ABC分类法、定期定量模型、定量不定期模型、有限进货率定期定量模型等。库存管理应该是整个需求与供应链管理流程的输出,需要有一个与之相适应的合理的组织结构和考核指标,以实现库存控制的根本目的,即提高库存周转率和经济效益。

库存管理流程

库存管理流程,如图2-18所示。

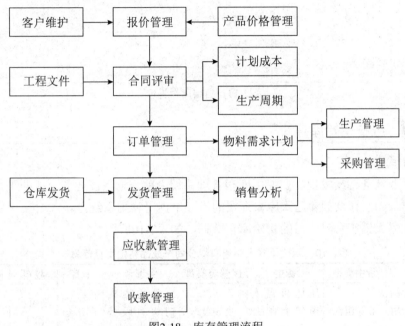

图2-18　库存管理流程

任务十二　启用库存管理

任务描述

使用库存管理模块前,需要按库存组织设定启用日期,具体信息如表2-9所示。

表2-9　库存管理启用日期

库存组织编码	库存组织名称	启用日期
01_用户账号	新达智能科技有限公司_用户账号	2023/1/1
02_用户账号	新达机器人销售有限公司_用户账号	2023/1/1

任务要求

进入金蝶云星空系统,按任务描述的数据启用新达智能科技有限公司、新达机器人销售有限公司的库存管理系统。

操作指导

进入金蝶云星空系统管理界面后,单击左上角的【所有功能】,执行【供应链】→【库存管理】→【初始化】→【启用库存管理】命令,如图2-19所示,依次勾选库存组织"新达智能科技有限公司_用户账号""新达机器人销售有限公司_用户账号",库存启用日期都选择"2023/1/1",然后单击【保存】按钮。

图2-19　启用库存管理

任务十三　维护初始库存

↗ 任务描述

由于企业业务持续发生，在使用库存管理系统之前，为保证业务上线的平滑过渡，需要将手工记录的库存余额和已入库未开票的库存单据平移到系统内。

新达机器人销售有限公司的初始库存数据，如表2-10所示。

表2-10　新达机器人销售有限公司产成品初始库存信息表

库存组织	货主类型	货主	保管者类型	保管者	仓库	物料	期初数量/台
新达机器人销售有限公司_用户账号	业务组织	新达机器人销售有限公司_用户账号	业务组织	新达机器人销售有限公司_用户账号	广东仓	商用机器人	95

新达智能科技有限公司的初始库存数据，如表2-11至表2-13所示。

表2-11　新达智能科技有限公司产成品初始库存信息表

库存组织	货主类型	货主	保管者类型	保管者	仓库	物料	期初数量/台
新达智能科技有限公司_用户账号	业务组织	新达智能科技有限公司_用户账号	业务组织	新达智能科技有限公司_用户账号	成品仓	商用机器人	508

表2-12　新达智能科技有限公司半成品初始库存信息表

库存组织	货主类型	货主	保管者类型	保管者	仓库	物料	期初数量/个
新达智能科技有限公司_用户账号	业务组织	新达智能科技有限公司_用户账号	业务组织	新达智能科技有限公司_用户账号	半成品仓	头部总成	545
						躯干总成	550
						左臂总成	535
						右臂总成	530
						左腿总成	540
						右腿总成	565
						视觉系统	560
						听觉系统	540
						应用软件	530
						运动控制系统	535

表2-13　新达智能科技有限公司外购原材料初始库存信息表

库存组织	货主类型	货主	保管者类型	保管者	仓库	物料	期初数量/个
新达智能科技有限公司_用户账号	业务组织	新达智能科技有限公司_用户账号	业务组织	新达智能科技有限公司_用户账号	原材料仓	头部外壳	650
						躯干外壳	640
						触屏Pad	645
						音箱	615
						Wi-Fi系统	620
						电池	680
						左臂外壳	668
						伺服舵机R型	1230
						伺服舵机S型	2940
						右臂外壳	670
						左腿外壳	689
						伺服舵机X型	1000
						右腿外壳	655
						高清摄像头	645
						视觉控制主板	600
						视觉处理芯片XM4	595
						LED眼睛显示屏	665
						麦克风TAK3	685
						听觉控制主板	645
						语音识别芯片AS1100	655
						银行服务场景应用	130
						博物馆服务场景应用	125
						图书馆服务场景应用	115
						政务服务场景应用	115
						机场服务场景应用	110
						运动控制主板	600
						运动控制芯片MCX314	665
						激光雷达Corona	655
						深度相机MYN	630
						超声波传感器SR04	610
产成品、半成品和外购原材料初始库存的合计数量							25 885

▶任务要求

进入金蝶云星空系统，分别维护新达机器人销售有限公司、新达智能科技有限公司的期初库存。

注意：由于期初新达智能科技有限公司需要维护的初始库存数量较大，学生可采用引入的方式完成初始库存维护。但引入之前，需要将初始库存引入模板中的"1051"替换成用户账号(共替换106处)。

➤ 操作指导

进入金蝶云星空系统管理界面后，切换当前组织为"新达机器人销售有限公司_用户账号"。单击左上角的【所有功能】，执行【供应链】→【库存管理】→【初始化】→【初始库存列表】命令，在"初始库存列表"界面，单击【新增】按钮，进入"初始库存-新增"界面。按表2-10的数据，如图2-20所示，维护新达机器人销售有限公司的期初库存，然后依次单击【保存】【提交】【审核】按钮。

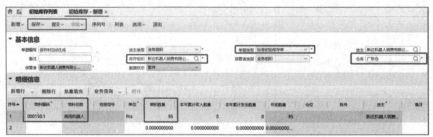

图2-20 维护新达机器人销售有限公司初始库存

在维护新达智能科技有限公司初始库存之前，下载初始库存模板，如图2-21所示，将表内的"1051"替换为用户账号(共替换106处)。

图2-21 替换初始库存模板的用户账号

找到并全选"(明细信息)物料编码"列，如图2-22所示，将"150"替换为"'用户账号"，然后单击【全部替换】按钮(共替换41处)。

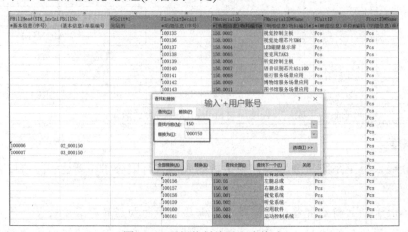

图2-22 更新物料编码文本格式

返回金蝶云星空系统，切换当前组织为"新达智能科技有限公司_用户账号"。执行

【供应链】→【库存管理】→【初始化】→【初始库存列表】命令,在"初始库存列表"界面,执行【选项】→【引入】命令,如图2-23所示,在弹出的"数据引入"窗口,引入模式选择"追加",要引入的数据文件选择刚刚替换完用户账号的Excel初始库存模板,然后单击【引入数据】按钮。

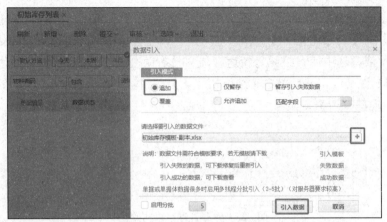

图2-23　引入初始库存数据

在"初始库存列表"界面,如图2-24所示,可以看到刚刚引入成功的3条数据,全选后,依次单击【提交】【审核】按钮后,初始库存数据状态变更为"已审核"。

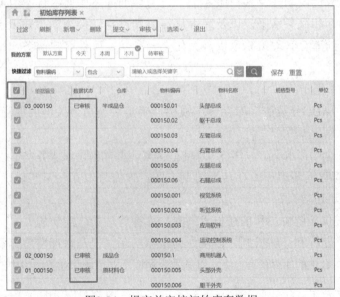

图2-24　提交并审核初始库存数据

任务十四　库存管理结束初始化

➚ 任务描述

初始库存全部录入完毕,才可以结束初始化。一旦结束初始化,初始库存单据不允许反审核。结束初始化时,系统会根据初始库存单据更新期初余额表数据。新达智能科技有限公司_用户账号的初始库存维护完毕后,进行库存管理结束初始化处理。

↗ 任务要求

进入金蝶云星空系统，完成新达智能科技有限公司_用户账号、新达机器人销售有限公司_用户账号的库存管理系统结束初始化工作。

↗ 操作指导

进入金蝶云星空系统管理界面后，单击左上角的【所有功能】，执行【供应链】→【库存管理】→【初始化】→【库存管理结束初始化】命令，在"结束初始化"界面，如图2-25所示，依次选中库存组织"新达智能科技有限公司_用户账号""新达机器人销售有限公司_用户账号"，然后单击【结束初始化】按钮。

图2-25　库存管理结束初始化

↗ 思考题

你是一家制造业公司的物流经理，公司面临库存管理的挑战，包括不同类别的库存、供应链波动性及客户服务水平。请详细描述如何综合运用ABC分类法、安全库存和服务水平，以及库存周转率和库存转换周期等知识点，制定一套综合性的库存管理策略，以最大化资金利用、确保客户服务水平，同时优化库存效能。

答案

具体包括但不限于：

(1) 如何利用ABC分类法等库存管理模型，确定对公司最关键的库存，并制定相应的管理措施？

(2) 在设置安全库存水平时，你将考虑哪些因素，并如何确保服务水平达到公司预期？

(3) 在优化库存周转率和库存转换周期方面，你将采取哪些策略以确保库存的高效流动和生产过程的迅速转换？

(4) 如何通过供应链协同和信息技术来支持库存管理策略的实施？

(5) 如何建立监控和评估机制，以及如何根据实际情况及时调整库存管理策略？

请提供一个综合性的库存管理方案，以满足公司在不同市场和业务环境中的库存管理需求。

2.7　存货核算初始化

↗ 存货核算介绍

存货核算管理是指对企业存货价值(即成本)的计量，用于工商业企业存货出入库核算、存货出入库凭证处理、核算报表查询、期初期末处理及相关资料维护。存货核算管理的目的是反映和监督存货的收发、领退和保管情况，促进企业提高资金的使用效果。存货核算管理的内容包括存货的范围、初始成本的计量、存货的计价方法、存货的调整业务等。存货核算管理是企业会计核算的一项重要内容,也是企业财务管理的关键领域,需要有一个与之相协调的组织结构和考核指标,以实现存货核算管理的目标。

↗ 存货核算管理流程

存货核算管理流程,如图2-26所示。

基础设置>>	初始化>>	存货核算>>	报表分析>>	账务处理>>	期末处理>>
组织机构(核算组织)	启用存货核算系统	入库应付自动勾稽	合法性检查报告	凭证生成	期末关账
会计核算体系	初始核算数据录入	采购费用分配	核算单据查询	凭证生成情况查询	期末结账
会计政策	存货核算初始化	采购入库核算	存货核算汇总报告	业务凭证查询	
参数设置	参数设置	入库成本维护	存货核算明细报告	总账凭证查询	
核算范围	核算范围	零成本批量维护	存货收发存汇总表		
物料计价方法	物料计价方法	委外入库核算	存货收发存明细表		
物料计价方法变更	物料计价方案变更	成本调整			
费用项目	费用项目	出库成本核算			
		其他存货核算			

图2-26 存货核算管理流程

任务十五 核算范围设置

↗ 任务描述

在"核算体系+核算组织+会计政策"的总核算维度下,若要更精细化、准确化地进行存货核算,需要将存货划分为若干个空间范围,每个空间范围都有单独的计价方法,从而形成若干个价值序列分别进行存货核算。新达智能科技有限公司和新达机器人销售有限公司的核算范围设置信息,如表2-14所示。

表2-14 核算范围设置信息

核算范围编码	核算范围名称	核算体系名称	核算组织名称	会计政策名称	计价方法	划分依据	货主	仓库编码	仓库
01_用户账号	HSFW01_用户账号	财务会计核算体系	新达智能科技有限公司_用户账号	中国准则会计政策	移动平均法	货主+仓库	新达智能科技有限公司_用户账号	01_用户账号	原材料仓
								02_用户账号	半成品仓
								03_用户账号	成品仓
02_用户账号	HSFW02_用户账号	财务会计核算体系	新达机器人销售有限公司_用户账号	中国准则会计政策	移动平均法	货主+仓库	新达机器人销售有限公司_用户账号	01_用户账号	广东仓

(注:系统中设置会计政策名称时选择"中国准则会计政策"选项,实际操作中应遵循《企业会计准则》,下同。)

↗ 任务要求

进入金蝶云星空系统，按任务描述的数据，新增核算范围并审核。

↗ 操作指导

进入金蝶云星空系统管理界面后，根据需要切换当前组织。单击左上角的【所有功能】，执行【成本管理】→【存货核算】→【基础资料】→【核算范围】命令，在"核算范围"界面，如图2-27所示，单击【新增】按钮，按任务描述的数据，设置核算范围相关信息，然后依次单击【保存】【提交】【审核】按钮。

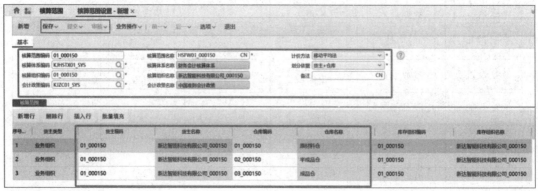

图2-27　核算范围设置

任务十六　启用存货核算系统

↗ 任务描述

存货核算会计期间的启用决定了初始核算数据的取数来源，若所有库存组织的启用日期属于总核算维度下的启用会计年度及启用会计期间，则取数来源为初始库存列表；若所有库存组织的启用日期不属于总核算维度下的启用会计年度及启用会计期间，则取数来源为库存余额表。使用存货核算前，需要按核算组织设定启用日期，具体信息如表2-15所示。

表2-15　存货核算系统启用期间

核算体系	核算组织	会计政策	启用会计年度	启用会计期间
财务会计核算体系	新达智能科技有限公司_用户账号	中国准则会计政策	2023	1
财务会计核算体系	新达机器人销售有限公司_用户账号	中国准则会计政策	2023	1

↗ 任务要求

进入金蝶云星空系统，按任务描述的数据启用存货核算系统。

↗ 操作指导

进入金蝶云星空系统管理界面后，单击左上角的【所有功能】，执行【成本管理】→【存货核算】→【初始化】→【启用存货核算系统】命令，在"启用存货核算系统"界面，如图2-28所示，同时勾选核算组织"新达智能科技有限公司_用户账号""新达机器人销售有限公司_用户账号"，修改启用会计年度为"2023"，启用会计期间为"1"，然后单击【启用】按钮。

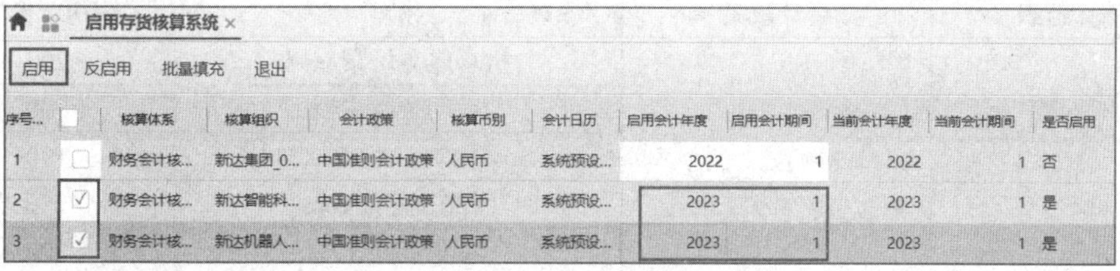

图2-28 启用存货核算系统

任务十七　初始核算数据录入

➤ 任务描述

启用存货核算系统后,各组织需要录入所有商品或原材料在每个仓库的库存数量及期初成本价。新达智能科技有限公司的初始核算数据,如表2-16所示。

表2-16　新达智能科技有限公司初始核算数据

核算组织	会计政策	物料	期初单价/元
新达智能科技有限公司_用户账号	中国准则会计政策	头部外壳	320
		躯干外壳	350
		触屏pad	850
		音箱	100
		Wi-Fi系统	450
		电池	250
		左臂外壳	300
		伺服舵机R型	280
		伺服舵机S型	250
		右臂外壳	300
		左腿外壳	300
		伺服舵机X型	200
		右腿外壳	300
		高清摄像头	100
		视觉控制主板	210
		视觉处理芯片XM4	150
		LED眼睛显示屏	120
		麦克风TAK3	60
		听觉控制主板	180
		语音识别芯片AS1100	180
		银行服务场景应用	210
		博物馆服务场景应用	200
		图书馆服务场景应用	250
		政务服务场景应用	220

续表

核算组织	会计政策	物料	期初单价/元
新达智能科技有限公司_用户账号	中国准则会计政策	机场服务场景应用	200
		运动控制主板	200
		运动控制芯片MCX314	190
		激光雷达Corona	250
		深度相机MYN	200
		超声波传感器SR04	250
		头部总成	2075
		躯干总成	4532
		左臂总成	4775
		右臂总成	4775
		左腿总成	1900
		右腿总成	1900
		视觉系统	842
		听觉系统	862
		应用软件	1220
		运动控制系统	1231
		商用机器人	20 825
期初金额合计/元			28 655 985

新达机器人销售有限公司的初始核算数据，如表2-17所示。

表2-17　新达机器人销售有限公司初始核算数据

核算组织	会计政策	物料	期初单价/元
新达机器人销售有限公司_用户账号	中国准则会计政策	商用机器人	14 000

▶ 任务要求

进入金蝶云星空系统，按任务描述的数据录入新达智能科技有限公司、新达机器人销售有限公司的所有商品/原材料初始核算单价。

▶ 操作指导

进入金蝶云星空系统管理界面后，按需切换当前组织。单击左上角的【所有功能】，执行【成本管理】→【存货核算】→【初始化】→【初始核算数据录入】命令，在"初始核算数据录入"界面，单击【新增】按钮，进入"初始核算数据录入-新增"界面。按任务描述的数据要求选择核算体系、核算组织和会计政策。然后执行【业务操作】→【获取库存期初数据】命令，如图2-29所示，可以自动获取物料期初的库存数量。

图2-29　获取库存期初数据

取消勾选所有物料的"零成本",如图2-30所示,按任务描述的初始核算数据,录入所有物料的期初单价,录入完毕后,核查期初金额总数,然后单击【保存】按钮。

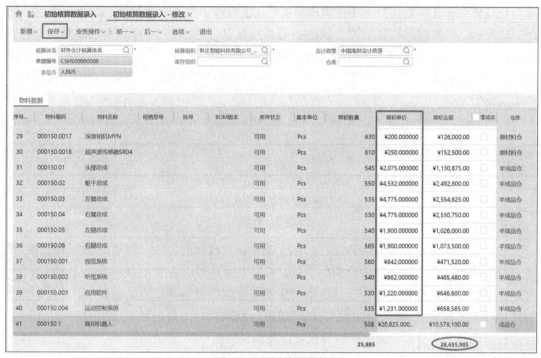

图2-30 期初单价维护

任务十八　存货核算结束初始化

↗ 任务描述

公司将已有信息,如初始核算数据等录入系统,使系统的起始状态与企业的实际情况相符合后,在"存货核算初始化"界面选择核算体系、核算组织和会计政策,执行结束初始化,具体信息如表2-18所示。

表2-18　存货核算结束初始化期间

核算体系	核算组织	会计政策	启用会计年度	启用会计期间	操作
财务会计核算体系	新达智能科技有限公司_用户账号	中国准则会计政策	2023	1	结束初始化
财务会计核算体系	新达机器人销售有限公司_用户账号	中国准则会计政策	2023	1	结束初始化

↗ 任务要求

进入金蝶云星空系统,完成新达智能科技有限公司_用户账号/新达机器人销售有限公司_用户账号的存货核算结束初始化工作。

操作指导

进入金蝶云星空系统管理界面后,单击左上角的【所有功能】,执行【成本管理】→【存货核算】→【初始化】→【存货核算初始化】命令,在"存货核算初始化"界面,如图2-31所示,同时勾选核算组织"新达智能科技有限公司_用户账号""新达机器人销售有限公司_用户账号",然后单击【结束初始化】按钮。

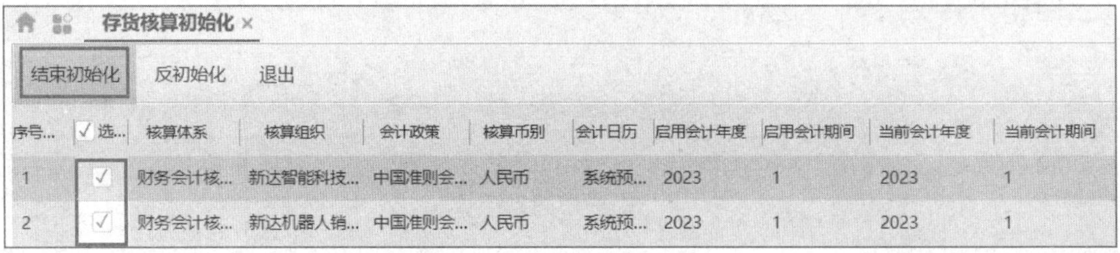

图2-31 存货核算结束初始化

思考题

作为一家制造业公司的财务经理,你面临着存货核算的挑战,需要综合考虑存货成本计算方法、存货分类和估值、存货计量单位、存货的损耗和报废、季节性和过时存货处理,以及存货与生产成本的关联等知识点。请详细阐述你将如何制定一套综合性的存货核算策略,以确保财务数据准确反映公司库存状况,并支持管理决策和财务报告。具体包括但不限于:

答案

(1) 如何选择合适的存货成本计算方法,以最大化公司的经济效益?

(2) 在存货分类和估值方面,你将如何确保存货价值反映实际情况,并满足财务报告的要求?

(3) 对于不同的存货计量单位,你将如何合理选择,并确保计量单位的一致性?

(4) 如何制定合理的存货损耗和报废政策,以降低实际损耗对财务数据的影响?

(5) 面对季节性和过时存货,你将采取哪些措施来最小化公司的库存风险?

(6) 存货与生产成本的关联对制定合理的产品价格至关重要,你将如何确保这一关联的有效性?

请提供一个全面而可行的存货核算方案,以应对公司在不同业务情境下的存货管理需求。

2.8 产品成本核算初始化

产品成本核算介绍

产品成本核算是指对生产过程中所发生的各项费用进行分类、归集、分配和核算,计算出各种产品的总成本和单位成本的过程。产品成本核算的目的是反映和监督产品的实际耗费,为成本管理、决策和控制提供信息基础。产品成本核算的内容包括确定成本计算对象和项目,开设产品成本明细账,进行要素费用和综合费用的分配,进行完工产品成本和在产品成本的划分,计算产品的总成本和单位成本等方面。产品成本核算是企业会计核算和财务管理的一项重要内容，需要遵循合法性、可靠性、相关性、分期核算、权责发生制和实际成本计价等原则。

任务十九 启用产品成本核算

↗ 任务描述

在使用产品成本核算系统之前，需要设置产品成本核算的启用会计期间，具体信息如表2-19所示。

表2-19 产品成本核算系统启用期间

核算体系	核算组织	会计政策	启用会计年度	启用会计期间	操作
财务会计核算体系	新达智能科技有限公司_用户账号	中国准则会计政策	2023	1	启用

↗ 任务要求

进入金蝶云星空系统，按任务描述的数据启用产品成本核算系统。

↗ 操作指导

进入金蝶云星空系统管理界面后，切换当前组织为"新达智能科技有限公司_用户账号"。单击左上角的【所有功能】，执行【成本管理】→【产品成本核算】→【初始化】→【启用产品成本核算】命令，在"启用产品成本核算"界面，如图2-32所示，勾选核算组织"新达智能科技有限公司_用户账号"，然后单击【启用】按钮。

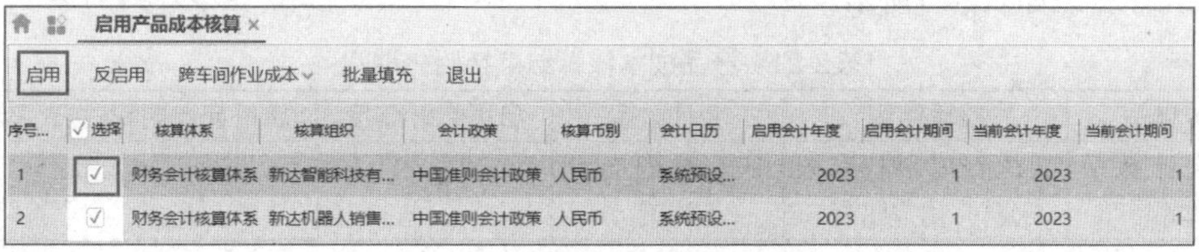

图2-32 启用产品成本核算系统

任务二十 新增成本中心

↗ 任务描述

成本中心需指定对应的部门，产品成本核算系统收集数据时，根据单据上的部门确定对应的成本中心，提前设置好部门基础资料，新增成本中心，具体信息如表2-20所示。

表2-20 成本中心信息

编码	名称	属性	关联对象	关联对象类型
01_用户账号	机器人生产车间	基本生产	机器人生产车间	部门
02_用户账号	总成生产车间	基本生产	总成生产车间	部门
03_用户账号	系统软件生产车间	基本生产	系统软件生产车间	部门

↗ 任务要求

进入金蝶云星空系统，维护新达智能科技有限公司的成本中心。

↗ 操作指导

进入金蝶云星空系统管理界面后,切换当前组织为"新达智能科技有限公司_用户账号"。单击左上角的【所有功能】,执行【成本管理】→【产品成本核算】→【基础资料】→【成本中心】命令,在"成本中心"界面,单击【新增】按钮,进入"成本中心-新增"界面。按任务描述的数据要求,如图2-33所示,维护成本中心相关信息,然后依次单击【保存】【提交】【审核】按钮。

图2-33 新增成本中心

任务二十一 产品成本核算结束初始化

↗ 任务描述

在"产品成本核算初始化"界面,选择核算体系、核算组织和会计政策,执行结束初始化,具体信息如表2-21所示。

表2-21 产品成本核算结束初始化期间

核算体系	核算组织	会计政策	启用会计年度	启用会计期间	操作
财务会计核算体系	新达智能科技有限公司_用户账号	中国准则会计政策	2023	1	结束初始化

↗ 任务要求

进入金蝶云星空系统,完成新达智能科技有限公司_用户账号的产品成本核算结束初始化工作。

↗ 操作指导

进入金蝶云星空系统管理界面后,切换当前组织为"新达智能科技有限公司_用户账号"。单击左上角的【所有功能】,执行【成本管理】→【产品成本核算】→【初始化】→【产品成本核算初始化】命令,在"产品成本核算初始化"界面,如图2-34所示,勾选核算组织"新达智能科技有限公司_用户账号",然后单击【结束初始化】按钮。

图2-34 产品成本核算结束初始化

思考题

你是一家制造业公司的财务经理,面临产品成本核算的挑战。公司生产复杂多样的产品,包括高成本的定制产品和大批量生产的标准产品。考虑到直接材料、直接人工、制造费用、标准成本制定、成本汇总与分配、差异分析及生命周期成本等知识点,请详细阐述你将如何设计一套综合性的产品成本核算策略,以确保对各类产品的成本进行准确、全面的追踪和分析。具体包括但不限于:

答案

(1) 如何区分和追踪高成本的定制产品和大批量生产的标准产品的直接材料和直接人工成本?

(2) 在制造费用方面,采用什么方法确保制造费用的合理分配,以反映不同产品的实际成本?

(3) 在制定标准成本时,考虑到产品的复杂性,如何确保标准成本的准确性和实际生产过程的契合度?

(4) 在成本汇总与分配方面,如何处理不同产品之间的差异,以确保每个产品的成本都能全面体现?

(5) 在进行差异分析时,关注哪些关键差异,并采取哪些措施进行成本控制和效率提升?

(6) 在考虑产品的整个生命周期成本时,如何平衡不同阶段的成本考虑,以支持全面的管理决策?

请提供一个全面而可行的产品成本核算方案,以满足公司不同类型产品的成本追踪和分析需求。

第3章 管理会计在集团型企业的信息化应用

管理会计信息系统测试上线后,新达集团正常开展相关业务处理、产品生产等,并借助系统记录数据完成单据流转。本课程以新达集团一个月的实际经营过程、业务场景为背景,开展针对预算、成本、资金、绩效等管理会计相关内容教学,以任务驱动的方式让学生在企业经营过程中理解管理会计理论工具的实际应用。

3.1 新达集团编制2023年度经营相关预算

预算管理介绍

预算管理是指企业以战略目标为导向,对未来的经营活动和相应的财务结果进行充分、全面的预测和筹划,并通过对执行过程的监控,将实际完成情况与预算目标不断对照和分析,从而及时指导经营活动的改善和调整,以帮助管理者更加有效地管理企业和最大限度地实现战略目标。预算管理的内容包括预算的编制、执行、控制、考评和激励等方面。预算管理是一种管理工具,也是一套系统管理方法,能够优化企业的资源配置,协调企业的各项活动,提高企业的管理水平和经营效率。

3.1.1 集团预算管理委员会制定统一规范要求

案例背景

随着新达集团业务不断发展壮大,新达集团业务步入高速发展阶段,决定了实行预算管理,先行以费用预算作为试点并且借助管理会计信息系统,实现对预算数据与业务数据的联动控制。管理会计信息系统上线后,新达集团根据业务流程的梳理结果,在平台内完成对预算组织、预算模板、预算方案、预算控制规则等的设置,各子公司具体的预算编制,由各自的预算专员在系统内完成。

任务一　新增预算模板

任务描述

新达集团预算管理委员会根据全面预算需要,统一完成预算模板的定制,详情如表3-1所示。

表3-1 预算模板信息

编码	名称	周期	批量填充样式方案
01_用户账号	新达集团管理费用预算模板	年	新达集团管理费用预算
02_用户账号	销售费用支出预算模板	年	销售费用支出预算
03_用户账号	生产费用预算模板	年	生产费用预算

任务要求

进入金蝶云星空系统，按任务描述的预算模板信息，新增预算模板。

操作指导

进入金蝶云星空系统管理界面后，切换当前组织为"新达集团_用户账号"。单击左上角的【所有功能】，执行【管理会计】→【预算管理】→【预算模板】→【预算模板】命令，在"预算模板"界面，单击【新增】按钮，进入"预算模板-新增"界面。按任务描述的预算模板信息，如图3-1所示，输入编码、名称、周期，单击【保存】按钮。

视频

返回"预算模板"界面，双击打开刚刚保存成功的预算模板。在弹出的"预算模板编辑"窗口，如图3-2、图3-3所示，首次操作可单击【下载并安装引导程序】，之后可直接单击【点击打开】，进入金蝶云星空财务预算报表平台。

图3-1 新增预算模板

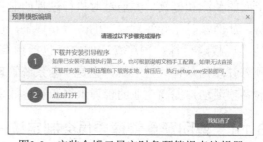

图3-2 安装金蝶云星空财务预算报表编辑器

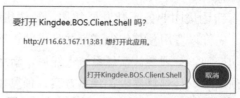

图3-3 打开金蝶云星空财务预算报表编辑器

在"预算模板填充向导"窗口，如图3-4所示，按需选择预算模板样式方案，单击【批量填充】按钮。

第3章 管理会计在集团型企业的信息化应用 35

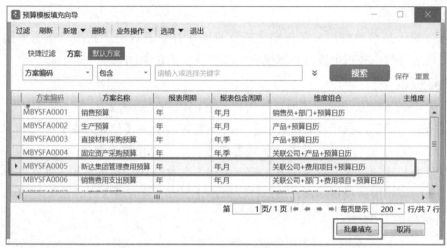

图3-4 填充预算模板样式方案

预算模板样式方案填充完毕并核对无误后，如图3-5所示，依次单击【保存】【提交】【审核】按钮。

图3-5 提交并审核预算模板

任务二 新增预算方案

任务描述

新达集团预算专员通过制定预算方案，确定企业预算的总体计划，如本次预算的起止年度、使用的预算日历、有哪些预算组织参与、需要编制哪些预算表等。新达集团将预算模板分发给预算组织，详情如表3-2所示。

表3-2 预算方案详情

编码	名称	预算日历	默认汇率类型	开始年度	结束年度	预算模板	预算模板分发组织
用户账号	新达集团_用户账号预算方案	系统预设预算日历	预算汇率	2023	2023	新达集团管理费用预算模板 销售费用支出预算模板 生产费用预算模板	新达集团_用户账号

⬈ 任务要求

进入金蝶云星空系统,按任务描述的预算方案详情表数据,新增"新达集团预算方案",审核通过后,将三个费用预算模板全部分发至新达集团。

⬈ 操作指导

进入金蝶云星空系统管理界面后,切换当前组织为"新达集团_用户账号"。单击左上角的【所有功能】,执行【管理会计】→【预算管理】→【预算方案】→【预算方案】命令,在"预算方案"界面,单击【新增】按钮,进入"预算方案-新增"界面。如图3-6所示,按任务描述的预算方案详情表,输入编码、名称,选择预算日历、默认汇率类型、开始年度、结束年度、预算模板,然后依次单击【保存】【提交】【审核】按钮。

图3-6 新增预算方案

预算方案审核通过后,在"预算方案-修改"界面,如图3-7所示,勾选三个费用预算模板,单击【分发】按钮。

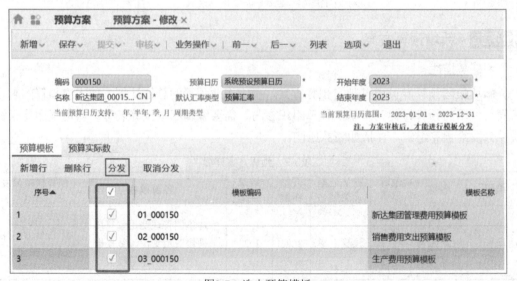

图3-7 选中预算模板

在弹出的预算模板分发管理界面,如图3-8所示,单击【选择组织】按钮,在弹出的"预算组织架构"窗口,勾选预算组织,然后单击【返回数据】按钮。

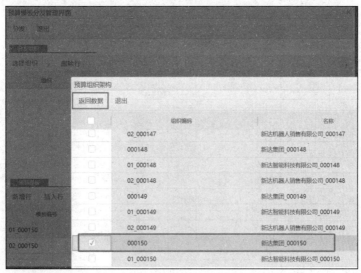

图3-8　选择分发组织

在预算模板分发管理界面,如图3-9所示,核对分发组织、预算模板和报表起始日期无误后,单击【分发】按钮。

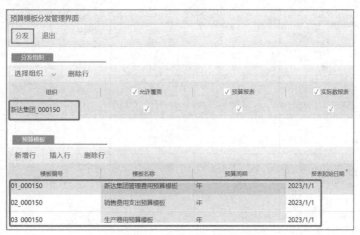

图3-9　分发预算模板

任务三　新增预算控制规则

➢ 任务描述

以费用报销过程中实施预算控制为例,用销售费用预算额,控制费用报销/付款相关实际执行单据,从部门、费用项目等角度对销售预算实施控制。预算控制规则,作为集团预算控制规则基础资料库管理,与具体的预算组织无关,需通过预算控制台,将控制规则分配到具体受控组织,预算控制规则才会对受控预算组织生效。新达集团预算专员新增销售费用支出预算控制规则,详情如表3-3所示。

表3-3 销售费用支出预算控制规则详情

编码	名称	样式方案	控制周期	控制单据	预算影响类型	单据日期	单据币别	业务组织来源	提交时控制强度	审核时控制强度	生效条件	控制维度 维度	控制维度 单据字段	控制数据 单据字段	控制数据 单据下推回写/冲销源单字段
01_用户账号	销售费用支出预算控制规则	销售费用支出预算	月	费用申请单	申请占用	单据头.申请日期	单据头.币别	单据头.付款组织	提示	强制	"单据头.单据类型"等于"费用申请款"，"单据头.申请借款"勾选"值" 条件描述：申请借款	关联公司 / 部门 / 费用项目	单据头.费用承担组织 / 单据头.费用承担部门 / 明细信息.费用项目	明细信息.核定金额	明细信息.已下推/付款申请/付款金额
				出差费用申请单	申请占用	单据头.申请日期	单据头.币别	单据头.付款组织	提示	强制	"单据头.单据类型"等于"费用申请款"，"单据头.申请借款"勾选"值" 条件描述：申请借款	关联公司 / 部门 / 费用项目	单据头.费用承担组织 / 单据头.费用承担部门 / 明细信息.费用项目	明细信息.核定金额	明细信息.已下推/付款申请/付款金额
				费用报销单	申请占用	单据头.申请日期	单据头.币别	单据头.付款组织	提示	强制	"单据头-退款ови/付款"等于"单据头.单据类型"等于"付款或者单据头-退款/付款"等于"申请退款" 条件描述：申请付款（退款）	关联公司 / 部门 / 费用项目	单据头.费用承担组织 / 单据头.费用承担部门 / 报销明细.费用项目	报销明细.核定退/付款金额	报销明细.已下推/付款申请/退款金额
				差旅费报销单	申请占用	单据头.申请日期	单据头.币别	单据头.付款组织	提示	强制	"单据头-退款/付款"等于"单据头.单据类型"等于"付款或者单据头-退款/付款"等于"申请退款" 条件描述：申请付款（退款）	关联公司 / 部门 / 费用项目	单据头.费用承担组织 / 单据头.费用承担部门 / 报销明细.费用项目	报销明细.核定退/付款金额	报销明细.已下推/付款申请/退款金额
				付款申请单	申请占用	单据头.业务日期	单据头.币别	单据头.付款组织	提示	强制	"单据头.单据类型"等于"费用类报销申请单" 条件描述：费用报销款申请单	关联公司 / 部门 / 费用项目	单据头.结算组织 / 单据头.部门 / 单据头.费用项目	付款申请单明细.申请付款金额	付款申请单明细.付款金额
				付款单	预算执行	单据头.业务日期	单据头.币别	单据头.付款组织	提示	强制	"单据头.单据类型"等于"费用类报销付款单" 条件描述：费用报销付款单	关联公司 / 部门 / 费用项目	单据头.结算组织 / 单据头.部门 / 付款单明细.费用项目	付款单明细.实付金额	
				付款退款单	预算冲回	单据头.业务日期	单据头.币别	单据头.付款组织	提示	强制	"单据头.单据类型"等于"费用类报销付款退款单" 条件描述：费用报销款退款单	关联公司 / 部门 / 费用项目	单据头.结算组织 / 单据头.部门 / 退款单明细.费用项目	退款单明细.应退金额	

任务要求

进入金蝶云星空系统，按任务描述新增预算控制规则。

操作指导

进入金蝶云星空系统管理界面后，切换当前组织为"新达集团_用户账号"。单击左上角的【所有功能】，执行【管理会计】→【预算管理】→【预算控制】→【预算控制规则】命令，在"预算控制规则"界面，单击【新增】按钮，进入"预算控制规则-新增"界面。按任务描述的预算模板信息，如图3-10所示，输入编码、名称。在【预算数】页签，选择样式方案和控制周期。

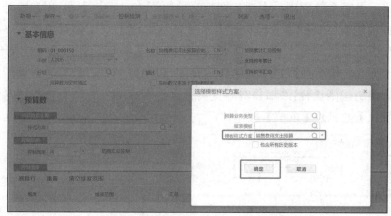

图3-10　维护预算控制规则基本信息

在【控制单据】页签，按任务描述的数据，如图3-11所示，设置相关单据的控制详情，包括控制字段、生效条件、控制维度和控制数据。所有信息设置完毕，并核对无误后，依次单击【保存】【提交】【审核】按钮。

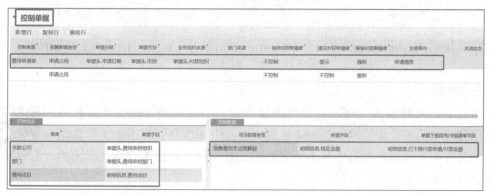

图3-11　控制单据信息设置

任务四　预算控制规则分配

任务描述

销售费用支出预算控制规则审核通过后，新达集团预算专员通过预算控制台，将预算控制规则分配给需要受控的预算组织，即新达集团，详情如表3-4所示。

表3-4 销售费用支出预算控制规则分配详情

预算组织	预算方案编码	预算控制规则	控制单据	控制层级
新达集团_用户账号	用户账号	销售费用支出预算控制规则	费用申请单，出差申请单，费用报销单，差旅费报销单，付款申请单，付款单，付款退款单	本级

➤ **任务要求**

进入金蝶云星空系统，按任务描述的要求分配预算控制规则。

➤ **操作指导**

进入金蝶云星空系统管理界面后，切换当前组织为"新达集团_用户账号"。单击左上角的【所有功能】，执行【管理会计】→【预算管理】→【预算控制】→【预算控制台】命令，在"预算控制台"界面，单击【规则分配】按钮。在"预算控制台-新增"界面，如图3-12所示，核对预算组织为"新达集团_用户账号"，预算方案编码选择"用户账号"，预算控制规则选择"销售费用支出预算控制规则"，所有信息核对无误后，依次单击【保存】【提交】【审核】按钮。

图3-12 分配预算控制规则

➤ **思考题**

新达集团实施预算管理，以费用预算为试点，并借助管理会计信息系统实现预算与业务数据的联动控制。在这一过程中，涉及预算组织、预算模板、预算方案、预算控制规则等多个方面的设置和管理。请围绕新达集团的预算管理实践，思考以下问题：

答案

(1) 预算组织的设置对于整个预算管理的有效性有何重要影响？如何确保各子公司在系统内完成具体的预算编制？

(2) 预算模板在全面预算中扮演着什么角色？新达集团预算专员如何通过定制预算模板实现整体预算计划？

(3) 预算方案的制定是预算管理中的关键步骤，它包括哪些重要元素？为何需要制订企业预算的总体计划，以及预算方案中需要包含哪些信息？

(4) 预算控制在费用报销过程中的应用是如何体现的？以销售费用预算为例，新达集团是如何通过预算控制规则实施对费用报销/付款相关实际执行单据的控制的？

(5) 预算控制规则的基础资料库管理是如何进行的？为何预算控制规则需通过预算控制台分配到具体的受控组织，以生效在受控预算组织中？

(6) 在新增销售费用支出预算控制规则的过程中，新达集团预算专员可能面临的挑战是什么？他们如何确保该规则的审核通过，并将其成功分配给需要受控的预算组织？

通过回答这些问题，能够深入理解新达集团的预算管理实践，以及预算组织、模板、方案、控制规则等要素在预算管理中的关键作用。

3.1.2 各个子公司根据集团要求编制相关预算报表

任务五 编制费用预算表

子任务一 新增管理费用预算报表

↗ 任务描述

新达集团预算专员接收到集团预算管理委员会下发的新达集团管理费用预算模板，在预算编制台内新增2023年1—12月各组织管理费用预算报表，详情如表3-5所示。

表3-5 管理费用预算报表详情

报表编号	预算模板	年度	期间	预算组织	维度值填充	
					关联公司	费用项目
01_用户账号	新达集团管理费用预算模板	2023	1	新达集团_用户账号	新达智能科技有限公司_用户账号 新达机器人销售有限公司_用户账号	职工福利费 物业管理费 租赁费 水电费 管理人员工资 通信费 团队活动费 办公用品费

↗ 任务要求

进入金蝶云星空系统，按任务描述的要求维护新达集团管理费用预算报表。

↗ 操作指导

进入金蝶云星空系统管理界面后，切换当前组织为"新达集团_用户账号"。单击左上角的【所有功能】，执行【管理会计】→【预算管理】→【预算编制】→【预算编制台】命令，在"预算报表查询"界面，选中左侧的"新达集团_用户账号"，单击【新增预算表】，进入"预算报表-新增"界面。在"预算报表-新增"界面，如图3-13所示，按任务描述的数据，输入报表编号，选择预算模板，然后单击【确定】按钮。

视频

如图3-14所示，提示"报表已经成功创建，是否打开编辑？"单击【是】按钮，打开金蝶云星空财务预算报表系统。

图3-13 新增预算报表　　　　　　　　　　图3-14 打开报表编辑器

在"预算报表编辑"界面，如图3-15所示，单击【维度值填充】按钮，同时按需选择关联公司，然后同时选择任务描述要求的费用项目，关联公司和费用项目全部选择并核对无误后，单击【返回数据】按钮，返回"预算报表编辑"界面。

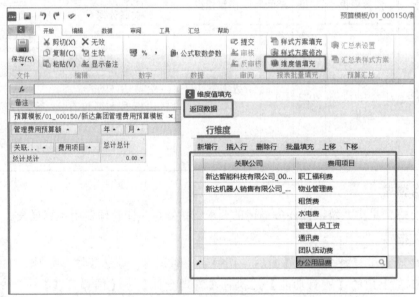

图3-15 维度值填充

所有信息核对无误后，如图3-16所示，单击【保存】按钮，预算报表新增完毕。

注意：此处只需单击【保存】按钮，不需要提交和审核！

第3章 管理会计在集团型企业的信息化应用 43

图3-16 保存管理费用预算报表

子任务二 编制管理费用预算报表

↗ 任务描述

新达集团确定预算数后，在系统内编制各组织管理费用预算表。

↗ 任务要求

进入金蝶云星空系统，按附件Excel"新达集团管理费用预算数据"(通过复制数据到导出的管理费用预算表)，导入管理费用预算数据。

↗ 操作指导

在预算编制台打开新达集团的管理费用预算报表，进入金蝶云星空财务预算报表系统后，如图3-17所示，执行【引入引出】→【按引入模板引出EXCEL】命令，将管理费用预算报表保存至桌面。

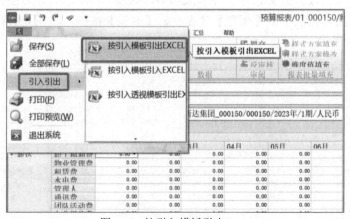

图3-17 按引入模板引出Excel

下载Excel"新达集团管理费用预算数据"至桌面，打开Excel"新达集团管理费用预算数据"和系统内引出的管理费用预算报表，如图3-18所示，将"新达集团管理费用预算数据"表中的"管理费用预算额"列的数据，复制粘贴到从系统内引出的管理费用预算报表中的"管理费用预算额"列。核对从系统内引出的管理费用预算报表数据无误后，单击【保存】按钮。

注意：复制粘贴时，只能选择有数据的单元格，不可将该列的标题也复制粘贴过去，否则会导入失败！！！

图3-18 补充系统模板预算数据

返回金蝶云星空财务预算报表系统，执行【引入引出】→【按引入模板引入EXCEL】命令。在弹出的"选取导入文件"窗口，在桌面选中补充预算数后的管理费用预算报表，然后单击【打开】按钮。导入成功后，如图3-19所示，核对整张报表右下角的预算总计数无误后，依次单击【保存】【提交】【审核】按钮，如图3-20所示。

07月	08月	09月	10月	11月	12月	2023年小计
157397.96	157255.24	157311.55	157584.60	157567.41	157489.32	157509.61	1889052.97
7470.00	7470.00	7470.00	7470.00	7470.00	7470.00	7470.00	89640.00
106560.00	106560.00	106560.00	106560.00	106560.00	106560.00	106560.00	1278720.00
2926.52	2926.52	2926.52	2926.52	2926.52	2926.52	2926.52	35118.24
122540.18	122969.86	122651.52	122598.85	123968.89	122889.76	123844.80	1475918.04
20350.00	20350.00	20350.00	20350.00	20350.00	20350.00	20350.00	244200.00
13400.00	13400.00	13400.00	13400.00	13400.00	13400.00	13400.00	160800.00
1000.00	1000.00	3888.00	1000.00	1000.00	1000.00	1000.00	24587.00
431644.66	431931.62	434557.59	431889.97	433242.82	432085.60	433060.93	5198036.25
351899.30	385747.38	428575.87	293840.38	206944.07	215893.76	346120.40	3217084.91
7126.50	7126.50	7126.50	7126.50	7126.50	7126.50	7126.50	85518.00
33848.70	33848.70	33848.70	33848.70	33848.70	33848.70	33848.70	406184.40
7325.57	7325.57	7325.57	7325.57	7325.57	7325.57	7325.57	87906.84
60884.33	61559.37	60345.04	60668.41	60809.74	60377.62	61044.07	731913.35
11550.00	11550.00	11550.00	11550.00	11550.00	11550.00	11550.00	138600.00
6000.00	6000.00	6000.00	6000.00	6000.00	6000.00	6000.00	72000.00
3000.00	18636.00	3000.00	3000.00	3000.00	3000.00	3000.00	
481634.40	531793.52	557771.68	423359.56	336604.58	345122.15	476015.24	4806479.50
913279.06	963725.14	992329.27	855249.53	769847.40	777207.75	909076.17	10004515.75

图3-19 核对管理费用预算总计数

图3-20 提交并审核管理费用预算表

子任务三 新增销售费用支出预算报表

↗ 任务描述

新达集团预算专员接收到集团预算管理委员会下发的销售费用支出预算模板,在预算编制台内新增2023年1—12月各部门销售费用支出预算报表,详情如表3-6所示。

表3-6 销售费用支出预算报表详情

报表编号	预算模板	年度	期间	预算组织	维度值填充		
					关联公司	部门	费用项目
02_用户账号	销售费用支出预算模板	2023	1	新达集团_用户账号	新达机器人销售有限公司_用户账号	广东省区 东北三省区 广西区 江苏省区 贵州省区 川渝区 河南省区 河北省区 京津区 山东省区	广告费 销售人员工资 运费 业务招待费 差旅费 市场活动费

↗ 任务要求

进入金蝶云星空系统,按任务描述的要求新增销售费用支出预算报表。

↗ 操作指导

销售费用支出预算报表的新增方法可参考子任务一:新增管理费用预算报表。

如图3-21所示,按任务描述的数据新增销售费用支出预算报表并核对无误后,单击【保存】按钮。

图3-21 保存销售费用支出预算表

子任务四　编制销售费用支出预算报表

↗ 任务描述

新达集团确定预算数后，在系统内编制销售费用支出预算表。

↗ 任务要求

进入金蝶云星空系统，按附件Excel"销售费用支出预算数据"(通过复制数据到导出的销售费用支出预算表)，导入销售费用支出预算数据。

↗ 操作指导

销售费用支出预算报表的编制方法可参考子任务二：编制管理费用预算报表。

如图3-22、图3-23所示，导入销售费用支出预算数据，核对整张报表右下角的预算总计数无误后，依次单击【保存】【提交】【审核】按钮。

0.00	0.00	0.00	70000.00	0.00	0.00	0.00	0.00	0.00	70000.00
2274.89	131989.40	276874.70	350054.52	184753.13	130426.47	130426.47	204303.06	1757871.40	
0.00	0.00	0.00	0.00	0.00	0.00	0.00	0.00	50000.00	
4817.63	121695.03	131626.23	139613.29	94817.63	70570.14	70570.14	112735.90	1091456.73	
4233.84	5645.12	6115.55	6585.98	4233.84	2822.56	2822.56	5174.69	47042.67	
7570.44	23427.25	25379.53	27331.80	17570.44	11713.63	11713.63	21474.98	195227.17	
0584.60	14112.80	15288.87	16464.94	10584.60	7056.40	7056.40	12936.74	117606.69	
0.00	0.00	0.00	0.00	0.00	80000.00	0.00	0.00	80000.00	
7206.51	164880.20	178410.18	189996.01	127206.51	172162.73	92162.73	152322.31	1581333.21	
0.00	0.00	0.00	0.00	0.00	0.00	0.00	0.00	40000.00	
9764.58	202738.81	220850.81	230964.41	159764.58	114504.12	114504.12	188418.28	1782389.68	
7056.40	9408.54	10192.58	10976.63	7056.40	4704.27	4704.27	8624.49	78404.48	
3284.07	39045.42	42299.21	45552.99	29284.07	19522.71	19522.71	35791.64	325378.52	
7641.00	23521.34	25481.45	27441.56	17641.00	11760.67	11760.67	21561.23	196011.15	
0.00	0.00	0.00	0.00	0.00	0.00	0.00	0.00	0.00	
3746.05	274714.11	298824.05	314935.59	213746.05	150491.77	150491.77	254395.64	2422183.83	
3132.78	2751653.46	2915478.64	3387593.21	2119165.61	1636470.11	1636190.63	2609569.04	24339585.14	

图3-22　核对销售费用支出预算总计数

图3-23　提交并审核销售费用支出预算表

子任务五　新增生产费用预算报表

↗ 任务描述

新达集团预算专员接收到集团预算管理委员会下发的生产费用预算模板，在预算编制台内新增2023年1—12月各部门生产费用预算报表，详情如表3-7所示。

表3-7　生产费用预算报表详情

报表编号	预算模板	年度	期间	预算组织	维度值填充	
					部门	费用项目
03_用户账号	生产费用预算模板	2023	1	新达集团_用户账号	机器人生产车间 总成生产车间 系统软件生产车间	水电费 生产工人工资 材料成本 委外加工费 组装费用

任务要求

进入金蝶云星空系统，按任务描述的要求新增生产费用预算报表。

操作指导

生产费用预算报表的新增方法可参考子任务一：新增管理费用预算报表。

如图3-24所示，按任务描述的数据新增生产费用预算报表并核对无误后，单击【保存】按钮。

图3-24　保存生产费用预算表

子任务六　编制生产费用预算报表

任务描述

新达集团确定预算数后，在系统内编制各部门生产费用预算表。

任务要求

进入金蝶云星空系统，按附件Excel"生产费用预算数据"（通过复制数据到导出的生产费用预算表），导入生产费用预算数据。

操作指导

生产费用预算报表的编制方法可参考子任务二：编制管理费用预算报表。

如图3-25所示，导入生产费用预算数据，核对整张报表右下角的预算总计数无误后，依次单击【保存】【提交】【审核】按钮。

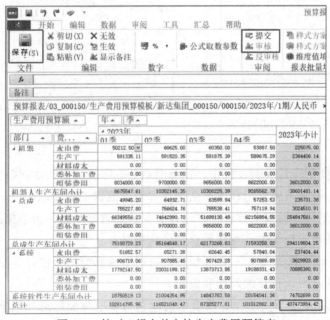

图3-25　核对、提交并审核生产费用预算表

任务六 执行预算方案

↗ 任务描述

各级预算组织预算报表编制并通过审核后，新达集团预算专员执行预算方案，只有预算期间处于"执行中"状态，才表示该预算期间的预算可用，详情如表3-8所示。

表3-8 预算方案执行详情

预算方案	预算年度	周期类型	预算期间	勾选名称	操作
新达集团_用户账号预算方案	2023	年，季，月	1	2023年	执行
				2023年上半年01季	
				2023年上半年01季01月	

↗ 任务要求

进入金蝶云星空系统，按任务描述的要求执行新达集团预算方案。

↗ 操作指导

进入金蝶云星空系统管理界面后，切换当前组织为"新达集团_用户账号"。单击左上角的【所有功能】，执行【管理会计】→【预算管理】→【预算方案】→【预算方案监控】命令。在弹出的"切换预算方案"窗口，如图3-26所示，选择预算方案为"新达集团_用户账号预算方案"，预算年度选择"2023"，周期类型同时选择"年""季"和"月"，预算期间选择"1"，然后单击【确认】按钮。

在"预算方案监控"界面，如图3-27所示，同时勾选名称为"2023年""2023年上半年01季"和"2023年上半年01季01月"三个预算方案，然后单击【执行】按钮。

图3-26 切换预算方案

图3-27 执行预算方案

↗ 思考题

(1) 在新达集团的预算编制过程中，预算专员面临哪些挑战？如何确保各组织的管理费用、销售费用支出和生产费用预算表的准确性和合理性？

(2) 预算模板的制定对整个预算管理过程有何重要意义？它在新达集团的管理费用、销售费用支出和生产费用预算中的作用是什么？

(3) 新达集团的预算管理中，预算专员如何利用预算编制台进行各组织的管理费用、销售费用支出和生产费用预算的新增和编辑？

(4) 预算管理委员会下发的预算模板中可能包含哪些重要信息和数据要素？这些信息对预算专员如何制订各部门的具体预算计划产生什么影响？

(5) 新达集团为何需要对不同类型的费用，如管理费用、销售费用支出和生产费用，分别制定独立的预算模板？这样的区分有何实际业务考虑？

(6) 在确定了预算数后，新达集团的预算专员如何在系统内编制各组织的具体费用预算表？这个过程中可能面临的挑战是什么？

(7) 预算专员如何确保各部门在系统内编制的费用预算表符合公司整体经营目标和财务计划？

通过这些问题，可以探讨新达集团预算专员在具体费用预算编制中的操作流程、模板的重要性、区分不同类型费用的合理性，以及如何应对挑战等方面的情况。这有助于深入理解公司的预算管理实践。

3.2 新达集团制定绩效考核要求

↗ 案例背景

根据2023年新达集团绩效方案，了解到集团进行绩效考核的关键指标、干部/员工指标类型及权重，以及绩效评估流程，即根据员工填写的个人绩效承诺书的绩效指标的计分规则与指标口径，统计各项指标得分，根据得分情况划分评定等级。

绩效考核与评估的部分关键数据可参考如下，绩效考核数据通过阿米巴报表+前置业务的形式计算总成生产车间/系统软件生产车间的人均产值，通过各个省区的销售利润表计算人均_省区利润和人均_省区收入，对照2023年新达集团绩效方案各指标占比最终完成绩效评级，并将评级结果进行应用。

↗ 绩效考核介绍

绩效考核是管理会计的重要内容，是指企业运用系统的工具方法，对一定时期内企业营运效率与效果进行综合评判的管理活动。绩效考核的目的是激发和调动员工积极性，增强价值创造力，反映和监督企业的实际耗费，为成本管理、决策和控制提供信息基础。绩效考核的内容包括绩效评价和激励管理，涉及预算计划、考核指标体系、考核机构、考核程序、考核结果应用等方面。绩效考核是一种管理工具，也是一套系统管理方法，能够优化企业的资源配置，协调企业的各项活动，提高企业的管理水平和经营效率。

3.2.1 阿米巴利润(绩效)考核基础

任务七 绩效考核体系建设

↗ 任务描述

针对核算体系下的核算组织设置利润中心考核单元，这些利润中心考核单元可以设置上下级关系，只有最明细的利润中心才需设置对应的部门或成本中心(成本中心的业务对象实际是部门)，非明细级利润中心的数据来源于属于其下级的最明细的利润中心。

针对法人核算体系下的新达智能科技有限公司/新达机器人销售有限公司设置颗粒度小于组织的考核对象——利润中心并将各明细利润中心匹配部门。也即利润考核体系目前细化考核到部门。各子公司绩效考核体系详情如表3-9、表3-10所示。

表3-9 新达智能科技有限公司绩效考核体系详情

编码	名称	核算体系	核算组织	利润中心			部门
				编码	名称	上级利润中心	
01_用户账号	智能科技有限公司车间绩效考核体系_用户账号	财务会计核算体系	新达智能科技有限公司_用户账号	01_用户账号	车间汇总_用户账号		
				01.001_用户账号	总成生产车间_用户账号	车间汇总_用户账号	总成生产车间
				01.002_用户账号	系统软件生产车间_用户账号	车间汇总_用户账号	系统软件生产车间

表3-10 新达机器人销售有限公司绩效考核体系详情

编码	名称	核算体系	核算组织	利润中心		部门
				编码	名称	
02_用户账号	机器人销售有限公司省区绩效考核体系_用户账号	财务会计核算体系	新达机器人销售有限公司_用户账号	02_用户账号	广东省区_用户账号	广东省区

↗ 任务要求

进入金蝶云星空系统,按任务描述的绩效考核体系详情表,切换对应组织新增利润中心核算体系。

↗ 操作指导

进入金蝶云星空系统管理界面后,按需切换当前组织。单击左上角的【所有功能】,执行【财务会计】→【阿米巴报表】→【利润中心】→【利润考核体系】命令,在"利润考核体系"界面,单击【新增】按钮,如图3-28所示,按任务描述的绩效考核体系详情表,输入编码、名称,选择核算体系为"财务会计核算体系"。在利润中心功能处,单击【新增】按钮,在弹出的"利润中心"窗口,输入编码、名称、选择核算组织,然后单击【确定】按钮。

图3-28 新增一级利润中心

如图3-29所示,选中一级利润中心,单击【新增】按钮,输入二级利润中心的编码、名称,确保上级利润中心、核算组织正确,然后单击【确定】按钮。

图3-29 新增二级利润中心

如图3-30所示,选中二级利润中心"总成生产车间_用户账号",选择部门编码为"012_用户账号"的"总成生产车间"。

图3-30 维护二级利润中心部门

确认所有信息设置无误后,如图3-31所示,单击【保存】按钮。

图3-31 保存利润考核体系

任务八 新增利润中心间结算价目表

▸ 任务描述

结算价目表主要用于利润中心间进行业务往来时设置内部结算价,按价目对象设置,可以设置为物料类的价目或服务类的价目。新达智能科技有限公司绩效专员设置各利润中心(即各车间)的产品的内销价,详情如表3-11所示。

表3-11 利润中心间结算价目表详情

编码	名称	利润中心	生效日期	【价格明细】页签		
				物料名称	价格/元	生效日期
01_用户账号	总成生产车间内部结算价_用户账号	总成生产车间_用户账号	2023/1/1	头部总成	2700	2023/1/1
				躯干总成	5200	2023/1/1
				左臂总成	5400	2023/1/1
				右臂总成	5400	2023/1/1
02_用户账号	系统软件生产车间内部结算价_用户账号	系统软件生产车间_用户账号	2023/1/1	视觉系统	1000	2023/1/1
				听觉系统	1000	2023/1/1
				应用软件	1400	2023/1/1
				运动控制系统	1400	2023/1/1

◢ 任务要求

进入金蝶云星空系统，按任务描述的利润中心间结算价目表详情，新增利润中心间结算价目表。

◢ 操作指导

进入金蝶云星空系统管理界面后，切换当前组织为"新达智能科技有限公司_用户账号"。单击左上角的【所有功能】，执行【财务会计】→【阿米巴报表】→【利润中心】→【利润中心间结算价目表】命令，在"利润中心间结算价目表"界面，单击【新增】按钮。

如图3-32所示，在【基本信息】页签，按任务描述的利润中心间结算价目表详情，输入编码、名称，选择利润中心，修改生效日期。在【价格明细】页签，维护物料、价格等信息，确认所有信息无误后，依次单击【保存】【提交】【审核】按钮。

图3-32 新增利润中心间结算价目表

◢ 思考题

(1) 企业为什么需要在核算体系下设置利润中心，并如何通过上下级关系及最明细的利润中心来实现有效的数据管理？

(2) 在法人核算体系下，为何将考核对象设置为利润中心而非其他考核单

答案

位？这种设置对于企业绩效和内部管理有哪些潜在优势？

(3) 结算价目表在利润中心间业务往来中的具体作用是什么？为什么需要按价目对象设置，而不是一律适用于所有业务？

3.2.2 阿米巴(绩效)报表模板制作

任务九 编制总成生产车间绩效考核表模板

子任务一 新增总成生产车间明细收入模板

↗ 任务描述

基于绩效考核体系，新达智能科技有限公司绩效专员需要根据模板样式方案，新增总成生产车间明细收入考核模板。车间明细收入是考核总成生产车间主营业务收入的主要来源数据，通过车间明细收入可考核总成生产车间产品生产情况，通过获取利润中心间结算价目表数据和生产过程的生产数量得到明细收入，车间绩效考核按月为周期进行，总成生产车间明细收入模板详情如表3-12所示。

表3-12 总成生产车间明细收入模板详情

编码	名称	周期	核算体系	所属组织	利润中心	样式类型	批量填充向导	维度值填充	"营业收入"列
01_用户账号	车间明细收入_用户账号	月报	财务会计核算体系	新达智能科技有限公司_用户账号	总成生产车间_用户账号	动态样式	批量填充-车间明细收入样式方案	用户账号.01至用户账号.04(头部总成/躯干总成/左臂总成/右臂总成)	＝生产数量单元格×内部结算价单元格

↗ 任务要求

进入金蝶云星空系统，按任务描述的要求新增利润中心报表模板。

↗ 操作指导

进入金蝶云星空系统管理界面后，切换当前组织为"新达智能科技有限公司_用户账号"。单击左上角的【所有功能】，执行【财务会计】→【阿米巴报表】→【利润中心报表管理】→【利润中心报表模板】命令，在"利润中心报表模板"界面，选中"总成生产车间_用户账号"后单击【新增】

视频

按钮。如图3-33所示，按任务描述的总成生产车间明细收入模板详情，输入编码、名称，选择周期，确认核算体系、所属组织、利润中心、样式类型，所有信息核对无误后，单击【确定】按钮。

创建成功，打开报表模板。在弹出的"模板填充向导"窗口，选择"车间明细收入"的模板样式方案后单击【批量填充】按钮。如图3-34所示，单击【维度值填充】按钮，在弹出的"报表维度填充"窗口，按要求选择产品后单击【返回数据】按钮。

如图3-35所示，同时选中头部总成、躯干总成、左臂总成和右臂总成的营业收入单元格，在菜单栏执行【窗口】→【锁定】命令，解锁这4个单元格，使其可修改。

图3-33 新增利润中心报表模板

图3-34 填充车间明细收入报表模板

图3-35 解锁单元格

在"营业收入(本期发生数)"列,设置该单元格"=生产数量单元格×内部结算价单元格",可通过工具栏的【显示取数公式】按钮查看设置的公式。如图3-36所示,查看设置的"营业收入(本期发生数)"列公式,确认无误后,单击【保存并退出】按钮。

图3-36 设置取数公式

确认总成生产车间的"车间明细收入"模板信息无误后,如图3-37所示,依次单击【保存】【提交】【审核】按钮。

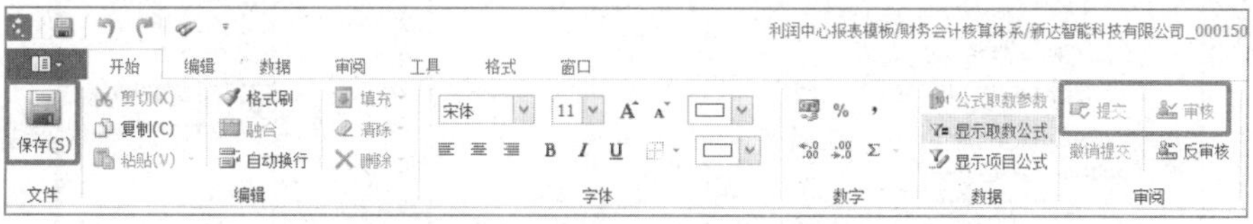

图3-37 提交并审核总成生产车间明细收入模板

子任务二 新增总成生产车间绩效考核表模板

➚ 任务描述

新达智能科技有限公司为考核总成生产车间,制定了考核相关指标,通过绩效考核表内的人均产值,对车间产出进行绩效考核,此项数据将作为考核每个员工绩效的重要依据,通过对车间产值、生产费用、公司分摊费用、总工时等维度列示,按月明确每个车间的绩效考核数据,新达智能科技有限公司绩效专员新增车间绩效考核表模板,供后续绩效考核使用,详情如表3-13所示。

表3-13 总成生产车间绩效考核表模板详情

编码	名称	周期	核算体系	所属组织	利润中心	样式类型	显示取数公式					
							车间产值	车间核算额	车间核算额占销售比例	单位时间核算	产量	人均产值
02_用户账号	车间绩效考核_用户账号	月报	财务会计核算体系	新达智能科技有限公司_用户账号	总成生产车间_用户账号	固定样式	调用ref_f函数取"车间明细收入"数据	=B2—B3—B4—B5—B6	=B7/B2	=B7/B9	第4个参数的引号中输入用户账号.01:用户账号.04	=B7/B12

➚ 任务要求

进入金蝶云星空系统,按任务描述的要求,通过导入车间绩效考核表模板(引入FML格式)的方式,新增利润中心报表模板。

➚ 操作指导

进入金蝶云星空系统管理界面后,切换当前组织为"新达智能科技有限公司_用户账号"。单击左上角的【所有功能】,执行【财务会计】→【阿米巴报表】→【利润中心报表管理】→【利润中心报表模板】命令,选中"总成生产车间_用户账号"后单击【新增】按钮,进入"新增利润中心报表模板"界面。如图3-38所示,按任务描述的总成生产车间绩效考核表模板详情,输入编码、名称,选择周期,确认核算体系、所属组织、利润中心、样式类型,所有信息核对无误后,单击【确定】按钮。

创建成功打开报表模板后,直接关闭"模板填充向导"窗口。进入空白报表模板,如图3-39所示,执行【引入引出】→【引入FML格式】命令,确认引入"车间绩效考核表模板.fml"。

图3-38 新增总成生产车间绩效考核报表模板　　图3-39 引入"车间绩效考核表模板.fml"

如图3-40所示，单击工具栏的【显示取数公式】按钮，再单击【查找和替换】按钮，将"1051"替换为"用户账号"，此处假定用户账号为"000150"，单击【全部替换】按钮后显示替换成功11处，关闭"查找与替换"对话框。单击【保存并退出】按钮退出"取数公式模式"窗口。

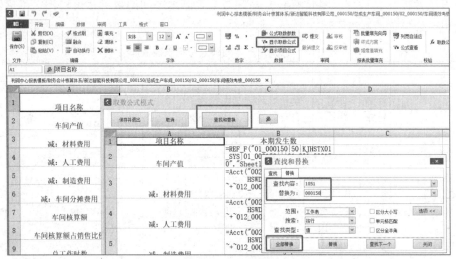

图3-40 账号替换

如图3-41所示，确认总成生产车间的"车间绩效考核_用户账号"模板信息无误后，依次单击【保存】【提交】【审核】按钮。

图3-41 提交并审核总成生产车间绩效考核表模板

任务十　编制系统软件生产车间绩效考核表模板

子任务一　新增系统软件生产车间明细收入模板

↗ 任务描述

新达智能科技有限公司绩效专员在制作完成总成生产车间绩效考核表模板后，将车间明细收入模板，通过总成生产车间共享给系统软件生产车间，然后根据下列表格信息修改系统软件生产车间的利润中心报表模板，详情如表3-14所示。

表3-14 系统软件生产车间明细收入模板详情

编码	名称	周期	核算体系	所属组织	利润中心	维度值填充	"营业收入"列
01_用户账号	车间明细收入_用户账号	月报	财务会计核算体系	新达智能科技有限公司_用户账号	系统软件生产车间_用户账号	用户账号.001至用户账号.004(视觉系统/听觉系统/应用软件/运动控制系统)	＝生产数量单元格×内部结算价单元格

↗ **任务要求**

进入金蝶云星空系统，按任务描述的要求共享总成生产车间的车间明细收入模板，并修改模板维度值和营业收入单元格公式。

↗ **操作指导**

进入金蝶云星空系统管理界面后，切换当前组织为"新达智能科技有限公司_用户账号"。单击左上角的【所有功能】，执行【财务会计】→【阿米巴报表】→【利润中心报表管理】→【利润中心报表模板】命令。

如图3-42、图3-43所示，勾选利润中心"总成生产车间_用户账号"的"车间明细收入_用户账号"模板，执行【业务操作】→【共享】命令，将模板共享给利润中心"系统软件生产车间_用户账号"后，单击【确定】按钮。

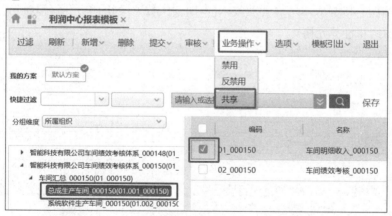

图3-42 模板共享

图3-43 选择共享利润中心

双击打开"系统软件生产车间_用户账号"的"车间明细收入_用户账号"共享模板。在"报表编辑"界面,如图3-44所示,单击【维度值填充】按钮,按需选择产品后,单击【返回数据】按钮,可以看到维度值填充完毕。

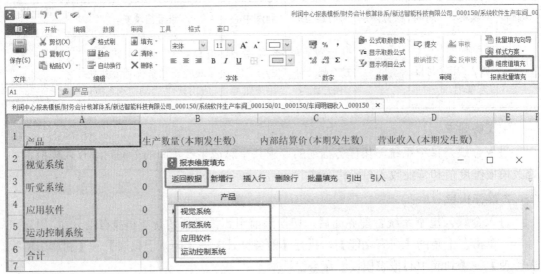

图3-44 修改填充维度值

同时选中"视觉系统""听觉系统""应用软件"和"运动控制系统"的"营业收入(本期发生数)"单元格,在菜单栏执行【窗口】→【锁定】命令,解锁这4个单元格,使其可修改。如图3-45所示,将"营业收入(本期发生数)"列的单元格公式设置为生产数量单元格×内部结算价单元格。

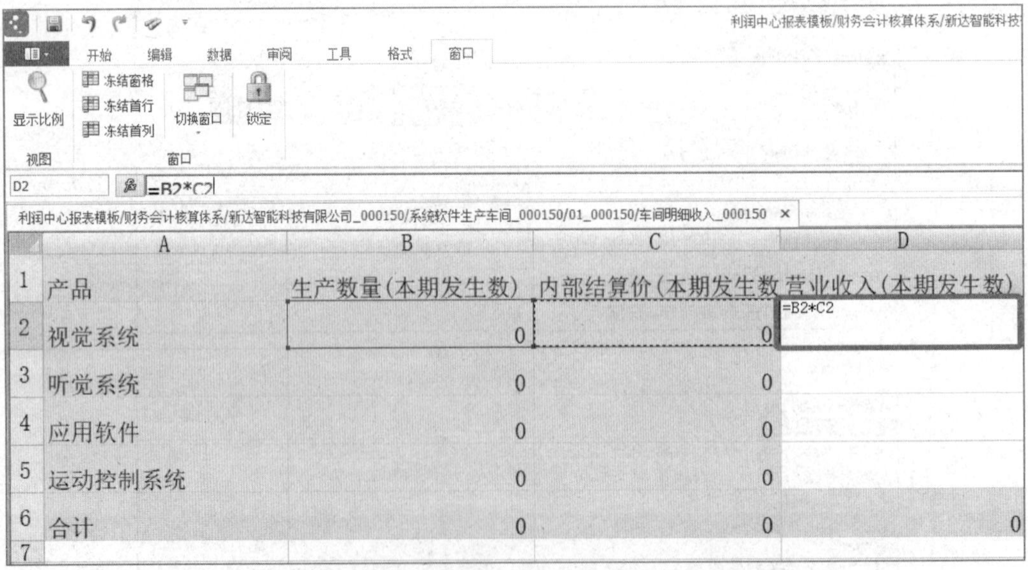

图3-45 修改公式

如图3-46所示,确认系统软件生产车间的"车间明细收入"模板信息无误后,依次单击【保存】【提交】【审核】按钮。

图3-46 提交并审核系统软件生产车间明细收入模板

子任务二 新增系统软件生产车间绩效考核表模板

任务描述

新达智能科技有限公司绩效专员通过共享的方式完成系统软件生产车间绩效考核表模板的建立，然后根据如表3-15所示的信息，修改系统模板。

表3-15 系统软件生产车间绩效考核表模板详情

编码	名称	周期	核算体系	所属组织	利润中心	样式类型	显示取数公式				
							车间核算额	车间核算额占销售比例	单位时间核算	产量	人均产值
02_用户账号	车间绩效考核_用户账号	月报	财务会计核算体系	新达智能科技有限公司_用户账号	系统软件生产车间_用户账号	固定样式	=B2－B3－B4－B5－B6	=B7/B2	=B7/B9	第4个参数的引号里输入用户账号.001：用户账号.004	=B7/B12

任务要求

进入金蝶云星空系统，共享总成生产车间绩效考核表模板，然后按任务描述的要求修改报表模板。

操作指导

参照子任务一的模板共享操作方法，将"总成生产车间_用户账号"的"车间绩效考核_用户账号"模板，共享给利润中心"系统软件生产车间_用户账号"。

在利润中心"系统软件生产车间_用户账号"下，可以看到共享后的"车间绩效考核_用户账号"模板，双击打开。单击【显示取数公式】按钮，将"车间产值"行的"本期发生数"公式内的"01.001_用户账号"修改为"01.002_用户账号"；将"减：材料费用""减：人工费用""减：制造费用"行的"本期发生数"公式内的"012_用户账号"修改为"013_用户账号"；将"产量"行的"本期发生数"公式内的"用户账号.01：用户账号.04"修改为"用户账号.001：用户账号.004"。此处以用户账号000150为例，修改完成的效果如图3-47所示。

视频

图3-47　修改取数公式

取数公式设置完毕后，单击【保存并退出】按钮。如图3-48所示，确认系统软件生产车间的"车间绩效考核_用户账号"模板信息无误后，依次单击【保存】【提交】【审核】按钮。

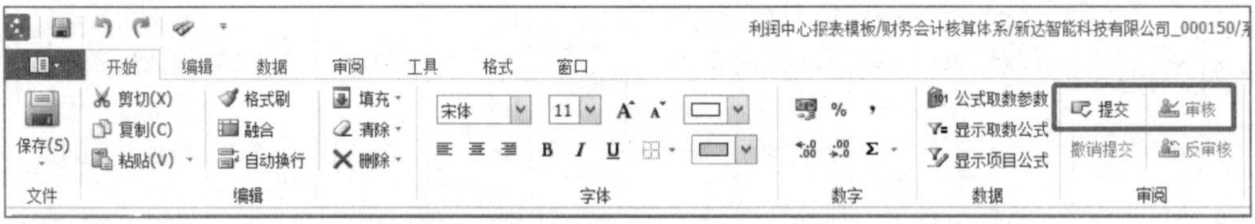

图3-48　提交并审核系统软件生产车间绩效考核表模板

任务十一　编制车间绩效考核汇总表模板

⏵任务描述

新达智能科技有限公司查看各车间的明细收入情况，仅是对车间产值组成情况有一定的了解。车间总主管如果需要对各个车间的绩效进行考核，包括各个车间的车间产值、生产费用、人均产值等汇总情况，则需要编制车间绩效考核汇总表，从车间汇总的角度了解车间总体情况况，以便对车间绩效考核做出一定的评判。车间绩效考核汇总表模板详情如表3-16所示。

表3-16　车间绩效考核汇总表模板详情

编码	名称	周期	核算体系	所属组织	利润中心	样式类型	导入任务提供的车间绩效考核汇总表模板
03_用户账号	车间绩效考核汇总表_用户账号	月报	财务会计核算体系	新达智能科技有限公司_用户账号	车间汇总_用户账号	固定样式	

⏵任务要求

进入金蝶云星空系统，通过导入的方式，新增车间汇总利润中心的车间绩效考核汇总表模板，并按任务描述的要求替换模板账号。

第3章 管理会计在集团型企业的信息化应用

↗ 操作指导

进入金蝶云星空系统管理界面后,切换当前组织为"新达智能科技有限公司_用户账号"。单击左上角的【所有功能】,执行【财务会计】→【阿米巴报表】→【利润中心报表管理】→【利润中心报表模板】命令,在"利润中心报表模板"界面,选中"车间汇总_用户账号"后单击【新增】按钮。如图3-49所示,按任务描述的车间汇总绩效考核模板表详情,输入编码、名称,选择周期,确认核算体系、所属组织、利润中心、样式类型,然后单击【确定】按钮。

图3-49　新增车间绩效考核汇总表模板

创建成功后打开模板,直接关闭"模板填充向导"窗口。执行【引入引出】→【引入FML格式】命令,确认引入"车间绩效考核汇总表模板.fml"。

如图3-50所示,单击工具栏的【显示取数公式】按钮,再单击【查找和替换】按钮,将"1051"替换为"用户账号",此处假定用户账号为"000150",单击【全部替换】按钮后显示替换成功22处,关闭"查找与替换"对话框,单击【保存并退出】按钮退出"取数公式模式"界面。

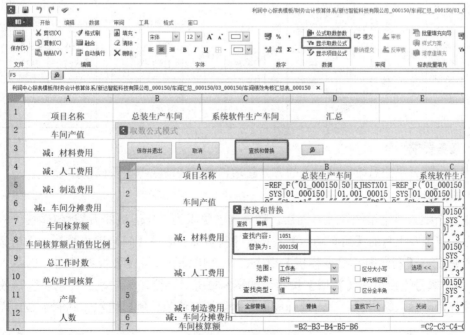

图3-50　替换账号

如图3-51所示，确认车间汇总的"车间绩效考核汇总表"模板信息无误后，依次单击【保存】【提交】【审核】按钮。

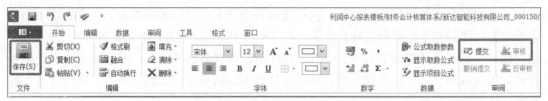

图3-51　提交并审核车间绩效考核汇总表模板

任务十二　编制销售省区绩效考核表-广东省区模板

↗ 任务描述

基于绩效考核体系，新达机器人销售有限公司绩效专员需要根据模板样式方案新增销售省区利润表模板。利润表是考核各个省区(即部门)人均_收入和人均_利润的重要数据来源，通过省区利润表可考核各个省区的销售收入、销售变动费用和固定费用，通过投入人员数和经营利润数据获得人均收入和利润，计算边界利益率和经营利润率，对每个省区的绩效进行整体考核，省区绩效考核按月为周期进行，广东省区绩效考核表模板详情如表3-17所示。

表3-17　广东省区绩效考核表模板详情

编码	名称	周期	核算体系	所属组织	利润中心	样式类型	显示取数公式						
							销售收入净额	变动费用合计	边界利益	固定费用合计	经营利润	人均_省区收入	人均_省区利润
04_用户账号	销售省区绩效考核_用户账号	月报	财务会计核算体系	新达机器人销售有限公司_用户账号	广东省区_用户账号	固定样式	=B2－B3－B4－B5	=SUM(B7:B12)	=B6－B13	=SUM(B15:B19)	=B14－B21	=B6/B23	=B22/B23

↗ 任务要求

进入金蝶云星空系统，以导入的方式新增销售省区绩效考核表模板。

↗ 操作指导

进入金蝶云星空系统管理界面后，切换当前组织为"新达机器人销售有限公司_用户账号"。单击左上角的【所有功能】，执行【财务会计】→【阿米巴报表】→【利润中心报表管理】→【利润中心报表模板】命令，在"利润中心报表模板"界面，选中"广东省区_用户账号"后单击【新增】按钮。如图3-52所示，按任务描述的广东省区绩效考核表模板详情，输入编码、名称，选择周期，确认核算体系、所属组织、利润中心、样式类型，然后单击【确定】按钮。

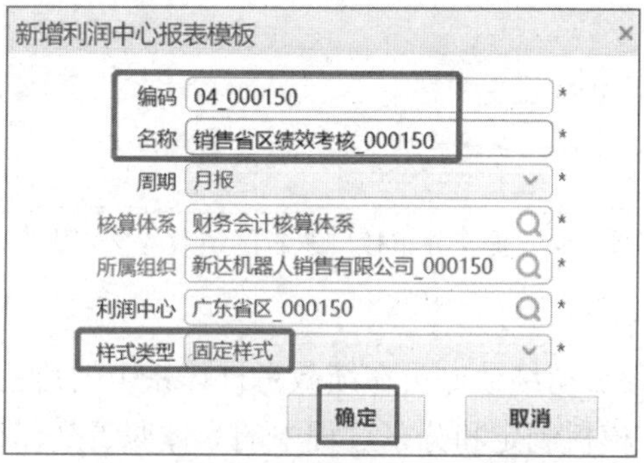

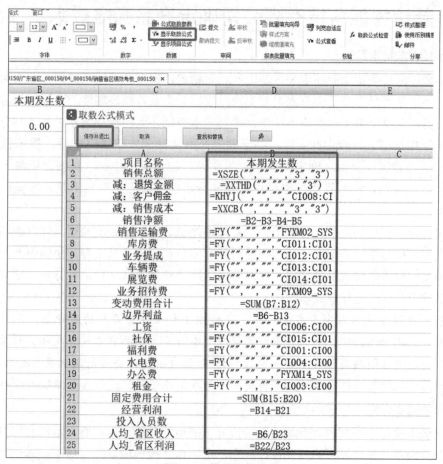

图3-52　新增广东省区绩效考核表模板

创建成功打开报表模板后，直接关闭"模板填充向导"窗口。在报表编辑内执行【引入引出】→【引入FML格式】命令，确认引入"销售省区绩效考核表模板.fml"。如图3-53所示，引入成功后单击工具栏的【显示取数公式】按钮，检查取数公式，确认无误后，关闭"取数公式模式"界面。

图3-53　核对取数公式

如图3-54所示，确认广东省区的"销售省区绩效考核"模板信息无误后，依次单击

【保存】【提交】【审核】按钮。

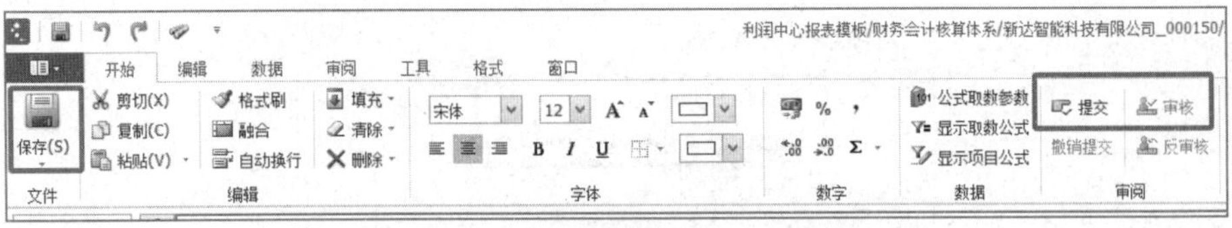

图3-54 提交并审核广东省区绩效考核表模板

思考题

(1) 新达智能科技有限公司绩效专员在绩效考核体系中的角色是什么，以及其在车间明细收入考核模板制定和分享过程中的具体职责是什么？

(2) 新达智能科技有限公司为何选择人均产值作为车间绩效考核的主要依据，该指标对于绩效考核有哪些优势和局限性？

答案

(3) 新达智能科技有限公司为何需要编制车间绩效考核汇总表，这一表格有助于公司在绩效评估中做出什么样的决策？

3.3 新达智能科技有限公司确定产品标准成本

标准成本制定背景

近年来，新达集团企业环境和产品生产相对稳定，根据企业战略规划，在未来一年内企业生存环境和产品生产不会有太大的变动，根据对企业与市场环境的考核，新达智能科技有限公司决定继续采用标准成本法进行事前成本控制，运用标准成本进行计划分解，能使各项计划指标更加符合生产实际，并于期末产品实际成本核算完毕后，揭示标准成本差异，并对差异进行分析，确定差异产生的原因，加强成本控制，从侧面反映各成本中心管理水平的高低，同时管理层也可根据差异分析情况做出采取新工艺、新操作、新技术的决策。

集团规定，在期初之前，各分子公司必须遵循总公司成本制度原则，同时遵照公司的管理层规定完成标准成本制定。新达智能科技有限公司由财务部主导，协同生产部门、采购部门和其他有关的经营管理部门，在对公司生产经营的具体条件进行分析、研究和技术测定的基础上共同制定标准成本。

注意：在让学生掌握企业成本核算、分析方法和流程为目的的基础上，尽量减少课程工作量，浓缩知识精华，本课程案例的标准成本计算、产品成本核算及相关日常业务处理，均以新达智能科技有限公司的一笔销售订单(销售给飞达公司商用机器人80台)业务为例，主要围绕该批商用机器人的生产和成本计算等业务处理，进行实操课程内容的演示。

标准成本介绍

标准成本是指在正常和高效率的运转情况下制造产品的成本，而不是指实际发生的成本，是有效经营条件下发生的一种目标成本，也叫作"应该成本"。标准成本的制定和应用，可以作为成本控制、存货计价、经营决策和账务处理的依据，优化企业的资源配置，协调企业的各项活动,提高企业的管理水平和经营效率。标准成本的内容包括直接材料标准成本、直接人工标准成本、制造费用标准成本等,通常采用正常标准成本,即根据正常的工作效率、生产能力利用程度和价格等条件制定的标准成本。

标准成本计算流程

金蝶云星空系统的标准成本计算流程,如图3-55所示。

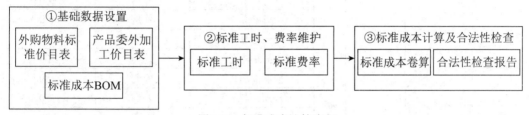

图3-55 标准成本计算流程

任务十三 基础数据设置

子任务一 维护外购物料标准价目表

任务背景

新达智能科技有限公司推行战略合作的采购模式,与外部供应商海智公司、永硕公司、新力光公司达成战略合作,保持着长期、紧密、稳定的合作关系,对批量采购的价格也达成协议,每期按既定价格外购物料。

根据往期历史数据,如图3-56所示,生产过程中经常会存在插单、物料损毁等突发情况,需要额外采购物料,因小批量或紧急情况采购,供应商会承担额外费用并紧急调货,外购物料采购单价变动较大,并且协议规定,类似上述情况的采购,不适用合同既定的外购物料价格。为尽量消除价格变动的不准确性,使外购物料标准价格更接近事实,所以财务部与采购部协同决定采用物料的期初加权平均价来作为标准外购物料价格。

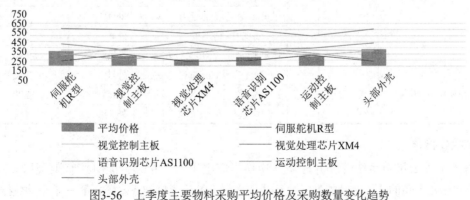

图3-56 上季度主要物料采购平均价格及采购数量变化趋势

任务要求

进入金蝶云星空系统,按期初加权平均价批量维护外购物料标准价目表(共30条数据)。(可根据如表3-18所示的信息,核查外购物料标准价目表,以免出错影响后续业务处理。)

表3-18　外购物料标准价目表

核算体系	核算组织	会计政策	版本	物料名称	物料属性	标准单价/元
财务会计核算体系	新达智能科技有限公司_用户账号	中国准则会计政策	0	头部外壳	外购	320
				躯干外壳	外购	350
				触屏Pad	外购	850
				音箱	外购	100
				Wi-Fi系统	外购	450
				电池	外购	250
				左臂外壳	外购	300
				伺服舵机R型	外购	280
				伺服舵机S型	外购	250
				右臂外壳	外购	300
				左腿外壳	外购	300
				伺服舵机X型	外购	200
				右腿外壳	外购	300
				高清摄像头	外购	100
				视觉控制主板	外购	210
				视觉处理芯片XM4	外购	150
				LED眼睛显示屏	外购	120
				麦克风TAK3	外购	60
				听觉控制主板	外购	180
				语音识别芯片AS1100	外购	180
				银行服务场景应用	外购	210
				博物馆服务场景应用	外购	200
				图书馆服务场景应用	外购	250
				政府服务场景应用	外购	220
				机场服务场景应用	外购	200
				运动控制主板	外购	200
				运动控制芯片MCX314	外购	190
				激光雷达Corona	外购	250
				深度相机MYN	外购	200
				超声波传感器SR04	外购	250

➚ 操作指导

进入金蝶云星空系统管理界面后，切换当前组织为"新达智能科技有限公司_用户账号"。单击左上角的【所有功能】，执行【成本管理】→【标准成本分析】→【基础数据】→【外购物料标准价目表】命令，按默认过滤条件打开"外购物料标准价目表"界面。

在"外购物料标准价目表"界面，如图3-57所示，执行【业务操作】→【批量维护】命令，外购物料价目表来源选择"期初加权平均价"，然后单击【确定】按钮，可以成功批量插入30条数据。

第3章 管理会计在集团型企业的信息化应用 67

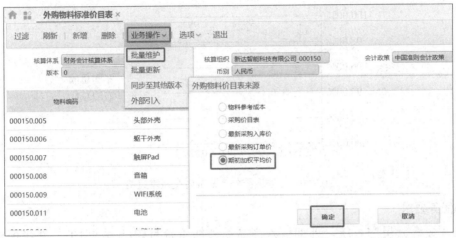

图3-57 批量维护外购物料标准价目表

返回"外购物料标准价目表"界面，如图3-58所示，单击【刷新】按钮，可以看到批量维护的外购物料标准价目表。

图3-58 外购物料标准价目表-刷新

子任务二　维护产品委外加工价目表

↗ 任务背景

根据新达智能科技有限公司与委外供应商存业机器加工公司达成的战略合作协议，左腿总成和右腿总成长期委托其生产，如遇到退货、返工、延迟交付等情况，会根据实际情况进行委外加工费调整。财务部协同采购部和生产部门根据对往期委外产品质量、委外产品准时交货率等因素分析(结果如图3-59、图3-60所示)，发现委外产品质量较好，并且经查实，导致部分产品不合格的原因并不是供应商的生产问题，并且上季度委外产品基本按时交货，影响委外加工价格因素发生的概率较小，所以决定仍采用协议委外加工价格，维护当期产品委外加工价目表。

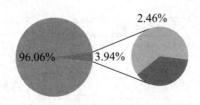

图3-59 委外供应商供货质量分析

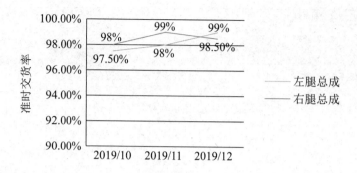

图3-60　上季度委外产品准时交货率趋势

➤ 任务要求

进入金蝶云星空系统，外部引入产品委外加工价目表(见表3-19)，并将模板中的"1051"替换为"用户账号"(替换项目数为2)，完成后根据内容核查引入数据，以免出错影响后续业务处理。

表3-19　产品委外加工价目表

核算体系	核算组织	会计政策	版本	产品名称	产品属性	产品项目名称	标准加工价/元
财务会计核算体系	新达智能科技有限公司_用户账号	中国准则会计政策	0	左腿总成	委外	委外加工费	1000
				右腿总成	委外	委外加工费	1000

➤ 操作指导

下载并打开Excel产品委外加工价目表，将表内的"1051"全部替换为"'用户账号"。完成2处替换后，保存并关闭Excel产品委外加工价目表。

进入金蝶云星空系统管理界面后，切换当前组织为"新达智能科技有限公司_用户账号"。单击左上角的【所有功能】，执行【成本管理】→【标准成本分析】→【基础数据】→【产品委外加工价目表】命令，按默认过滤条件打开"产品委外加工价目表"界面。

在"产品委外加工价目表"界面，执行【业务操作】→【外部引入】命令，选择替换完用户账号的"产品委外加工价目表.xls"，如图3-61所示，单击【引入数据】按钮。

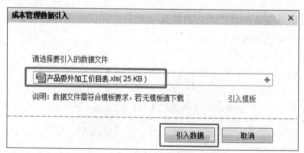

图3-61　引入产品委外加工价目表

返回"产品委外加工价目表"界面，如图3-62所示，可以看到刚刚引入成功的两条数据。

产品编码	产品名称	规格型号	产品属性	成本项目编码	成本项目名称	标准加价	数据来源
000150.05	左腿总成		委外	CBXM00004_SYS	委外加工费	1,000	外部引入
000150.06	右腿总成		委外	CBXM00004_SYS	委外加工费	1,000	外部引入

图3-62 产品委外加工价目表

子任务三 成本BOM设置

↗ 任务描述

新达智能科技有限公司借助信息化的手段来进行标准成本计算，系统在计算标准成本时，会根据产品的成本BOM来一层层计算成本，最终得出商用机器人的成本，成本会计可以根据前期设置好的物料清单，来批量维护标准成本BOM。

↗ 任务要求

进入金蝶云星空系统，批量维护标准成本BOM(共11条数据)，详情如表3-20所示。

表3-20 批量维护成本BOM详情

核算体系	核算组织	版本	产品名称	产品属性	数据来源	来源组织
财务会计核算体系	新达智能科技有限公司_用户账号	0	商用机器人	自制	物料清单	新达智能科技有限公司_用户账号
			头部总成	自制	物料清单	新达智能科技有限公司_用户账号
			躯干总成	自制	物料清单	新达智能科技有限公司_用户账号
			左臂总成	自制	物料清单	新达智能科技有限公司_用户账号
			右臂总成	自制	物料清单	新达智能科技有限公司_用户账号
			左腿总成	委外	物料清单	新达智能科技有限公司_用户账号
			右腿总成	委外	物料清单	新达智能科技有限公司_用户账号
			视觉系统	自制	物料清单	新达智能科技有限公司_用户账号
			听觉系统	自制	物料清单	新达智能科技有限公司_用户账号
			应用软件	自制	物料清单	新达智能科技有限公司_用户账号
			运动控制系统	自制	物料清单	新达智能科技有限公司_用户账号

↗ 操作指导

进入金蝶云星空系统管理界面后，切换当前组织为"新达智能科技有限公司_用户账号"。单击左上角的【所有功能】，执行【成本管理】→【标准成本分析】→【基础数据】→【成本BOM设置】命令。在"成本BOM设置"界面，如图3-63所示，选中左侧新达智能科技有限公司_用户账号下的版本"0"，然后执行【业务操作】→【批量维护】命令，在弹出的"成本BOM设置-批量维护"窗口中选择核算体系名称为"财务会计核算体系"，核算组织名称为"新达智能科技有限公司_用户账号"，版本为"0"，然后单击【确定】按钮。

弹出处理结果提示窗，显示批量维护成功，成功批量插入11条数据，然后单击【退出】按钮。

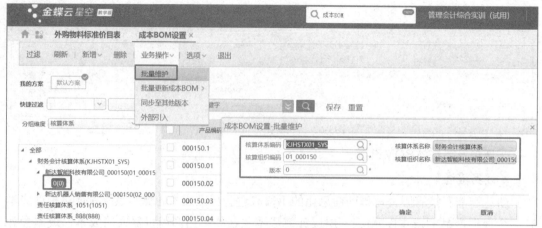

图3-63 成本BOM设置-批量维护

返回"成本BOM设置"界面,如图3-64所示,可以看到批量维护的成本BOM。

图3-64 成本BOM

任务十四 标准工时、费率维护

计算公式

标准工时=产品耗费总工时/产品总数量

标准费率=车间耗用费用总额/车间标准总工时(计划完工数量)

任务描述

根据接到的销售订单,本月要生产80台商用机器人,其中半成品头部总成、躯干总成、左臂总成、右臂总成、视觉系统、听觉系统、应用软件和运动控制系统需要自制,分别在总成生产车间和系统软件生产车间进行生产。新达智能科技有限公司财务部依据生产部门工作安排,综合生产工艺、生产人员技术等因素,测算出正常情况下,生产各半成品需要的人员实作工时、机器实作工时、工资、耗用水电费和机器折旧费,工资按人员实作工时分配，机器折旧费按机器实作工时分配，耗用水电费按计划完工数量分配，详情如表3-21所示。

表3-21 耗用工时和费用详情

成本中心名称	产品名称	生产数量	人员实作工时/时	机器实作工时/时	工资/元	折旧费/元	耗用水电费/元
系统软件生产车间	视觉系统	80	36	8	58 666	10 100	4176
系统软件生产车间	听觉系统	80	36	8			
系统软件生产车间	应用软件	80	36	8			
系统软件生产车间	运动控制系统	80	36	8			
总成生产车间	头部总成	80	72	12	29 272	4860	2640
总成生产车间	躯干总成	80	72	12			
总成生产车间	左臂总成	80	96	16			
总成生产车间	右臂总成	80	96	16			
机器人生产车间	商用机器人	80	80		组装费共计160 000元		

▸ 任务要求

根据计算公式、任务描述和表3-21的数据，计算出各半成品单位标准人员实作工时、单位标准机器实作工时、单位直接人工标准费率、单位水电费标准费率和单位折旧费标准费率，计算结果如表3-22、表3-23所示，并进入金蝶云星空系统，将计算的标准工时和标准费率维护到系统中(费率计算结果直接保留整数位即可)。

表3-22 各半成品单位标准工时

核算体系	核算组织	版本	产品名称	产品属性	工时单位	人员实作工时	机器实作工时
财务会计核算体系	新达智能科技有限公司_用户账号	0	视觉系统	自制	时	0.45	0.1
			听觉系统	自制	时	0.45	0.1
			应用软件	自制	时	0.45	0.1
			运动控制系统	自制	时	0.45	0.1
			头部总成	自制	时	0.9	0.15
			躯干总成	自制	时	0.9	0.15
			左臂总成	自制	时	1.2	0.2
			右臂总成	自制	时	1.2	0.2
			商用机器人	自制	时	1	

表3-23 各半成品单位标准费率

核算体系	核算组织	会计政策	版本	产品名称	产品属性	成本项目名称	人员实作费率/元	机器实作费率/元
财务会计核算体系	新达智能科技有限公司_用户账号	中国准则会计政策	0	视觉系统	自制	直接人工	407	
				视觉系统	自制	折旧费		315
				视觉系统	自制	水电费		130
				听觉系统	自制	直接人工	407	

续表

核算体系	核算组织	会计政策	版本	产品名称	产品属性	成本项目名称	人员实作费率/元	机器实作费率/元
财务会计核算体系	新达智能科技有限公司_用户账号	中国准则会计政策	0	听觉系统	自制	折旧费		315
				听觉系统	自制	水电费		130
				应用软件	自制	直接人工	407	
				应用软件	自制	折旧费		315
				应用软件	自制	水电费		130
				运动控制系统	自制	直接人工	407	
				运动控制系统	自制	折旧费		315
				运动控制系统	自制	水电费		130
				头部总成	自制	直接人工	87	
				头部总成	自制	折旧费		86
				头部总成	自制	水电费		53
				躯干总成	自制	直接人工	87	
				躯干总成	自制	折旧费		86
				躯干总成	自制	水电费		53
				左臂总成	自制	直接人工	87	
				左臂总成	自制	折旧费		86
				左臂总成	自制	水电费		40
				右臂总成	自制	直接人工	87	
				右臂总成	自制	折旧费		86
				右臂总成	自制	水电费		40
				商用机器人	自制	其他费用	2000	

▸ 操作指导

子任务一　标准工时维护

进入金蝶云星空系统管理界面后，切换当前组织为"新达智能科技有限公司_用户账号"。单击左上角的【所有功能】，执行【成本管理】→【标准成本分析】→【基础数据】→【标准工时维护】命令。在"标准工时维护"界面，选中左侧新达智能科技有限公司_用户账号下的版本"0"，然后单击【新增】按钮，在"标准工时维护-新增"界面，如图3-65所示，按要求选择核算体系、核算组织、版本，参考任务要求的各半成品单位标准工时表，同时勾选产品"视觉系统、听觉系统、应用软件、运动控制系统、头部总成、躯干总成、左臂总成、右臂总成、商用机器人"，单击【返回数据】按钮。

根据计算结果，如图3-66所示，输入各物料的人员实作工时、机器实作工时，然后单击【保存】按钮。

标准工时维护
标准工时维护 - 新增
新增 保存 选项 退出
核算体系 财务会计核算体系
核算组织 新达智能科技有限公司_000...
版本 0
明细
新增行 删除行 插入行 批量填
产品编码 产品名称
物料列表
返回数据 添加备选 过滤 刷新 新增 打开 关联查询 退出
我的方案 默认方案 未审核的物料
快捷过滤 编码 包含 请输入或选择关键字
保存
使用组织 编码 名称 规格型号 数据状态
清空
序号
新达智能科技... 000150.001 视觉系统 已审核 否
新达智能科技... 000150.002 听觉系统 已审核 否
新达智能科技... 000150.003 应用软件 已审核 否
新达智能科技... 000150.004 运动控制系统 已审核 否
新达智能科技... 000150.01 头部总成 已审核 否
新达智能科技... 000150.02 躯干总成 已审核 否
新达智能科技... 000150.03 左臂总成 已审核 否
新达智能科技... 000150.04 右臂总成 已审核 否
新达智能科技... 000150.1 商用机器人 已审核 否

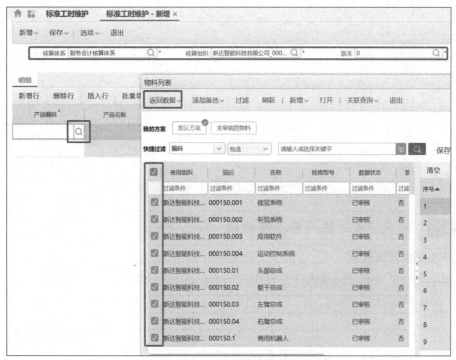

图3-65 标准工时基本信息及物料维护

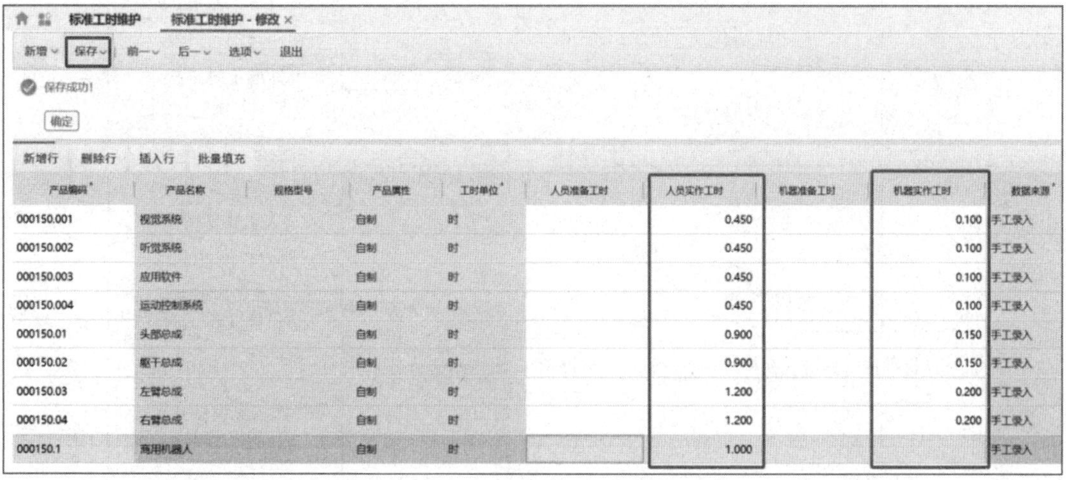

标准工时维护
标准工时维护 - 修改
新增 保存 前一 后一 选项 退出
保存成功！
确定
新增行 删除行 插入行 批量填充
产品编码 产品名称 规格型号 产品属性 工时单位 人员准备工时 人员实作工时 机器准备工时 机器实作工时 数据来源
000150.001 视觉系统 自制 时 0.450 0.100 手工录入
000150.002 听觉系统 自制 时 0.450 0.100 手工录入
000150.003 应用软件 自制 时 0.450 0.100 手工录入
000150.004 运动控制系统 自制 时 0.450 0.100 手工录入
000150.01 头部总成 自制 时 0.900 0.150 手工录入
000150.02 躯干总成 自制 时 0.900 0.150 手工录入
000150.03 左臂总成 自制 时 1.200 0.200 手工录入
000150.04 右臂总成 自制 时 1.200 0.200 手工录入
000150.1 商用机器人 自制 时 1.000 手工录入

图3-66 标准工时数据维护

子任务二 标准费率维护

单击左上角的【所有功能】，执行【成本管理】→【标准成本分析】→【基础数据】→【标准费率维护】命令，按默认过滤条件打开“标准费率维护”界面。单击【新增】按钮，在“标准费率维护-新增”界面，如图3-67所示，选择核算体系、核算组织和版本信息，并参考任务要求的各半成品单位标准费率表，选择产品和对应的成本项目。按计算结果输入各产品费用项目的人员实作费率、机器实作费率数据。所有费率录入完毕并核查无误后，单击【保存】按钮。

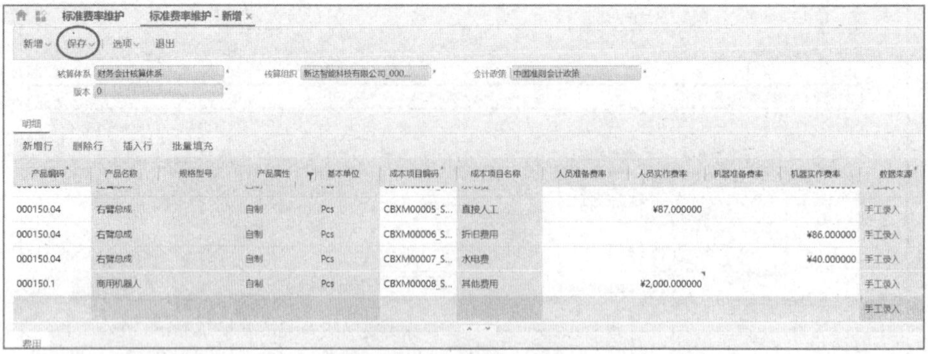

图3-67 标准费率维护

任务十五 标准成本计算及合法性检查

↗ 标准成本计算逻辑

金蝶云星空系统的标准成本计算过程，如图3-68所示。

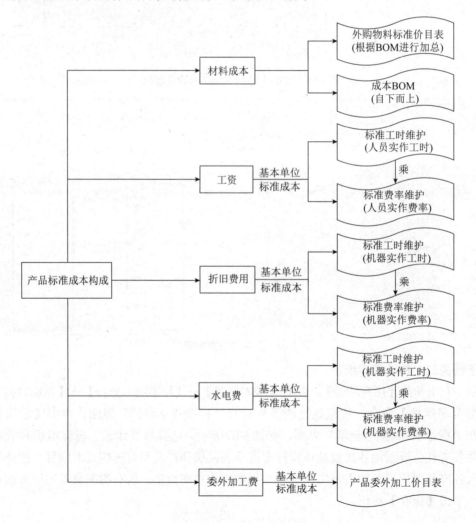

图3-68 标准成本计算过程

↗ 任务描述

新达智能科技有限公司财务部协同生产部门、采购部门和其他有关的经营管理部门共同制定标准工时、标准费率后，成本会计将数据维护到系统中，核查无误后，在系统内进行标准成本卷算，确定当期生产80台商用机器人的标准成本。

↗ 任务要求

进入金蝶云星空系统，进行标准成本卷算(卷算参数均不勾选)，计算完毕后，查看当次标准成本计算的合法性检查报告，合法性检查报告中检查结果为"错误""异常""不通过"时，说明成本卷算未全部完成，请不要在这种情况下进行数据准确性的分析，一定要进行相应处理并重新计算标准成本，在报告中单击【明细】，可以查看详细的提示信息，确保合法性检查报告的9个项目全部通过，否则会影响成本分析结果。

产品标准成本计算结果，如表3-24所示。

表3-24 产品标准成本计算结果

核算体系	核算组织	会计政策	版本	币别	产品名称	基本单位标准成本/元	计价单位标准成本/元
财务会计核算体系	新达智能科技有限公司_用户账号	中国准则会计政策	0	人民币	商用机器人	22 358.1	22 358.1
					头部总成	2294.45	2294.45
					躯干总成	4724.45	4724.45
					左臂总成	4769.6	4769.6
					右臂总成	4769.6	4769.6
					左腿总成	1900	1900
					右腿总成	1900	1900
					视觉系统	927.65	927.65
					听觉系统	947.65	947.65
					应用软件	1307.65	1307.65
					运动控制系统	1317.65	1317.65

↗ 操作指导

进入金蝶云星空系统管理界面后，切换当前组织为"新达智能科技有限公司_用户账号"。单击左上角的【所有功能】，执行【成本管理】→【标准成本分析】→【标准成本计算】→【标准成本卷算】命令。

在"标准成本卷算"界面，如图3-69所示，在设置"卷算范围"步骤中，选择核算体系为"财务会计核算体系"，核算组织为"新达智能科技有限公司_用户账号"，会计政策为"中国准则会计政策"，版本为"新达智能科技标准成本版本"，然后单击【下一步】按钮。

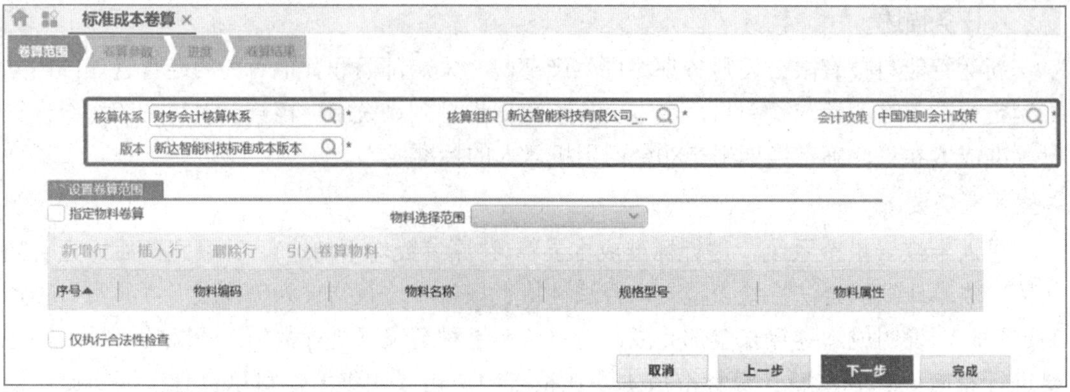

图3-69 设置卷算范围

在设置"卷算参数"步骤中，不勾选任何卷算参数，单击【下一步】按钮。待计算进度条完成至100%，如图3-70所示，可以打开"标准成本合法性检查报告"，核查所有检查项是否通过。

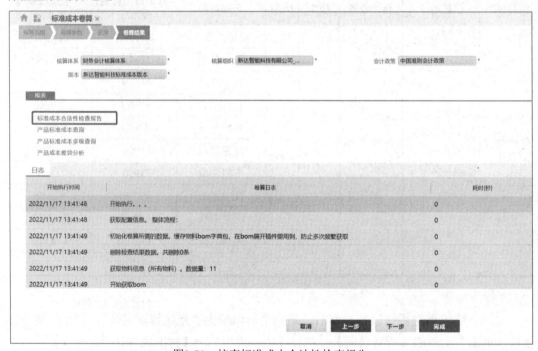

图3-70 核查标准成本合法性检查报告

继续执行【成本管理】→【标准成本分析】→【报表分析】→【产品标准成本查询】命令，按默认过滤条件打开"产品标准成本查询"界面。按任务要求的产品标准成本计算结果表进行核对。

▶ 思考题

(1) 新达智能科技有限公司为何选择使用期初加权平均价作为标准外购物料价格？这一决策可能对财务和采购部门有什么潜在影响？

(2) 公司为何决定仍采用协议委外加工价格，尽管存在一些不可预测的情

答案

况？这可能对公司的生产计划和财务绩效产生哪些影响？

(3) 新达智能科技有限公司为何借助信息化手段进行标准成本计算？在标准成本计算的过程中，公司考虑了哪些因素以确保成本的准确性？

3.4 全集团日常业务处理

在新达集团的日常业务处理中，月末业务涵盖了多个关键步骤，包括生产、采购计划的制订，工作日历的确定，委外生产，生产订单的下达，采购物料的配套，采购入库及费用结算，资金支付等众多环节。这一系列任务有着复杂而严密的关联，需要精准的操作和协调。从维护采购价目表到新达智能科技有限公司的资金支付材料采购款，再到新达机器人销售有限公司的业务招待、差旅报销等日常销售业务，每个步骤都对企业的资金流和财务状况产生着直接影响。

在生产方面，从生产任务的下达到生产汇报、生产完工入库，再到商用机器人的组装，每一个环节都需要精心安排和执行。销售环节也同样复杂，包括销售出货、货款的上划，以及涉及应收、收款等多个财务处理过程。而在最后的融资决策中，涉及项目投资、科研技术投资和集团融资方案的制定，需要综合考虑不同因素，做出正确的财务决策。

通过这些日常业务处理，新达集团在经营过程中不断完善和提升自身的管理水平，为未来的发展奠定了坚实基础。

3.4.1 新达智能科技有限公司制订生产、采购计划

↗ 生产计划与采购计划

生产计划是对企业一段时间内的生产任务进行整体安排，制定出各产品的品种、规格、数量、进度、期限等方面的规定。采购计划是根据生产计划和物料需求计划，确定各物料的采购数量、采购时间和供应商等方面的安排。生产计划和采购计划是企业生产过程中的两个重要环节，生产计划和采购计划之间的主要联系表现在物料需求关系、生产进度关系、供应商关系。在制订生产计划和采购计划时，企业需要考虑多个因素，如市场需求、产品特点、生产能力、供应链状况等。同时，还需要根据实际情况进行调整和优化，以保证生产的高效和顺利进行。在实际操作中，企业可以将生产计划和采购计划结合起来，形成一个完整的生产计划系统，以提高生产效率和管理水平。

任务十六 编制生产计划(理论题)

↗ 编制生产计划背景

2023年1月5日，新达机器人销售有限公司接到客户飞达公司商用机器人订单数量为80台，客户飞达公司要求2023年1月25日交货，商用机器人运输周期为3天，新达机器人销售有限公司委托新达智能科技有限公司生产商用机器人80台，新达智能科技有限公司计划专员根据销售订单编制生产计划。

子任务一　编制总成、机器人生产车间及委外生产计划

由于商用机器人由总成部件组装而成，现总成部件库存不足，需要生产，头部总成、躯干总成、左臂总成和右臂总成由总成生产车间生产，左腿总成及右腿总成由于生产工艺问题无法自行生产故委外给加工商生产，计划专员根据订单交期安排总成生产车间于2023年1月6日开始安排生产头部总成、躯干总成、左臂总成和右臂总成，并交代仓管专员在2023年1月5日发料给加工商进行加工左腿总成和右腿总成，并约定2023年1月11日将加工的左腿和右腿总成送至仓库以备组装，由于头部总成、躯干总成、左臂总成和右臂总成所需材料仅有一部分现成，采购原材料需要周期，须等所有原材料到位后方可开工生产。另外，头部总成和躯干总成需要3天生产周期，左臂总成和右臂总成需要4天生产周期。总成类物料生产计划，如表3-25所示。

表3-25　总成类物料生产计划

物料	生产数量	生产周期/天	计划开工日期	计划完工日期
商用机器人	80	3	2023/1/20	2023/1/23
头部总成	80	3	2023/1/16	2023/1/19
躯干总成	80	3	2023/1/16	2023/1/19
左臂总成	80	4	2023/1/15	2023/1/19
右臂总成	80	4	2023/1/15	2023/1/19
左腿总成	80	5	2023/1/6	2023/1/11
右腿总成	80	5	2023/1/6	2023/1/11

子任务二　编制系统软件生产车间生产计划

总成类半成品一部分子件需通过系统软件生产车间生产，计划专员根据母件排产情况对总成类半成品所需子件进行安排生产，将生产所需原材料备足后开工生产系统软件类物料，所有系统软件类物料均在2天内在系统软件生产车间完成生产，为保证总成类物料开工生产所需物料全部到位，系统软件生产车间，按时按量生产完成系统软件类物料后进行总成类物料生产，最后组装成商用机器人并运输交货给客户。系统软件类物料生产计划，如表3-26所示。

表3-26　系统软件类物料生产计划

物料	生产数量/个	生产周期/天	计划开工日期	计划完工日期
视觉系统	80	2	2023/1/14	2023/1/16
听觉系统	80	2	2023/1/14	2023/1/16
应用软件	80	2	2023/1/14	2023/1/16
运动控制系统	80	2	2023/1/14	2023/1/16

↗ 任务要求

根据商用机器人、总成类物料和系统软件类物料生产计划排产情况思考生产和委外业务所需原材料的采购计划如何编制(从采购数量、采购周期、计划采购日期和到货日期考虑)？

任务十七　编制采购计划(理论题)

↗ 编制采购计划背景

期初，根据新达智能科技有限公司计划专员下达的生产计划，采购部需要集中采购一批原材料，保证当月顺利生产。其中需要委外生产的左腿总成和右腿总成，所需材料较为简单，经核查库存现存量可以满足生产需求，所以此次将不进行采购。为满足80台商用机器人的正常生产，需向海智公司采购视觉系统、听觉系统、运动控制系统的所需物料，采购周期为4天。同时，需要向永硕公司采购应用软件所需物料，永硕公司为同城供应商，采购周期较短，为3天。此外，向新力光公司采购总成类所需物料，采购周期为6天。按规定，原材料均按需采购(紧急情况可调用安全库存)，计划专员根据生产计划，结合采购数量、采购周期等因素影响，编制采购计划。采购计划详情如表3-27所示。

表3-27　采购计划表

供应商	物料名称	采购数量/个	采购周期/天	计划采购日期	计划交货日期
海智公司	高清摄像头	80	4	2023/1/7	2023/1/11
	视觉控制主板	80			
	视觉处理芯片XM4	80			
	LED眼睛显示屏	160			
	麦克风TAK3	480			
	听觉控制主板	80			
	语音识别芯片AS1100	80			
	运动控制主板	80			
	运动控制芯片MCX314	80			
	激光雷达Corona	80			
	深度相机MYN	80			
	超声波传感器SR04	80			
永硕公司	银行服务场景应用	80	3	2023/1/7	2023/1/10
	博物馆服务场景应用	80			
	图书馆服务场景应用	80			
	政务服务场景应用	80			
	机场服务场景应用	80			
新力光公司	左臂外壳	80	6	2023/1/7	2023/1/13
	伺服舵机R型	480			
	伺服舵机S型	2240			
	右臂外壳	80			
	头部外壳	80			
	躯干外壳	80			
	触屏Pad	80			
	音箱	80			
	Wi-Fi系统	80			
	电池	80			

3.4.2 新达智能科技有限公司确定工作日历

↗ 工作日历

工作日历是指根据国家或企业的工作制度规定，按照生产活动的需要而编制的、用以指导企业全年工作日安排的计划。工作日历一般包括年工作日历、季工作日历和月工作日历。企业编制工作日历是为了合理地安排生产和非生产活动，全面地组织企业有计划地、均衡地进行生产活动，以提高设备利用程度和工作效率，保证及时地提供市场所需产品。

在编制工作日历时，企业需要考虑市场需求、产品特点、生产能力、设备状况、员工素质等多个因素，以保证计划的合理性和可行性。同时，还需要根据实际情况进行调整和优化，以保证生产的高效和顺利进行。

任务十八　生产制造工作日历设置

↗ 任务描述

工作日历是描述企业作息时间的一组程序或者数据。企业往往要根据日历来决定生产任务何时开工和完工，若在休息日则无法开工和完工。新达智能科技有限公司的生产专员需要在使用金蝶云星空系统进行生产业务管理前，在系统内套用内置好的工作日历。新达智能科技有限公司由于未完成订单很多，未来一年内将采用轮班的形式完成无休息日的生产模式以满足订单交期。工作日历套用信息，如表3-28所示。

表3-28　工作日历套用信息

工作日历模板名称	创建新日历开始日期	使用组织
新达智能科技有限公司全年无休工作日历模板	2023/1/1	新达智能科技有限公司_用户账号

↗ 任务要求

进入金蝶云星空系统，通过套用的方式创建新达智能科技有限公司2023年工作日历模板，并查询套用成功后的工作日历是否准确。

↗ 操作指导

进入金蝶云星空系统管理界面后，切换当前组织为"新达智能科技有限公司_用户账号"。单击左上角的【所有功能】，执行【生产制造】→【工程数据】→【工作日历】→【工作日历模板列表】命令。在"工作日历模板列表"界面，如图3-71所示，勾选"新达智能科技有限公司全年无休工作日历模板"，执行【业务操作】→【套用】命令。

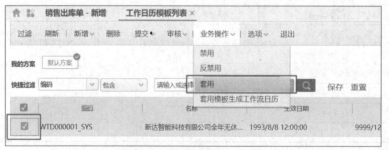

图3-71　套用工作日历模板

在"日历操作对话框"内，如图3-72所示，选择创建新日历的开始日期为"2023/1/1"，选择使用组织为"新达智能科技有限公司_用户账号"，然后单击【确定】按钮。

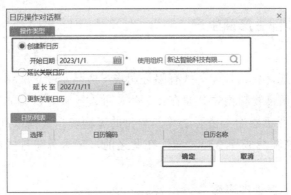

图3-72 修改新日历信息

执行【生产制造】→【工程数据】→【工作日历】→【工作日历列表】命令，在"工作日历列表"界面，可以看到套用成功的新达智能科技有限公司_用户账号的工作日历。

思考题

工作日历是在自然日历的基础上删除非工作日后顺序编排的日历，是系统特有的日历。工作日历是计算主生产计划、物料需求计划、能力计划与工序计划等的基础资料，对系统运行结果有重大影响。对应组织未设置工作日历可能会导致计划运算不成功、生产订单不能保存等问题。请思考，在【工作日历设置】时，【是否生产】的复选框是否勾选可能对后续生产过程产生哪些影响？

答案

3.4.3 新达智能科技有限公司委托外部供应商生产

委外生产

委外生产是一种常见的生产方式，企业将部分或全部生产任务委托给外部供应商完成。这种方式可以帮助企业降低生产成本、提高生产效率、扩大生产规模，同时也可以提高企业的核心竞争力。

委外下单、委外领料和委外完工是委外生产过程中的三个重要环节。①委外下单是指企业与外部供应商签订的生产订单。在制定委外订单时，企业需要明确生产任务、产品要求、数量、交货期等细节，并与供应商达成一致。委外订单是企业与供应商之间的契约，规定了双方的权利和义务。②委外领料是指企业根据生产需求，向供应商领取原材料、零部件等物料。在委外领料环节，企业需要与供应商确认物料的种类、数量、质量、规格等信息，确保物料能够满足生产需求。同时，企业需要建立完善的物料管理制度，对物料的入库、保管、领用等环节进行规范管理。③委外完工是指供应商按照企业的要求完成生产任务，并将成品交付给企业。在委外完工环节，企业需要对成品进行质量检查、数量核对等操作，确保成品的质量和数量符合企业的要求。同时，企业需要与供应商进行结算，根据合同约定支付货款。

企业需要与委外供应商建立良好的合作关系，明确双方的责任和义务，确保生产的顺利进行。同时，企业需要建立完善的管理制度，对生产过程进行监控和管理，确保生产的质量和效率符合企业的要求。

任务十九　委托外部生产商生产

↗ 任务描述

由于生产工艺问题，新达智能科技有限公司将半成品左腿总成和右腿总成委托给存业机器加工公司生产，所需物料由本公司在计划生产前发给存业机器加工公司，根据战略合作约定，按季度向存业机器加工公司结算其垫付的运输费。根据本月生产计划，2023年1月6日计划开始生产左腿总成和右腿总成，在此之前，新达智能科技有限公司进行前期委外生产业务处理。

↗ 前期委外生产业务处理流程

前期委外生产业务处理流程，如图3-73所示。

图3-73　前期委外生产业务处理流程

子任务一　新增委外订单，并审核委外用料清单

↗ 任务描述

2023年1月5日，新达智能科技有限公司向存业机器加工公司下达委外订单，委托其生产左腿总成和右腿总成各80个，并于2023年1月11日生产完毕并送至本公司仓库。

↗ 任务要求

进入金蝶云星空系统，向存业机器加工公司新增生产左腿总成和右腿总成各80个的委外订单，详情如表3-29、表3-30所示。

表3-29　委外订单详情

单据类型	单据日期	委外组织	物料名称	数量/个	业务状态	计划开工时间	计划完工时间	采购组织
普通委外订单	2023/1/5	新达智能科技有限公司_用户账号	左腿总成	80	计划确认	2023/1/6	2023/1/11	新达智能科技有限公司_用户账号
			右腿总成	80	计划确认	2023/1/6	2023/1/11	新达智能科技有限公司_用户账号

表3-30　委外用料清单详情

产品名称	子项物料名称	子项类型	使用比例	分子	分母	应发数量/个
左腿总成	左腿外壳	标准件	100%	1	1	80
	伺服舵机X型	标准件	100%	3	1	240
右腿总成	伺服舵机X型	标准件	100%	3	1	240
	右腿外壳	标准件	100%	1	1	80

↗ 操作指导

进入金蝶云星空系统管理界面后,切换当前组织为"新达智能科技有限公司_用户账号"。单击左上角的【所有功能】,执行【生产制造】→【委外管理】→【委外订单】→【委外订单列表】命令。在"委外订单列表"界面,单击【新增】按钮,打开"委外订单-新增"界面。按任务要求的数据,如图3-74所示,选择单据类型、单据日期、委外组织、物料编码、物料名称、物料数量、计划开工时间、计划完工时间,所有数据录入完毕并核查无误后,依次单击【保存】【提交】【审核】按钮。

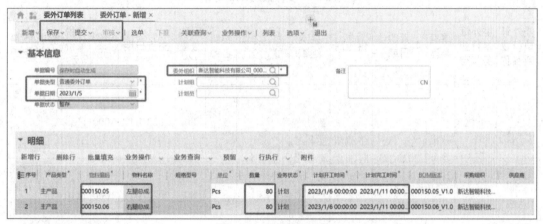

图3-74 新增委外订单

执行【生产制造】→【委外管理】→【委外订单】→【委外用料清单列表】命令,在"委外用料清单列表"界面,如图3-75所示,按任务要求的委外用料清单详情表进行核对,确认无误后,选中两张用料清单,依次单击【提交】【审核】按钮,可以看到两张委外用料清单的单据状态均变更为"已审核"。

图3-75 提交并审核委外用料清单

子任务二 下达委外订单至供应商,并生成委外采购订单

↗ 任务描述

2023年1月5日,新达智能科技有限公司核查用料无误后,在"委外订单列表"界面,修改业务参数"执行日期"为手工指定,然后在2023年1月5日将委托订单下达至供应商。由于委外生产既有生产的业务,也有采购的业务,需要由生产部门和采购部门协同完

成,采购员也要进行相应的委外采购业务处理,在当天生成委外采购订单,确定委外供应商、采购价格等信息,根据达成的战略合作,左腿总成和右腿总成的不含税加工费单价均为1000元。

▸ 任务要求

进入金蝶云星空系统,将委外订单的左腿总成、右腿总成分别执行至下达,根据列表下达后的委外订单,生成委外采购订单,详情如表3-31所示。

表3-31 委外采购订单详情

委外订单行物料名称	委外订单行业务状态	单据类型	采购日期	供应商	采购组织	【财务信息】页签"含税"	物料名称	采购数量/个	交货日期	单价/元	含税单价/元	需求/收料/结算组织
左腿总成	下达	标准委外订单	2023/1/5	存业机器加工公司	新达智能科技有限公司_用户账号	不勾选	左腿总成	80	2023/1/11	1000	1130	新达智能科技有限公司_用户账号
右腿总成	下达						右腿总成	80	2023/1/11	1000	1130	新达智能科技有限公司_用户账号

▸ 操作指导

进入金蝶云星空系统管理界面后,切换当前组织为"新达智能科技有限公司_用户账号"。单击左上角的【所有功能】,执行【生产制造】→【委外管理】→【委外订单】→【委外订单列表】命令。在"委外订单列表"界面,执行【选项】→【选项】命令,在"选项设置"窗口的【业务参数】页签,如图3-76所示,选择执行日期为"手工指定",然后单击【保存】按钮。

图3-76 修改委外订单业务参数

返回"委外订单列表"界面,如图3-77所示,找到2023年1月5日左腿总成和右腿总成各80个的委外订单,勾选该单据的左腿总成行和右腿总成行,执行【行执行】→【执行至下达】命令,选择执行日期为"2023/1/5",然后单击【确定】按钮。

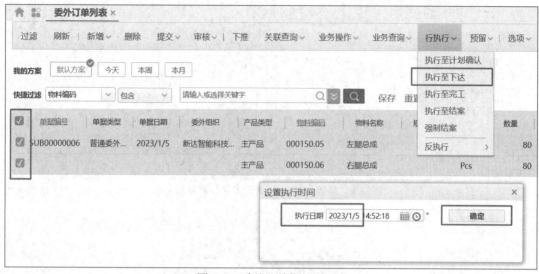

图3-77 委外订单执行至下达

如图3-78所示，勾选2023年1月5日左腿总成和右腿总成各80个的委外订单，左腿总成行和右腿总成行全部选中，单击【下推】按钮，选择下推单据为"采购订单"，然后单击【确定】按钮。

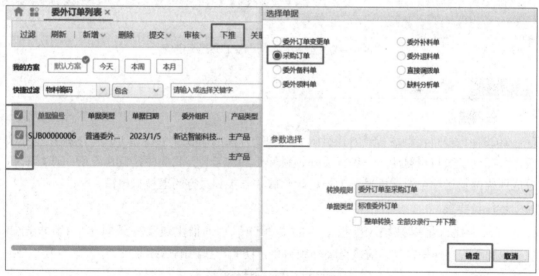

图3-78 委外订单下推采购订单

跳转至"采购订单-新增"界面，如图3-79、图3-80所示，物料明细信息根据委外订单自动生成，此处只需按任务要求的采购订单详情表，在【基本信息】页签，更改单据日期，选择供应商、采购组织；在【财务信息】页签，取消勾选"含税"；在【明细信息】页签，录入各物料的单价，其他数据核对无误后，依次单击【保存】【提交】【审核】按钮。

图3-79　维护采购订单基本信息、财务信息

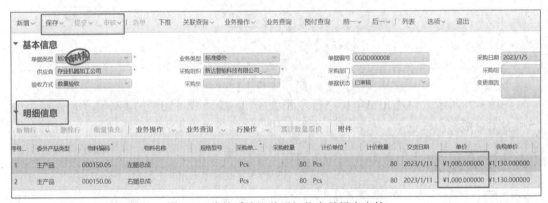

图3-80　维护采购订单明细信息并提交审核

任务二十　委外领料

▶ 任务描述

2023年1月5日，新达智能科技有限公司和委外供应商存业机器加工公司达成委外协议后，我司仓管员按用料清单，进行委外领料并于2023年1月5日将生产80个左腿总成、右腿总成所需物料运输至存业机器加工公司，此后并未接到对方的退补料申请。

▶ 任务要求

进入金蝶云星空系统，根据下达的委外订单，下推生成委外领料单。(可根据如表3-32所示的委外领料单详情核查委外领料单，防止出错影响后续业务。)

表3-32　委外领料单详情

单据类型	日期	物料名称	申请数量/个	实发数量/个	仓库
普通委外领料	2023/1/5	左腿外壳	80	80	原材料仓
		伺服舵机X型	240	240	原材料仓
		伺服舵机X型	240	240	原材料仓
		右腿外壳	80	80	原材料仓

▶ 操作指导

进入金蝶云星空系统管理界面后，切换当前组织为"新达智能科技有限公司_用户账号"。单击左上角的【所有功能】,执行【生产制造】→【委外管理】→【委外订单】→【委外订单列表】命令。在"委外订单列表"界面,如图3-81所示,找到2023年1月5日左腿总成和右腿总成各80个的委外订单,勾选该单据的左腿总成行和右腿总成行,单击【下推】按钮,选择下推单据为"委外领料单",然后单击【确定】按钮。

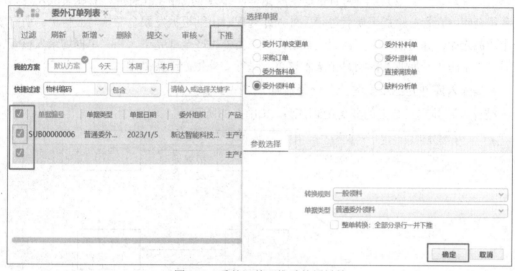

图3-81　委外订单下推委外领料单

跳转至"委外领料单-新增"界面,如图3-82所示,按任务要求的委外领料单详情表,更改单据日期,其他数据核对无误后,依次单击【保存】【提交】【审核】按钮。

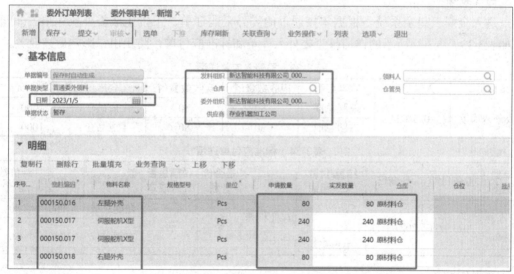

图3-82　提交并审核委外领料单

▶ 思考题

金蝶云星空系统中的委外领料单的货主类型字段取值范围可以选择"组织""供应商""客户",这些选项字段分别对应于企业现实业务中的哪些场景或者对象?

答案

任务二十一　委外入库并完工结案

⌐ 任务描述

存业机器加工公司收到原材料并验货无误后，于2023年1月6日开始生产，按委外生产计划，生产周期为5天，2023年1月11日均生产完毕，并将半成品左腿总成、右腿总成及发票送至我司仓库，仓管员验货无误后进行委外入库处理，出纳根据发票金额填写应付单。所有委外半成品入库，并可以用来正常组装机器人后，委外生产全部完工，相关单据均录入核查完毕后，为了防止跨期业务影响月末成本核算，进行委外生产结案处理。

⌐ 委外入库并完工结案的业务处理流程

委外入库并完工结案的业务处理流程，如图3-83所示。

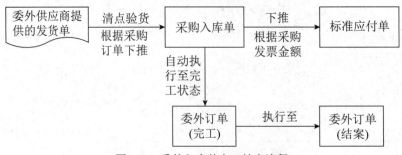

图3-83　委外入库并完工结案流程

子任务一　委外入库及加工费结算

⌐ 任务要求

进入金蝶云星空系统，根据审核通过的委外采购订单，下推生成委外入库单。(可根据如表3-33、表3-34所示的详情核查委外入库单和标准应付单，防止出错影响后续业务。)

表3-33　委外入库单详情

单据类型	入库日期	物料名称	应收数量/个	实收数量/个	仓库	净价/元
委外入库单	2023/1/11	左腿总成	80	80	半成品仓	1000
		右腿总成	80	80	半成品仓	1000

表3-34　标准应付单详情

单据类型	业务日期	到期日	结算/付款/采购组织	供应商	是否价外税	税额是否计入成本	物料名称	单价/元	计价数量/个
标准应付单	2023/1/11	2023/2/11	新达智能科技有限公司_用户账号	存业机器加工公司	是	否	左腿总成	1000	80
							右腿总成	1000	80

⌐ 操作指导

进入金蝶云星空系统管理界面后，切换当前组织为"新达智能科技有限公司_用户账号"。单击左上角的【所有功能】，执行【生产制造】→【委外管理】→【委外订单】→【采购订单列表】命令。在"采购订单列表"界面，如图3-84所示，找到2023年1月5日左腿总成和右腿总成各80个的委外采购订单，勾选该单据的左腿总成行和右腿总成行，单击【下推】按钮，选择下推单据为"采购入库单"，然后单击【确定】按钮。

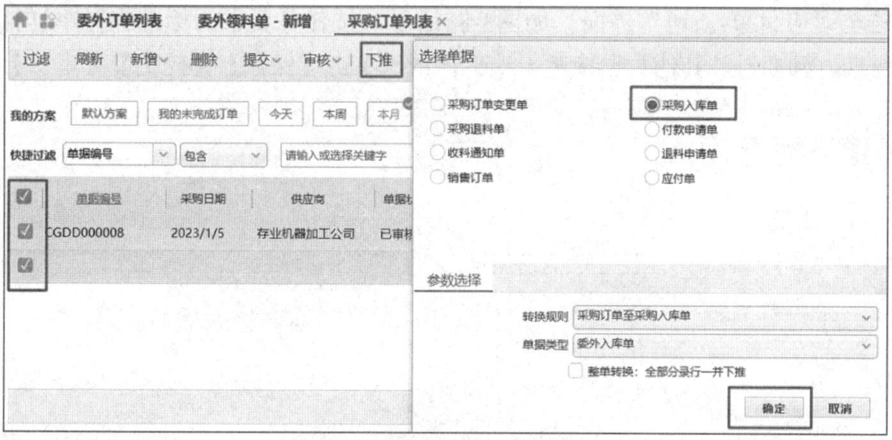

图3-84 采购订单下推采购入库单

跳转至"采购入库单-新增"界面，如图3-85所示，按任务要求的委外采购入库单详情表，更改入库日期，其他数据核对无误后，依次单击【保存】【提交】【审核】按钮。

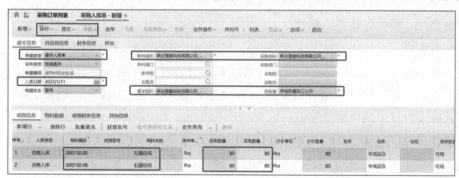

图3-85 提交并审核采购入库单

审核完毕后，如图3-86所示，单击单据上方的【下推】按钮，选择下推单据为"应付单"，然后单击【确定】按钮。

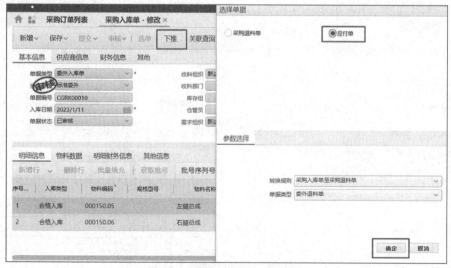

图3-86 采购入库单下推应付单

跳转至"应付单-新增"界面，如图3-87所示，按任务要求的标准应付单详情表，更改业务日期、到期日，其他数据核对无误后，依次单击【保存】【提交】【审核】按钮。

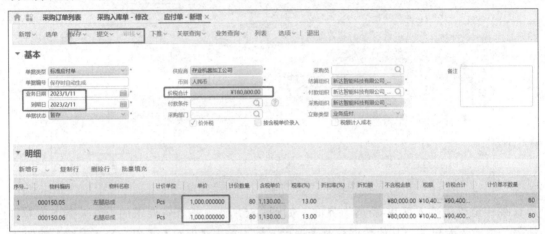

图3-87　提交并审核应付单

子任务二　委外订单完工结案

▸ **任务要求**

进入金蝶云星空系统，2023年1月11日，新达智能科技有限公司委外业务已经完成，委外产品也已入库，现查询委托订单的业务状态是否变更为"完工"，然后在2023年1月11日当天将委外订单执行至结案。

▸ **操作指导**

进入金蝶云星空系统管理界面后，切换当前组织为"新达智能科技有限公司_用户账号"。单击左上角的【所有功能】，执行【生产制造】→【委外管理】→【委外订单】→【委外订单列表】命令。在"委外订单列表"界面，如图3-88所示，找到2023年1月5日左腿总成和右腿总成各80个的委外订单，勾选该单据的左腿总成行和右腿总成行，执行【行执行】→【执行至结案】命令，设置执行日期为"2023/1/11"，然后单击【确定】按钮。

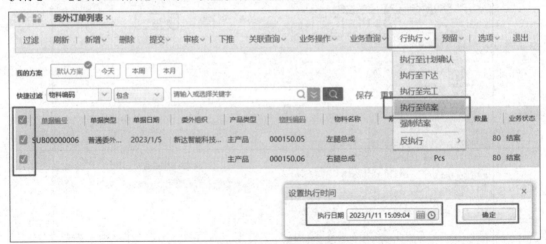

图3-88　委外订单执行至结案

↗ 思考题

委外订单已完成【执行至下达】并已在系统录入委外领料单,此时发现委外订单数量有误,需要进行【反下达】操作,请问系统应怎样处理才能完成反下达。

答案

3.4.4 新达智能科技有限公司根据计划下达生产订单并采购配套物料

↗ 生产与采购的联系

生产与采购在企业运营中有着密切的联系。生产部门负责将原材料和零部件转化为成品,满足市场需求,而采购部门则负责获取这些原材料和零部件。因此,生产与采购之间的协调和配合对企业的运营至关重要。

其一,生产计划是采购计划的基础。生产计划确定了所需原材料和零部件的数量、种类和交货时间,采购计划则根据这些需求进行采购安排。如果生产计划不准确或不完整,采购计划就可能出现偏差,导致原材料和零部件的短缺或积压。

其二,采购的原材料和零部件的质量、价格和交货期等因素也会影响生产过程。如果原材料和零部件质量不合格或交货期延迟,会导致生产过程中出现停工待料、产品质量下降等问题,影响生产效率和产品质量。

其三,生产与采购之间还需要建立有效的沟通机制。生产部门需要及时向采购部门反馈原材料和零部件的质量问题、交货期延迟等信息,以便采购部门进行调整和优化。同时,采购部门也需要向生产部门提供市场信息和供应商情况,帮助生产部门更好地选择供应商和管理原材料和零部件的供应。

生产与采购之间需要密切配合和协调,以确保企业的生产和采购顺利进行。企业需要制订合理的生产计划和采购计划,建立有效的沟通机制,并选择合适的供应商,以保证原材料和零部件的供应稳定、及时和质量可靠。

任务二十二 维护采购价目表

↗ 任务描述

新达智能科技有限公司为提高采购效益、效率和规范,降低采购总成本,各一线公司均使用采购平台,并推行战略合作的采购模式,通过战略合作,在对关键产品、服务供应商进行全面评估的基础上,选定了海智公司、永硕公司、新力光公司及存业机器加工公司作为长期、紧密、稳定的合作关系,经过多轮谈判,达成标准采购价格协议,之后发生的标准采购业务处理,可直接获取物料的标准价格,便于公司对采购价格的统一管理与控制。

采购价目表使用导入的方式进行维护,具体信息如表3-35所示。

表3-35 采购价目表

采购组织	价格类型	名称	供应商	是否含税	是否默认价目表	物料名称	单价/元	生效日期
新达智能科技有公司_用户账号	采购	海智公司采购价目表	海智公司	否	是	高清摄像头	100	2023/1/1
						视觉控制主板	210	2023/1/1
						视觉处理芯片XM4	150	2023/1/1
						LED眼睛显示屏	120	2023/1/1
						麦克风TAK3	60	2023/1/1
						听觉控制主板	180	2023/1/1
						语音识别芯片AS1100	180	2023/1/1
						运动控制主板	200	2023/1/1
						运动控制芯片MCX314	190	2023/1/1
						激光雷达Corona	250	2023/1/1
						深度相机MYN	200	2023/1/1
						超声波传感器SR04	250	2023/1/1
新达智能科技有公司_用户账号	采购	永硕公司采购价目表	永硕公司	否	是	银行服务场景应用	210	2023/1/1
						博物馆服务场景应用	200	2023/1/1
						图书馆服务场景应用	250	2023/1/1
						政府服务场景应用	220	2023/1/1
						机场服务场景应用	200	2023/1/1
新达智能科技有公司_用户账号	采购	新力光公司采购价目表	新力光公司	否	是	头部外壳	320	2023/1/1
						躯干外壳	350	2023/1/1
						触屏Pad	850	2023/1/1
						音箱	100	2023/1/1
						Wi-Fi系统	450	2023/1/1
						电池	250	2023/1/1
						左臂外壳	300	2023/1/1
						伺服舵机R型	280	2023/1/1
						伺服舵机S型	250	2023/1/1
						右臂外壳	300	2023/1/1
						左腿外壳	300	2023/1/1
						伺服舵机X型	200	2023/1/1
						右腿外壳	300	2023/1/1

➤ **任务要求**

进入金蝶云星空系统，将采购价目表导入模板中的"1051"替换为"用户账号"(共替换45处)，替换保存后，在系统中导入供应商海智公司、永硕公司、新力光公司和存业机器加工公司的采购价目表。

➤ **操作指导**

下载并打开"采购价目表模板.xlsx"，将表内的"1051"替换为"用户账号",共替换45处。然后选中"(价目表明细)物料编码"列,将"150"替换为"'用户账号",提示进行了30处替换之后,保存并关闭"采购价目表模板.xlsx"。

　　进入金蝶云星空系统管理界面后,切换当前组织为"新达智能科技有限公司_用户账号"。单击左上角的【所有功能】,执行【供应链】→【采购管理】→【货源管理】→【采购价目表列表】命令。在"采购价目表列表"界面,执行【选项】→【引入】命令,打开"数据引入"界面。

　　如图3-89所示,引入模式选择"追加",选择替换完用户账号的"采购价目表模板.xlsx",然后单击【引入数据】按钮。

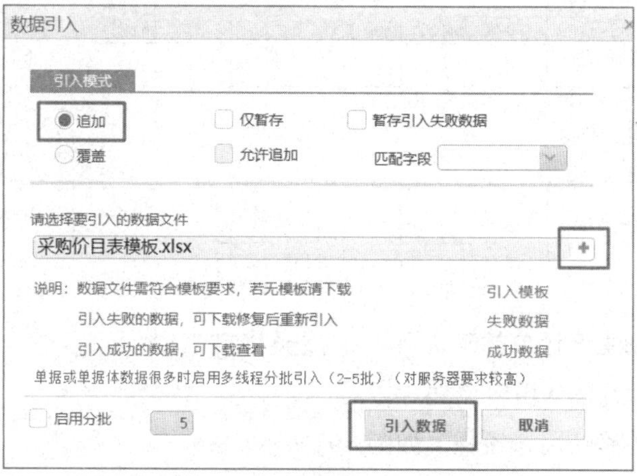

图3-89　引入采购价目表模板

在"采购价目表列表"界面,如图3-90所示,可以看到引入成功的3条数据,全选后,依次单击【提交】【审核】按钮后,采购价目表数据状态变更为"已审核"。

图3-90　提交并审核采购价目表

任务二十三　下达生产订单并确认领料

↗ 生产业务整体流程

新达智能科技有限公司生产主管根据生产计划按时下达生产订单,并核对申请的领料数量。领到所有原料后开始生产,并按实汇报生产数量、生产工时等信息,最终按实际产量入库。如图3-91所示,整个生产过程数据均在金蝶云星空系统内进行记录,保证期末成本构成数据的准确性。

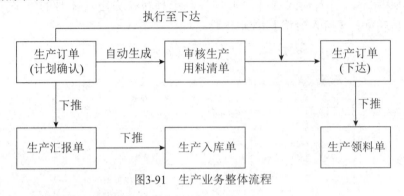

图3-91　生产业务整体流程

子任务一　编制生产订单并确认用料-总成类物料

↗ 编制生产订单并确认用料流程

编制生产订单并确认用料流程,如图3-92所示。

图3-92　编制生产订单并确认用料流程

↗ 任务描述

2023年1月5日,计划专员将编制总成类物料的生产计划下放到总成生产车间;总成生产车间生产主管根据生产计划编制生产订单并确认生产用料,生产订单详情如表3-36所示。

表3-36　总成类物料生产订单详情

单据类型	单据日期	生产组织	物料名称	生产车间	数量/个	计划开工日期	计划完工日期
汇报入库-普通生产	2023/1/5	新达智能科技有限公司_用户账号	头部总成	总成生产车间	80	2023/1/16	2023/1/19
			躯干总成		80	2023/1/16	2023/1/19
			左臂总成		80	2023/1/15	2023/1/19
			右臂总成		80	2023/1/15	2023/1/19

↗ 任务要求

进入金蝶云星空系统,根据生产计划新增总成类物料的生产订单,并核对生产用料。

↗ 操作指导

进入金蝶云星空系统管理界面后,切换当前组织为"新达智能科技有限公司_用户账号"。单击左上角的【所有功能】,执行【生产制造】→【生产管理】→【生产订单】→【生产订单列表】命令。在"生产订单列表"界面,单击【新增】按钮,进入"生产订单-新增"界面。

按任务描述的总成类物料生产订单详情表,如图3-93所示,选择单据类型、单据日期、生产组织,并维护生产物料信息,包括数量、计划开工时间、计划完工时间等,所有信息设置完成并核对无误后,依次单击【保存】【提交】【审核】按钮。

图3-93　新增总成类物料生产订单

返回"生产订单列表"界面,找到2023年1月5日生产头部总成、躯干总成、左臂总成和右臂总成各80个的生产订单,可以看到其业务状态均为"计划确认"。

单击左上角的【所有功能】,执行【生产制造】→【生产管理】→【生产订单】→【生产用料单列表】命令。在"生产用料清单列表"界面,如图3-94所示,找到生产80个头部总成、躯干总成、左臂总成和右臂总成的用料清单(4张用料清单的生产订单编号均为上一步审核通过生产订单的编号),依次选中用料清单后,单击【提交】【审核】按钮。

图3-94　审核总成类物料生产用料清单

子任务二　编制生产订单并确认用料-系统软件类物料

↗ 任务描述

2023年1月5日，计划专员将编制总成类物料的生产计划下达到系统软件生产车间；系统软件生产车间生产主管根据生产计划编制生产订单并确认生产用料，生产订单详情如表3-37所示。

表3-37　系统软件类物料生产订单详情

单据类型	单据日期	生产组织	物料名称	生产车间	数量/个	计划开工日期	计划完工日期
汇报入库-普通生产	2023/1/5	新达智能科技有限公司_用户账号	视觉系统	系统软件生产车间	80	2023/1/14	2023/1/16
			听觉系统		80	2023/1/14	2023/1/16
			应用软件		80	2023/1/14	2023/1/16
			运动控制系统		80	2023/1/14	2023/1/16

↗ 任务要求

进入金蝶云星空系统，根据生产计划新增系统软件类物料的生产订单，并核对生产用料。

↗ 操作指导

新增系统软件类物料生产订单，并确认用料的方法与上一任务：总成类物料类似，详细过程不再赘述。生产订单的所有信息核对无误后，如图3-95所示，依次单击【保存】【提交】【审核】按钮。

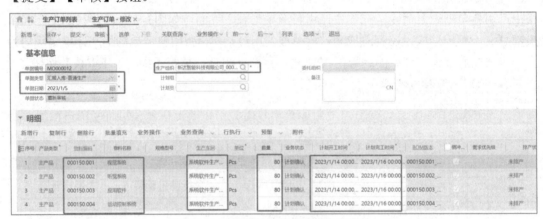

图3-95　新增系统软件类物料生产订单

核对80个视觉系统、听觉系统、应用软件和运动控制系统的用料清单无误，如图3-96所示，依次选中用料清单后，单击【提交】【审核】按钮。

图3-96　审核系统软件类物料生产用料清单

思考题

在新达智能科技有限公司，如果系统软件生产车间的生产能力无法满足计划专员编制的生产计划，生产主管应如何调整生产策略以确保计划的顺利执行并减少对客户交付时间的影响？

答案

任务二十四　配套材料采购

任务描述

新达智能科技有限公司的采购员，根据采购计划，按物料清单向供应商海智公司、永硕公司、新力光公司进行配套材料采购，并在执行的过程中注意对订单进行跟踪，以使企业能从采购环境中购买到企业所需的商品，为生产部门和需求部门输送合格的原材料。根据生产计划，最先排产的是自制半成品视觉系统、听觉系统、应用软件和运动控制系统，其次是总成生产车间排产生产，对应的配套材料采购申请批次应与生产计划相匹配。

2023年1月7日，新达智能科技有限公司采购员根据物料清单、采购计划，以及计划生产商用机器人数量80台，计算应用软件的配套材料采购量，生成采购申请单，审核无误后，于当天向永硕公司下达采购订单，详情如表3-38所示。

表3-38　永硕公司配套材料采购详情

项 目		内 容
配套材料采购申请	物料清单名称	应用软件
	数量/个	80
	要货日期	2023/1/10
采购申请单	申请日期	2023/1/7

续表

项 目		内 容
采购订单	单据类型	标准采购订单
	采购日期	2023/1/7
	供应商	永硕公司

↗ 配套材料采购流程

配套材料采购流程，如图3-97所示。

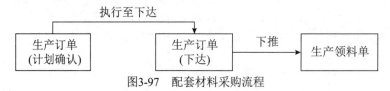

图3-97 配套材料采购流程

↗ 任务要求

进入金蝶云星空系统，按采购计划及物料清单，计算应用软件的配套物料量并生成采购申请，审核通过后，当天向供应商永硕公司进行采购并维护采购订单。

↗ 操作指导

进入金蝶云星空系统管理界面后，切换当前组织为"新达智能科技有限公司_用户账号"。单击左上角的【所有功能】，执行【供应链】→【采购管理】→【采购申请】→【配套材料采购申请】命令。在"配套材料采购申请"界面，如图3-98所示，执行【选单】→【选BOM】命令，在弹出的"物料清单列表"窗口，选中"应用软件"，然后单击【返回数据】按钮。

图3-98 选单→选BOM

按任务描述的数据输入"数量"，选择"要货日期"，然后单击【计算】按钮。如图3-99所示，在界面下方，可以看到自动计算出的物料需求数量，核查无误后，单击【生成申请】按钮。

第3章 管理会计在集团型企业的信息化应用

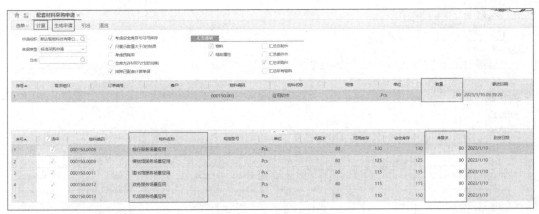

图3-99 生成采购申请

单击左上角的【所有功能】，执行【供应链】→【采购管理】→【采购申请】→【采购申请单列表】命令。在"采购申请单列表"界面，修改为生产"应用软件"80个而自动生成的标准采购申请单。

根据任务描述的永硕公司配套材料采购详情表，如图3-100所示，修改申请日期，核对申请总数量，所有信息核对无误后，依次单击【保存】【提交】【审核】按钮。

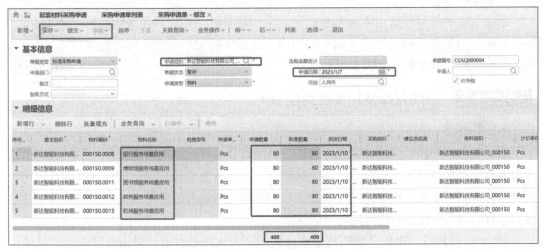

图3-100 修改并提交审核采购申请单

返回"采购申请单列表"界面，找到刚刚审核通过的采购申请单，勾选该单据，单击【下推】按钮，选择下推单据为"采购订单"，然后单击【确定】按钮。

按任务描述的永硕公司配套材料采购详情表，如图3-101所示，在【基本信息】页签，修改采购日期，选择供应商；在【明细信息】页签，核查物料总数量、总金额，其他信息核对无误后，依次单击【保存】【提交】【审核】按钮。

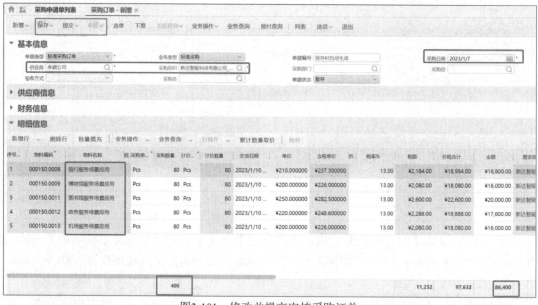

图3-101　修改并提交审核采购订单

> **思考题**

新达智能科技有限公司的采购员在下达采购订单时，如何确保采购的应用软件配套材料能够满足生产计划中80台商用机器人的生产需求，同时优化采购流程以提高效率和降低成本？

答案

任务二十五　采购入库及相关费用结算

> **任务描述**

基于长期以来和各供应商的良好合作，以及选取的供应商均信用良好，生产商用机器人的所有外购原材料按计划交货日期陆续到货，新达智能科技有限公司仓管员接收货物的同时进行查验，防止残次品入库，验货完毕后，填写采购入库单；出纳根据到货发票及供应商垫付运费实际情况，填写应付单。

2023年1月10日，永硕公司软件工程师到新达智能科技有限公司做软件应用产品交付演示，演示完毕，双方工程师就技术方面进行交流沟通，经本公司工程师确认无误后，签署对方的"软件系统及账户交付确认单"，并告知仓管人员可以接收入库；仓管员填写对应的采购入库单；出纳根据发票的金额生成应付单；会计当天进行财务处理。

> **采购入库及相关费用结算流程**

采购入库及相关费用结算流程，如图3-102所示。

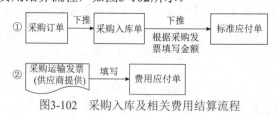

图3-102　采购入库及相关费用结算流程

任务要求

进入金蝶云星空系统，记录配套材料采购入库信息。并根据采购发票的金额确认应付及做账。（核查单据时，可根据表3-39至表3-41进行信息查验，保证入库及应付单的准确性，以免影响后续业务处理。）

表3-39 采购入库单详情

单据类型	入库日期	收料/采购/需求组织	供应商	物料名称	应收/实收数量/个	仓库	净价/元
标准采购入库	2023/1/10	新达智能科技有限公司_用户账号	永硕公司	银行服务场景应用	80	原材料仓	210
				博物馆服务场景应用	80	原材料仓	200
				图书馆服务场景应用	80	原材料仓	250
				政务服务场景应用	80	原材料仓	220
				机场服务场景应用	80	原材料仓	200
合计数量/个							400

表3-40 标准应付单详情

单据类型	业务日期	到期日	结算/付款/采购组织	供应商	是否外税	税额是否计入成本	物料名称	单价/元	计价数量/个
标准应付单	2023/1/10	2023/1/12	新达智能科技有限公司_用户账号	永硕公司	是	否	银行服务场景应用	210	80
							博物馆服务场景应用	200	80
							图书馆服务场景应用	250	80
							政务服务场景应用	220	80
							机场服务场景应用	200	80
价税合计/元									97 632

表3-41 凭证详情

账簿	核算组织	日期	借方科目	借方金额/元	贷方科目	核算维度	贷方金额/元
新达智能科技账簿_用户账号	新达智能科技有限公司_用户账号	2023/1/10	原材料	86 400	应付账款_明细应付款	02_用户账号/永硕公司	97 632
			应交税费_应交增值税_进项税额	11 232			

操作指导

进入金蝶云星空系统管理界面后，切换当前组织为"新达智能科技有限公司_用户账号"。单击左上角的【所有功能】，执行【供应链】→【采购管理】→【订单处理】→【采购订单列表】命令。在"采购订单列表"界面，找到向永硕公司采购生产应用软件80个所需的物料采购订单，勾选该单据，单击【下推】按钮，选择下推单据为"采购入库单"，然后单击【确定】按钮。

按任务要求的采购入库单详情表，如图3-103所示，修改入库日期，核查物料总数量，其他信息核对无误后，依次单击【保存】【提交】【审核】按钮。

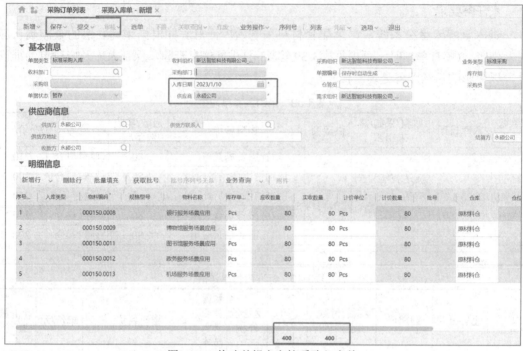

图3-103 修改并提交审核采购入库单

审核完毕后,单击单据上方的【下推】按钮,选择下推单据为"应付单",然后单击【确定】按钮。跳转至"应付单-新增"界面,如图3-104所示,只需按任务要求的标准应付单详情表,更改业务日期、到期日,核查价税合计,其他数据核对无误后,依次单击【保存】【提交】【审核】按钮。

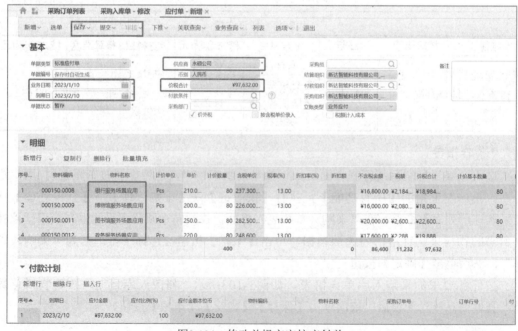

图3-104 修改并提交审核应付单

执行【财务会计】→【应付款管理】→【采购应付】→【应付单列表】命令。在"应付单列表"界面，如图3-105所示，选中刚刚审核通过的应付单，执行【凭证】→【生成凭证】命令，在弹出的"凭证生成"窗口，勾选"新达智能科技账簿_用户账号"，然后单击【凭证生成】按钮。

图3-105　应付单生成凭证

在"凭证生成报告列表"界面，勾选生成的凭证记录，单击【查看总账凭证】按钮。在"凭证列表"界面，双击打开生成的凭证，如图3-106所示，查看凭证结果是否准确。

图3-106　查看凭证

任务二十六　新达智能科技有限公司申请资金支付材料采购款

↗ 业务流程

下拨与付款流程，如图3-107所示。

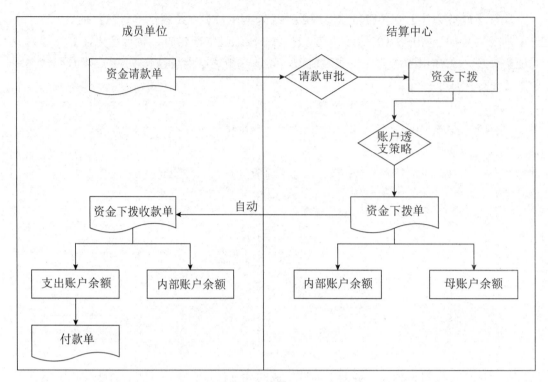

图3-107　下拨与付款流程

子任务一　新达智能科技有限公司新增资金请款单

↗ 任务描述

基于现金池管理和"收支两条线"资金管理模式，新达智能科技有限公司在支付采购货款前需要向集团申请资金，新增资金请款单，详情如表3-42所示。

表3-42　资金请款单详情

收款组织	收款银行	收款账号	申请日期	资金组织	母账号	币别	用途	申请金额/元
新达智能科技有限公司_用户账号	招商银行	NBYH01_用户账号(新达智能科技有限公司内部银行账号_用户账号)	2023/1/10	新达集团_用户账号	ZJMZH_用户账号(新达集团母账户_用户账号)	人民币	支付采购款	97 632

↗ 任务要求

进入金蝶云星空系统，按任务描述的要求，新增资金请款单，向集团申请资金。

↗ 操作指导

当前组织依旧为"新达智能科技有限公司_用户账号"，单击左上角的【所有功能】，执行【财务会计】→【资金管理】→【日常处理】→【资金请款单】命令。在"资金请款单"界面，单击【新增】按钮。在"资金请款单-新增"界面，如图3-108所示，核对收款组织，选择收款银行、收款账号、资金组织、母账号，修改申请日期，输入用途、申请金额，然后依次单击【保存】【提交】【审核】按钮。

图3-108　新增资金请款单

子任务二　新达集团下推资金下拨单并进行财务处理

↗任务描述

新达智能科技有限公司的资金请款单审批通过后，新达集团下推生成资金下拨单，将申请金额下拨至新达智能科技有限公司内部账户_用户账号(资金)，用于支付采购款，资金下拨单审核通过当天，根据单据进行记账，及时在账表中反映该笔业务，详情如表3-43、表3-44所示。

表3-43　资金下拨单详情

业务日期	银行	母账号	资金组织	币别	结算方式	单位	单位账号	单位内部账号	金额/元	备注
2023/1/11	招商银行	ZJMZH_用户账号(新达集团母账户_用户账号)	新达集团_用户账号	人民币	电汇	新达智能科技有限公司_用户账号	NBYH01_用户账号(新达智能科技有限公司内部银行账号_用户账号)	NBZH01_用户账号(新达智能科技有限公司内部账户_用户账号(资金))	97 632	支付采购款

表3-44　凭证详情

账簿	核算组织	日期	借方科目	核算维度	借方金额/元	贷方科目	核算维度	贷方金额/元
新达集团账簿_用户账号	新达集团_用户账号	2023/1/11	其他应付款_统支款	01_用户账号/新达智能科技有限公司_用户账号	97 632	银行存款		97 632

↗任务要求

进入金蝶云星空系统，按任务描述的要求，下推资金下拨单，并对集团下拨资金业务进行账务处理。

↗操作指导

当前组织依旧为"新达智能科技有限公司_用户账号"。在"资金请款单"界面，选中资金请款单，单击【下推】按钮，选择下推单据为"资金下拨单"，然后单击【确定】

按钮。在弹出的"资金下拨单-新增"界面，如图3-109所示，修改资金下拨单的业务日期，其他信息核对无误后，依次单击【保存】【提交】【审核】按钮。

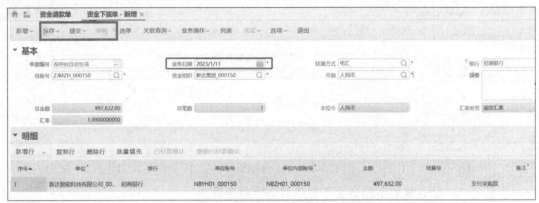

图3-109　修改并提交审核资金下拨单

切换当前组织为"新达集团_用户账号"。单击左上角的【所有功能】，执行【财务会计】→【资金管理】→【日常处理】→【资金下拨单】命令。在"资金下拨单"界面，选中刚刚审核通过的资金下拨单，执行【凭证】→【生成凭证】命令，选中"新达集团账簿_用户账号"，单击【凭证生成】按钮。

在弹出的"凭证生成报告列表"界面，选中该行数据，单击【查看总账凭证】按钮。打开新达集团账簿的凭证，如图3-110所示，核对科目、金额等信息。

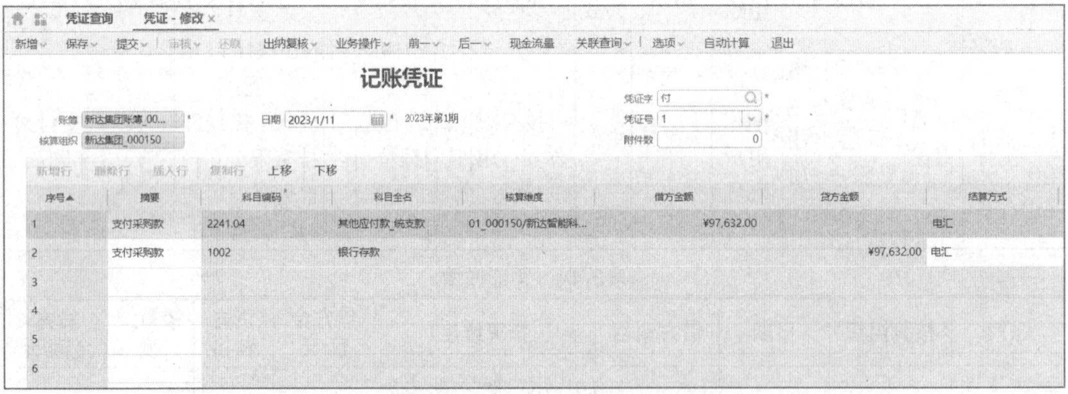

图3-110　查看凭证

子任务三　新达智能科技有限公司核对资金下拨收款单并进行财务处理

↗ 任务描述

新达集团的资金下拨单审批通过后，系统将自动生成新达智能科技有限公司的资金下拨收款单，记录新达智能科技有限公司内部银行账户余额增加，资金内部账户余额减少，收款信息核对无误后，需要根据单据进行记账，及时在账表中反映该笔业务，详情如表3-45、表3-46所示。

表3-45 资金下拨收款单详情

单据类型	业务日期	付款/往来单位类型	付款/往来单位	收款组织	结算方式	收款用途	应收/实收金额/元	我方银行账号	内部账号	备注
资金下拨收款单	2023/1/11	组织机构	新达集团_用户账号	新达智能科技有限公司_用户账号	电汇	资金下拨	97 632	NBYH01_用户账号(新达智能科技有限公司内部银行账号)	NBZH01_用户账号(新达智能科技有限公司内部账户_用户账号(资金))	支付采购款

表3-46 凭证详情

账簿	核算组织	日期	借方科目	核算维度	借方金额/元	贷方科目	核算维度	贷方金额/元
新达智能科技账簿_用户账号	新达智能科技有限公司_用户账号	2023/1/11	银行存款		97 632	其他应收款_统收款	用户账号/新达集团_用户账号	97 632

▶ **任务要求**

进入金蝶云星空系统,按任务描述的要求,核对资金下拨收款单,所有信息核对无误后,生成新达智能科技有限公司收到下拨款的总账凭证,并核对凭证分录是否正确。

▶ **操作指导**

进入金蝶云星空系统管理界面后,切换当前组织为"新达智能科技有限公司_用户账号"。单击左上角的【所有功能】,执行【财务会计】→【出纳管理】→【日常处理】→【收款单】命令。在"收款单"界面,双击打开自动生成的资金下拨收款单。在"收款单-修改"界面,如图3-111所示,按任务描述的详情表的信息,核对单据信息。

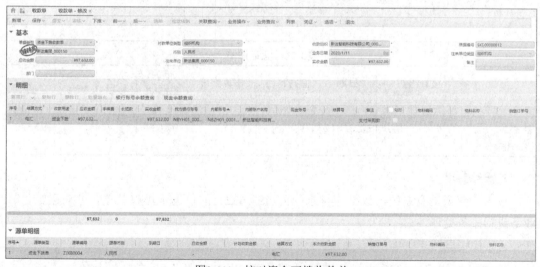

图3-111 核对资金下拨收款单

返回"收款单"界面,选中资金下拨收款单,执行【凭证】→【生成凭证】命令,选中"新达智能科技账簿_用户账号",单击【凭证生成】按钮。

在弹出的"凭证生成报告列表"界面,选中该行数据,单击【查看总账凭证】按钮。打开新达智能科技账簿的凭证,如图3-112所示,核对科目、金额等信息。

图3-112 查看凭证

▶ 思考题

资金请款单、资金下拨单的发起单位有什么区别?

答案

子任务四 新达智能科技有限公司对外付款并进行财务处理

▶ 任务描述

新达智能科技有限公司收到新达集团的资金下拨采购款后,于2023年1月12日实际支付前欠供应商永硕公司的采购货款,价税合计97 632元,付款单审核通过当天进行记账,及时在账表中反映该笔业务,详情如表3-47、表3-48所示。

表3-47 付款单详情

单据类型	业务日期	收款/往来单位类型	收款/往来单位	付款/结算/采购组织	结算方式	付款用途	应付/实付金额/元	我方银行账号
采购业务付款单	2023/1/12	供应商	永硕公司	新达智能科技有限公司_用户账号	电汇	采购付款	97 632	NBYH01_用户账号(新达智能科技有限公司内部银行账号_用户账号)

表3-48 凭证详情

账簿	核算组织	日期	借方科目	核算维度	借方金额/元	贷方科目	核算维度	贷方金额/元
新达智能科技账簿_用户账号	新达智能科技有限公司_用户账号	2023/1/12	应付账款_明细应付款	02_用户账号/永硕公司	97 632	银行存款		97 632

▶ 任务要求

进入金蝶云星空系统,依据应付永硕公司97 632元的单据下推付款单,并对采购付款业务进行账务处理。

▶ 操作指导

当前组织依旧为"新达智能科技有限公司_用户账号"。单击左上角的【所有功能】,执行【财务会计】→【应付款管理】→【采购应付】→【应付单列表】命令。在

"应付单列表"界面,选中应付永硕公司97 632元的单据,单击【下推】按钮,选择下推单据为"付款单",然后单击【确定】按钮。在"付款单-新增"界面,如图3-113所示,修改业务日期,选择结算方式、我方银行账号,所有信息核对无误后,依次单击【保存】【提交】【审核】按钮。

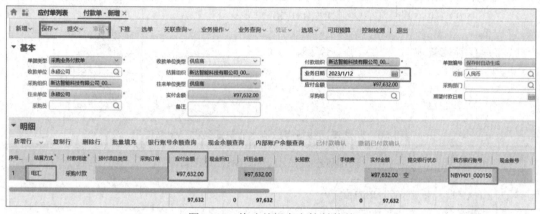

图3-113 修改并提交审核付款单

单击左上角的【所有功能】,执行【财务会计】→【出纳管理】→【日常处理】→【付款单】命令。在"付款单"界面,选中刚刚审核通过的采购业务付款单,执行【凭证】→【生成凭证】命令,选中"新达智能科技账簿_用户账号",单击【凭证生成】按钮。

在弹出的"凭证生成报告列表"界面,选中该行数据,单击【查看总账凭证】按钮。打开新达智能科技账簿的凭证,如图3-114所示,核对科目、金额等信息。

图3-114 查看凭证

子任务五 账表查询

▶ **任务描述**

资金下拨和对外付款业务全部处理完毕后,新达集团由于下拨资金,导致新达集团母账户余额减少97 632元,对应的新达智能科技有限公司收到新达集团下拨款,新达智能科技有限公司内部银行账户增加97 632元,在对外支付97 632元的采购货款后,新达智能科技有限公司内部银行账户又减少了97 632元,所以内部银行账户余额与下拨资金之前相比没有变化。由于资金下拨,新达智能科技有限公司用于记录在新达集团母账户存款数额的资金内部账户余额减少97 632元。

新达智能科技有限公司可以通过查询银行存款流水账查看自己相关账户的变动情况。新达集团可以通过查询银行存款流水账查看母账户的余额变动情况,新达智能科技有限公司隶属于新达集团,所以新达集团也可以通过银行存款流水账,同时查询新达智能科技有限公司资金内部账户的变动情况,银行存款流水账过滤条件及余额详情如表3-49、表3-50所示。

表3-49 新达智能科技有限公司银行存款流水账过滤条件及余额详情

收付组织	银行账号	收付组织	内部账户	起始日期	结束日期	余额/元	
新达智能科技有限公司_用户账号	NBYH01_用户账号(新达智能科技有限公司内部银行账号_用户账号)	新达智能科技有限公司_用户账号	NBZH01_用户账号(新达智能科技有限公司内部账户_用户账号(资金))	2023/1/1	2023/1/31	内部账户(NBZH01_用户账号)余额	银行账户(NBYH_用户账号)余额
						902 368	0

表3-50 新达集团银行存款流水账过滤条件及余额详情

收付组织	银行账号	收付组织	内部账户	起始日期	结束日期	余额/元	
新达集团_用户账号	ZJMZH_用户账号(新达集团母账户_用户账号)	新达智能科技有限公司_用户账号	NBZH01_用户账号(新达智能科技有限公司内部账户_用户账号(资金))	2023/1/1	2023/1/31	内部账户(NBZH01_用户账号)余额	银行账户(ZJMZH_用户账号)余额
						902 368	5 902 368

↗ 任务要求

进入金蝶云星空系统,按任务描述的详情表,分别查询银行存款日记账和银行存款流水账,核对余额是否正确。

↗ 操作指导

在金蝶云星空系统管理界面,单击左上角的【所有功能】,执行【财务会计】→【出纳管理】→【报表】→【银行存款流水账】命令。在弹出的"银行存款流水账过滤条件"界面,按表3-49的信息设置过滤条件,然后单击【确定】按钮。如图3-115所示,查看银行存款流水账,可以看到内部账户"NBZH01_用户账号"的余额为"902 368";银行账号"NBYH_用户账号"的余额为0(系统内显示为空白)。

图3-115 新达智能科技有限公司银行存款流水账

单击【过滤】按钮，继续查询新达集团银行存款流水账。在弹出的"银行存款流水账过滤条件"界面，按表3-50的信息设置过滤条件，然后单击【确定】按钮。如图3-116所示，查看银行存款流水账，可以看到内部账户"NBZH01_用户账号"的余额为"902 368"；银行账号"ZJMZH _用户账号"的余额为"5 902 368"。

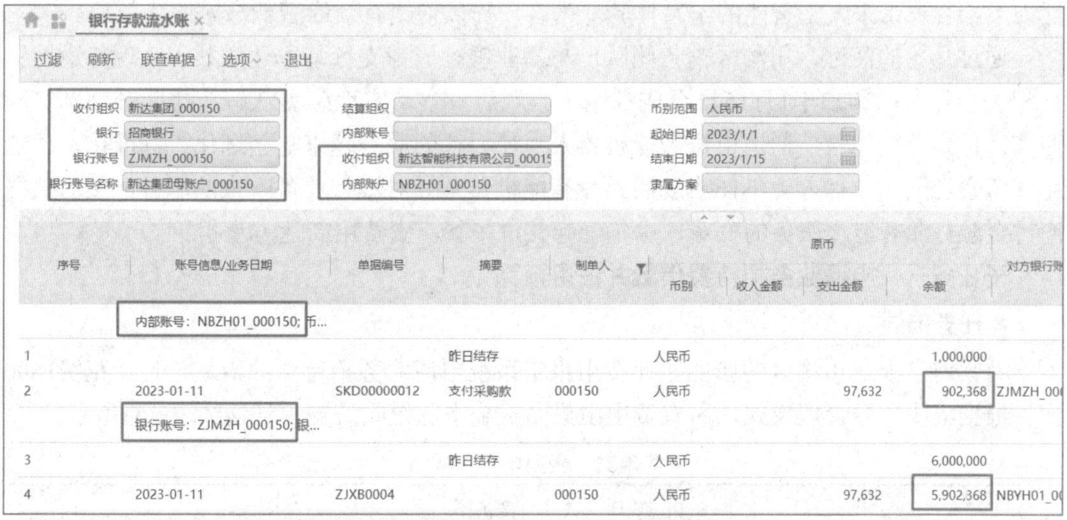

图3-116 新达集团银行存款流水账

3.4.5 新达机器人销售有限公司日常业务招待、差旅报销业务

↗ **关于预算控制如何实现**

在新达机器人销售有限公司的日常运营中，预算控制是保障财务健康和经营效益的关键环节。其中，业务招待和差旅费用是公司经常涉及的支出项目。在业务招待费用方面，预算控制主要通过申请业务招待费借款来实现，确保在事先规定的预算范围内进行业务招待活动。同时，公司会通过付员工业务招待费借款并扣减预算的方式，灵活调配资金以满足业务需求。

对于已发生的业务招待费用，公司实行严格的报销制度，包括退回多余借款并执行冲回预算的步骤，以确保费用使用的透明度和合规性。在差旅费用方面，公司同样进行了详细的预算控制，对超出预算的差旅费用进行报销，并进行差旅费预算的调整。员工差旅费报销款的支付也是在预算执行分析表的基础上进行的，确保费用使用符合公司的经营策略和财务计划。

综合而言，新达机器人销售有限公司通过制定明确的预算控制措施，对业务招待和差旅费用进行有效管理和执行，以保障公司财务稳健运营。

任务二十七 业务招待费预算控制

↗ **任务背景**

随着国家一系列人工智能政策的颁布实施，各个行业都在从"制造"向"智造"迈进，银行也不甘落后，正在逐步开展大数据平台的建设，构筑银行的新业态。商业银行成都分行紧抓金融科技转型机遇，依照总行分支机构建设的战略部署，预计从2023年1月31日起，以商业银行成都支行为试点，引进智能化机器人服务，旨在适应当前互联网技术与人工智能的高速发展和融合，深入推进网点智能化、轻型化转型，为网点大堂服务注入新活力，给客户带来人工智能的丰富体验，为客户提供便捷有效的智能金融服务。

通过几轮的商讨，川渝区销售团队已与商业银行成都支行基本达成共识，现特邀请银行相关负责人在2023年1月15日至成都线下旗舰店考察，实地感受从解决排队难题到笑脸迎宾，再到智能体验，通过引进智能机器人，使银行的服务越来越精细化、标准化、智能化。考察当天，一行人上午在旗舰店感受智能机器人针对银行业务带来的服务，然后共同商讨金融行业智能化服务的变革，中午一起共进午餐，餐费由新达方承担。

子任务一　申请业务招待费借款并占用预算

↗ 任务描述

考察前三天，川渝区的唐丽颖在费用报销系统申请业务招待费的借款，预计花费1500元，根据集团资金管理模式，所有费用由集团资金本部统收统支，详情如表3-51所示。

表3-51　费用申请单详情

申请日期	申请人	申请部门	事由	申请组织/费用承担组织	费用承担部门	币别	是否申请借款	结算方式	付款组织	预计还款日期	往来单位类型	往来单位	费用项目	申请金额/元
2023/1/12	唐丽颖	川渝区	宴请商业银行成都支行考核人员	新达机器人销售有限公司_用户账号	川渝区	人民币	是	集中结算	新达集团_用户账号	2023/1/16	员工	唐丽颖	业务招待费	1500

↗ 任务要求

进入金蝶云星空系统，新增费用申请单，业务招待费的申请借款审核通过后，系统将自动申请占用当月川渝区的业务招待费预算，查询预算执行分析表-川渝区业务招待费的预算占用情况，查询详情如表3-52所示。

表3-52　川渝区业务招待费预算占用查询详情

预算方案	预算控制规则	预算组织	预算周期	预算年度	预算期间
新达集团_用户账号预算方案	销售费用支出预算控制规则	新达集团_用户账号	月	2023	1

预算执行详情				
部门	费用项目	申请占用/元	可用预算/元	预算执行进度/%
川渝区	业务招待费	1500	13 467.41	10.02

第3章 管理会计在集团型企业的信息化应用

视频

↗ 操作指导

进入金蝶云星空系统管理界面后，切换当前组织为"新达机器人销售有限公司_用户账号"。单击左上角的【所有功能】，执行【财务会计】→【费用管理】→【单据列表】→【费用申请单列表】命令。在"费用申请单列表"界面，单击【新增】按钮。

在"费用申请单-新增"界面，按表3-51的数据要求，修改申请日期，选择申请人、申请部门、费用承担部门、币别、结算方式、付款组织，输入事由、预计还款日期、费用项目、申请金额，核对申请组织、费用承担组织、往来单位类型、往来单位，勾选"申请借款"，如图3-117所示，所有信息录入并核对无误后，依次单击【保存】【提交】【审核】按钮。

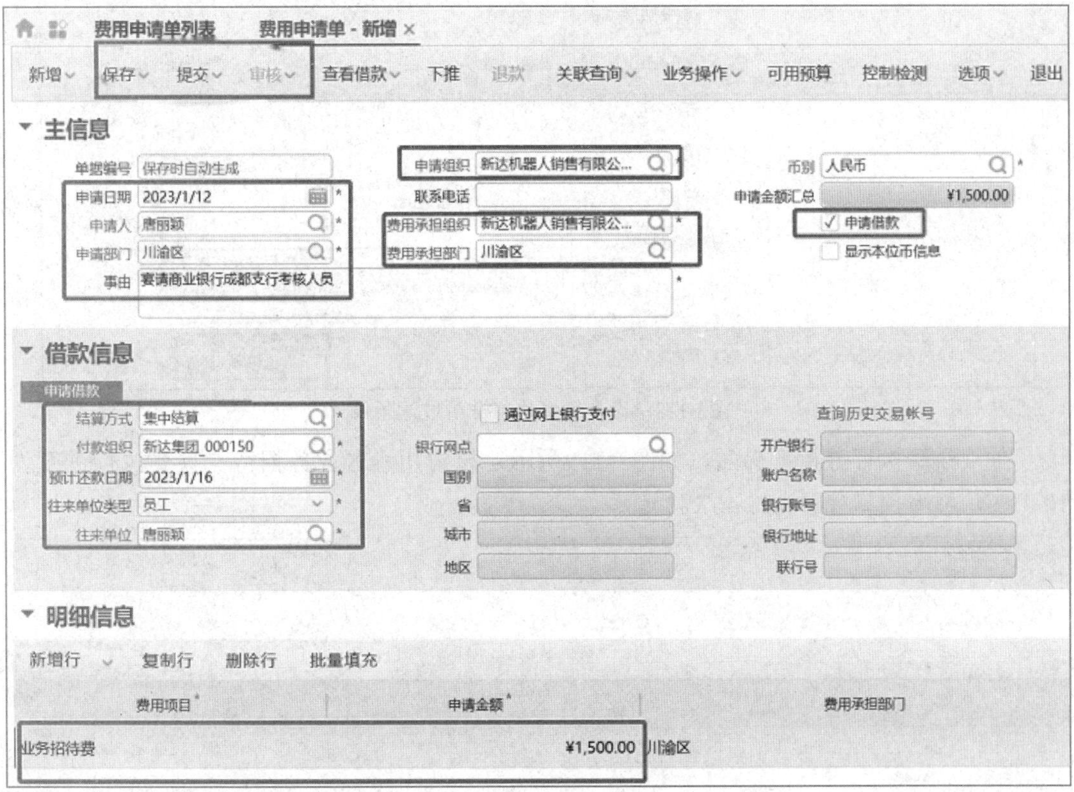

图3-117 新增费用申请单

单击左上角的【所有功能】，执行【管理会计】→【预算管理】→【预算分析】→【预算执行分析】命令。在弹出的"预算执行分析过滤条件"窗口，按表3-52的要求，选择预算方案、预算控制规则、预算组织，核对预算周期、预算年度、预算期间，如图3-118所示，然后单击【确定】按钮。

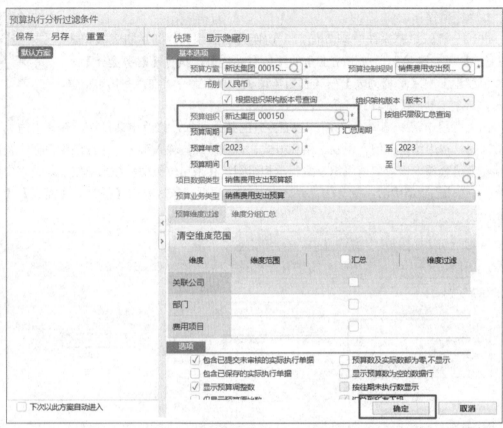

图3-118 设置预算执行分析过滤条件

在“预算执行分析”界面，如图3-119所示，核对川渝区业务招待费预算执行进度为10.02%，可用预算余额为13 467.41元。

预算维度			预算数			预算执行							
期	部门	费用项目	原始数	调整数	调整后	申请占用	申请冲回	关闭释放	预算执行	执行冲回	实际执行	可用预算	预算执行进度%
人销...	贵州省区	运费	1,097.66		1,097.66							1,097.66	
人销...	贵州省区	业务招待费	4,555.3		4,555.3							4,555.3	
人销...	贵州省区	差旅费	2,744.16		2,744.16							2,744.16	
人销...	贵州省区	市场活动费											
人销...	川渝区	广告费											
人销...	川渝区	销售人员工资	126,787.29		126,787.29							126,787.29	
人销...	川渝区	运费	3,606.61		3,606.61							3,606.61	
人销...	川渝区	业务招待费	14,967.41		14,967.41	1,500					1,500	13,467.41	10.02
人销...	川渝区	差旅费	9,016.51		9,016.51							9,016.51	
人销...	川渝区	市场活动费											
人销...	河南省区	广告费											
人销...	河南省区	销售人员工资	33,472.5		33,472.5							33,472.5	
人销...	河南省区	运费	1,254.47		1,254.47							1,254.47	
人销...	河南省区	业务招待费	5,206.06		5,206.06							5,206.06	

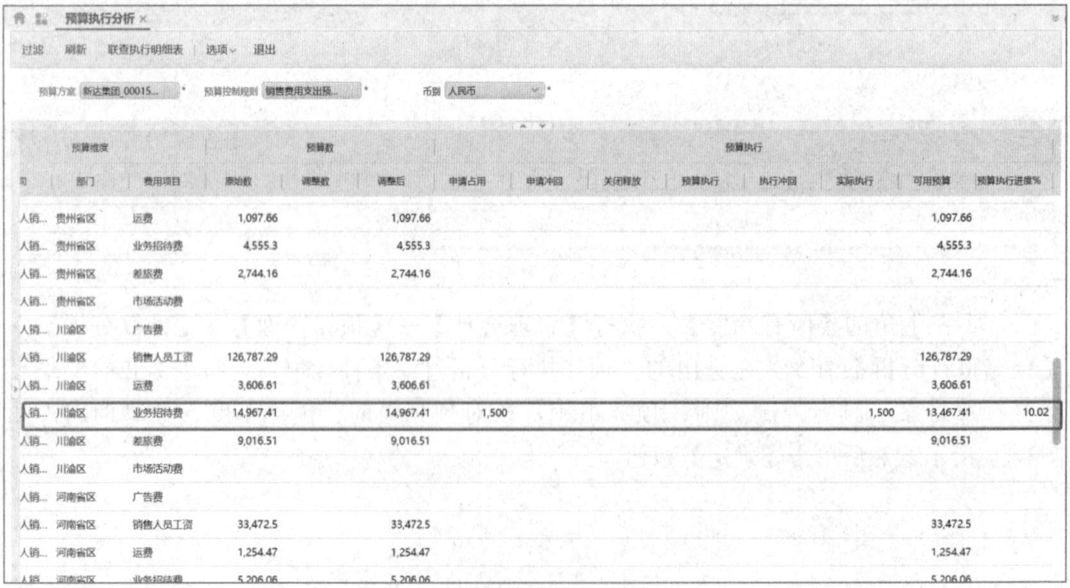

图3-119 查看业务招待费预算执行情况

子任务二 支付员工业务招待费借款并扣减预算

任务描述

业务招待费的申请借款审核通过后的第二天,集团资金本部出纳将核定金额1500元支付给员工唐丽颖,详情如表3-53所示。

表3-53 付款单详情

单据类型	业务日期	收款单位类型	收款单位	付款组织	结算组织	部门	结算方式	付款用途	应付/实付金额/元	内部账号	费用项目
费用报销付款单	2023/1/13	员工	唐丽颖	新达集团_用户账号	新达机器人销售有限公司_用户账号	川渝区	集中结算	费用借款	1500	NBZH02_用户账号	业务招待费

任务要求

进入金蝶云星空系统,根据费用申请单下推生成付款单。由于销售费用支出预算控制规则中已经设置,费用申请单下推付款单后,将冲回费用申请时申请占用的金额,所以在2023年1月13日付款单审核通过后,系统将自动冲回申请占用当月川渝区的业务招待费预算,进而预算执行(即实际扣减预算额)1500元。

查询预算执行分析表-川渝区业务招待费的申请冲回、预算执行情况,查询详情如表3-54所示。

表3-54 川渝区业务招待费申请冲回、预算执行查询详情

预算执行分析过滤条件					
预算方案	预算控制规则	预算组织	预算周期	预算年度	预算期间
新达集团_用户账号预算方案	销售费用支出预算控制规则	新达集团_用户账号	月	2023	1
预算执行详情					
部门	费用项目	申请占用/元	申请冲回/元	预算执行/元	可用预算/元	预算执行进度/%
川渝区	业务招待费	1500	1500	1500	13 467.41	10.02

操作指导

费用申请单审核通过后,在"费用申请单-修改"界面,如图3-120所示,单击【下推】按钮,选择下推单据为"付款单",然后单击【确定】按钮。

在"付款单-新增"界面,按表3-53的数据,修改业务日期,在【明细】页签,选择内部账号、费用项目,所有信息录入并核对无误后,依次单击【保存】【提交】【审核】按钮,如图3-121所示。

视频

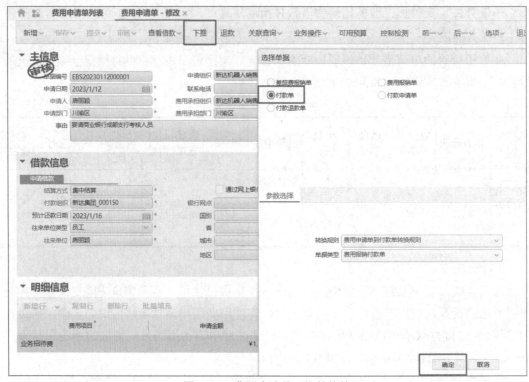

图3-120 费用申请单下推付款单

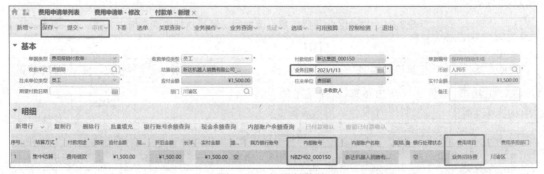

图3-121 新增付款单

单击左上角的【所有功能】，执行【管理会计】→【预算管理】→【预算分析】→【预算执行分析】命令。在弹出的"预算执行分析过滤条件"窗口，按表3-54的要求，选择预算方案、预算控制规则、预算组织，核对预算周期、预算年度、预算期间，然后单击【确定】按钮。

在"预算执行分析"界面，如图3-122所示，查看川渝区业务招待费的预算执行情况，由于销售费用支出预算控制规则中已经设置，费用申请单下推付款单后，将冲回费用申请时申请占用的金额，所以在2023年1月13日付款单审核通过后，系统将自动冲回申请占用当月川渝区的业务招待费预算，进而预算执行(即实际扣减预算额)1500元。

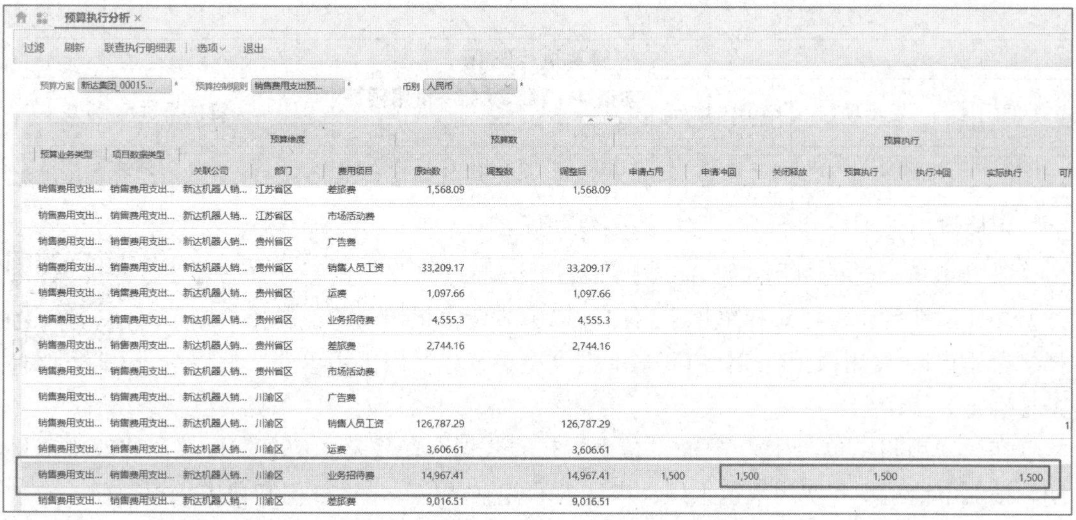

图3-122 查看业务招待费预算执行情况

子任务三 报销业务招待费

▸ 任务描述

川渝区的唐丽颖在宴请结束结账时，一并开具了增值税专用发票，实际花费1325元，于第二天在系统内进行费用报销处理，详情如表3-55所示。

表3-55 费用报销单详情

申请日期	申请组织/费用承担组织	申请人/往来单位	申请部门/费用承担部门	事由	申请退款	【退款信息】页签原付款组织	【退款信息】页签结算方式	费用金额/元	申请退款金额/元
2023/1/16	新达机器人销售有限公司_用户账号	唐丽颖	川渝区	宴请商业银行成都支行考核人员	勾选	新达集团_用户账号	集中结算	1325	175

▸ 任务要求

进入金蝶云星空系统，根据费用申请单下推生成费用报销单。费用报销单审核通过核定退款金额175元，因为销售费用支出预算控制规则设置，费用报销单按核定付/退款金额申请占用，所以此时申请占用预算175元(付款退款单审核后会冲回)。

进入金蝶云星空系统，查询预算执行分析表-川渝区业务招待费的申请占用情况，查询详情如表3-56所示。

表3-56 川渝区业务招待费申请占用查询详情

预算执行分析过滤条件					
预算方案	预算控制规则	预算组织	预算周期	预算年度	预算期间
新达集团_用户账号预算方案	销售费用支出预算控制规则	新达集团_用户账号	月	2023	1

续表

预算执行详情					
部门	费用项目	申请占用/元	申请冲回/元	预算执行/元	可用预算/元	预算执行进度/%
川渝区	业务招待费	1675	1500	1500	13 292.41	11.19

↗ 操作指导

打开审核通过的费用申请单，在"费用申请单-修改"界面，单击【下推】按钮，在弹出的"选择单据"窗口，选中"费用报销单"，转换规则选择"费用申请-费用报销(一对一)"，单据类型选择"费用报销单"，然后单击【确定】按钮。

视频

在"费用报销单-新增"界面，按表3-55的数据，在【基本信息】页签，修改申请日期，核对申请组织和费用承担组织、申请人和往来单位、申请部门和费用承担部门，并录入事由，勾选"申请退款"。在【退款信息】页签，选择原付款组织，选择结算方式为"集中结算"。在【明细信息】页签，修改费用金额，核对申请退款金额，如图3-123所示，所有信息录入并核对无误后，依次单击【保存】【提交】【审核】按钮。

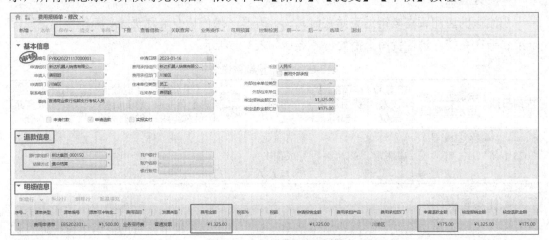

图3-123　新增费用报销单

单击左上角的【所有功能】，执行【管理会计】→【预算管理】→【预算分析】→【预算执行分析】命令。在弹出的"预算执行分析过滤条件"窗口，按表3-56的要求，选择预算方案、预算控制规则、预算组织，核对预算周期、预算年度、预算期间，然后单击【确定】按钮。

在"预算执行分析"界面，如图3-124所示，查看川渝区业务招待费的预算执行进度为11.19%，可用预算为"13 292.41"(元)，费用报销单审核通过核定退款金额175元，因为销售费用支出预算控制规则设置，费用报销单按核定付/退款金额申请占用，所以此时申请占用预算175元(付款退款单审核后会冲回)。

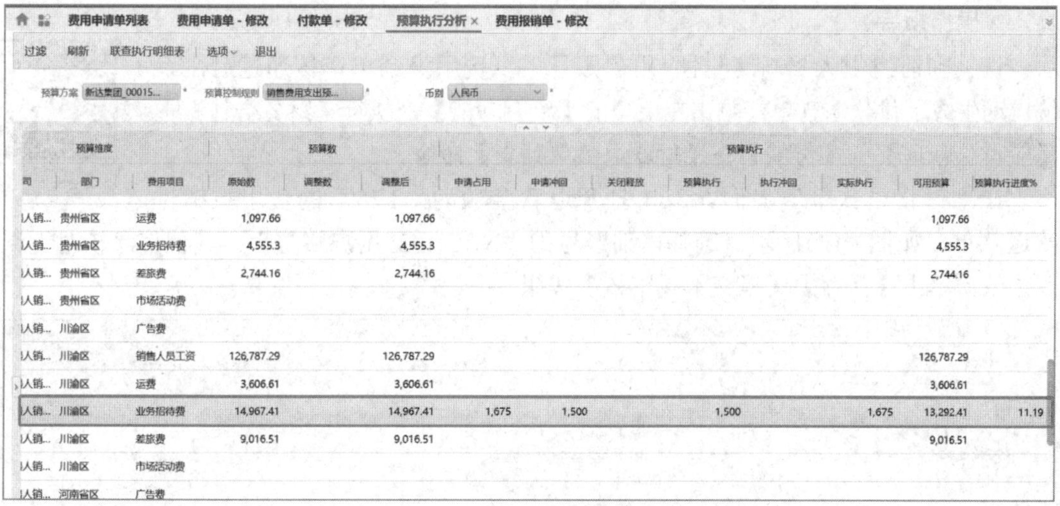

图3-124 查看业务招待费预算执行情况

子任务四 退回多余借款并执行冲回预算

➤ 任务描述

川渝区的唐丽颖报销业务招待费1325元并退回余款175元的审核通过后,集团资金本部出纳进行付款退款业务处理,详情如表3-57所示。

表3-57 付款退款单详情

单据类型	业务日期	付款单位类型	付款单位	币别	付款组织	结算组织	部门	应退金额/元	内部账号	费用项目
费用报销付款退款单	2023/1/16	员工	唐丽颖	人民币	新达集团_用户账号	新达机器人销售有限公司_用户账号	川渝区	175	NBZH02_用户账号	业务招待费

➤ 任务要求

进入金蝶云星空系统,费用报销单审核通过后,系统自动生成了付款退款单,填写并核查单据信息。

费用报销单审核通过后申请占用了预算175元,在付款退款单审核通过后被冲回申请占用。川渝区的唐丽颖付款退款审核通过后,预算实际执行金额也被冲回175元,实际执行预算额变为1325元。查询预算执行分析表-川渝区业务招待费的预算实际执行情况,查询详情如表3-58所示。

表3-58 川渝区业务招待费预算实际执行查询详情

预算执行分析过滤条件					
预算方案	预算控制规则	预算组织	预算周期	预算年度	预算期间
新达集团_用户账号预算方案	销售费用支出预算控制规则	新达集团_用户账号	月	2023	1
预算执行详情							
部门	费用项目	申请占用/元	申请冲回/元	预算执行/元	执行冲回/元	实际执行/元	可用预算/元	预算执行进度/%
川渝区	业务招待费	1675	1675	1500	175	1325	13 642.41	8.85

↗ 操作指导

切换当前组织为"新达集团_用户账号"。费用报销单审核通过后,系统自动生成了付款退款单,单击左上角的【所有功能】,执行【财务会计】→【应付款管理】→【付款】→【付款退款单列表】命令。

视频

在"付款退款单"界面,双击打开退款金额为"175"的费用报销付款退款单,如图3-125所示,选择内部账号为"NBZH02_用户账号",其他信息核对无误后,依次单击【保存】【提交】【审核】按钮。

图3-125 修改付款退款单

单击左上角的【所有功能】,执行【管理会计】→【预算管理】→【预算分析】→【预算执行分析】命令。在弹出的"预算执行分析过滤条件"窗口,按表3-58要求,选择预算方案、预算控制规则、预算组织,核对预算周期、预算年度、预算期间,然后单击【确定】按钮。

在"预算执行分析"界面,如图3-126所示,查看川渝区业务招待费的预算执行进度为8.85%,可用预算为"13 642.41"(元)。费用报销单审核通过后申请占用了预算175元,在付款退款单审核通过后被冲回申请占用。川渝区的唐丽颖付款退款审核通过后,预算实际执行金额也被冲回175元,实际执行预算额变为1325元。

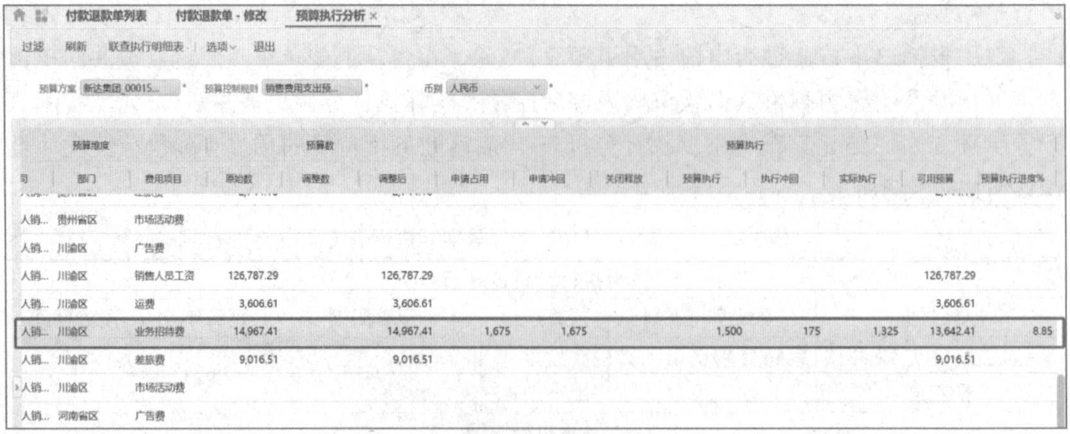

图3-126 查看业务招待费预算执行情况

任务二十八　业务招待费预算控制

◢ 任务背景

2023年1月，广东省区销售团队除了正常开展本月销售业务外，了解到香港国际机场为缓解当前机场业务规模大、运行主体多、运行状况复杂等问题，欲建设"智慧机场"，公司已草拟了今起到未来两年的《智慧机场行动方案》，从"智慧服务""智慧运营"及"智慧管理"三个维度，推进机场运营信息共享、旅客全流程自助服务、网上机场、物流平台等的智慧机场建设，其中在出发、值机、登机、指引、中转、抵达等全流程上，欲使用服务型机器人更好地简化乘机流程，提高出行效率。

集团通过对该项目的评估发现，除了提升业绩以外，该项目有助于新达机器人的品牌形象宣传，同时可以开拓港澳市场，拓展市场占有率，利用中国香港国际化都市的背景为进军海外市场做铺垫。新达集团综合考虑人员能力、地理位置等因素，决定由广东省区销售团队承接该项工作，并于2023年1月前往香港，了解项目具体情况，与甲方建立友好关系，并有针对性地制定营销策略。2023年1月，广东省区销售总监江英和销售员工贺滨前往香港。

子任务一　报销差旅费(超预算)

◢ 任务描述

2023年1月13日，广东省区销售总监江英统一报销前往香港发生的差旅费，总金额共计10 762.74元，报销详情如表3-59所示。

表3-59　差旅费报销单详情

申请日期	申请人	申请部门	事由	申请组织/费用承担组织	费用承担部门	往来单位类型	往来单位	币别	申请付款	【付款信息】页签付款组织	【付款信息】页签结算方式
2023/1/13	江英	广东省区	报销香港项目前期考察调研的差旅费	新达机器人销售有限公司_用户账号	广东省区	员工	江英	人民币	是	新达集团_用户账号	集中结算

费用项目	开始日期	结束日期	出发地	目的地	机票/元	市内交通费/元	住宿费/元	出差补助/元	发票类型	税率/%	申请付款金额/元
差旅费	2023/1/1	2023/1/11	广东	香港	4580	560	3384.75	1000	增值税发票	13	10 762.74

◢ 任务要求

进入金蝶云星空系统，按实际差旅信息新增差旅费报销单。

◢ 操作指导

进入金蝶云星空系统管理界面后，切换当前组织为"新达机器人销售有限公司_用户账号"。单击左上角的【所有功能】，执行【财务会计】→【费用管理】→【单据列表】→【差旅费报销单列表】命令。在"差旅费报销单列表"界面，单击【新增】按钮。

在"差旅费报销单-新增"界面，按任务描述的要求，在【基本信息】页签修改申请日期，选择申请人、申请部门、费用承担部门、往来单位、币别，输入事由，核对申请组织、费用承担组织、往来单位类型，勾选"申请付款"。在【付款信息】页签，选择付款组织、结算方式。在【明细信息】页签，选择费用项目、发票类型，修改开始日期、结束日期，输入出发地、目的地、机票金额、市内交通费金额、住宿费金额、出差补助金额、税率，核对申请付款金额。如图3-127所示，所有信息录入并核对无误后，依次单击【保存】【提交】按钮。

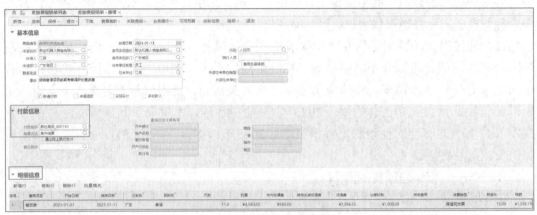

图3-127　新增差旅费报销单

单击【提交】按钮后，如图3-128所示，提示"超过销售费用支出预算额2530.27"，单击【否】按钮，说明报销的差旅费超出了2023年1月广东省区的差旅费预算金额。

图3-128　超预算提示

> **思考题**
>
> 系统是否能满足企业对不同报销级别的员工出差不同的城市有不同的住宿标准、差旅补助标准？如果可以，应该如何实现差旅费用报销管控？

子任务二　差旅费预算调整

> **任务描述**
>
> 广东省区销售总监江英提交差旅费报销单时提示"当前单据数【核定退/付款金额】(10 762.74)，超过销售费用支出预算：2530.27"，实际发生的差旅费已经超出当月的预算，但考虑到所有差旅费均为真实发生的合理费用，并且出差香港也是突发项目需求，做预算时无法预计到，所以销售总监江英向集团预算管理委员会提出2023年1月差旅费预算调整申请，在申请报告中写明原因及差旅费支出明细、行程单等，综合广东省区其他销售

答案

员差旅费报销需求，申请调整预算金额为"18 000元"。

集团预算管理委员会接到江英的调整预算申请后，审核其报告的真实性、合理性，以及广东省区当月的差旅详情、香港国际机场项目等情况，综合各种因素后，同意江英的申请，将广东省区2023年1月的差旅费预算调整为18 000元，预算调整单详情如表3-60所示。

表3-60 预算调整单详情

预算报表	调整日期	预算期间	调整理由	预算业务类型	预算维度组合			申请调整额/元	调整后/元
					关联公司	部门	费用项目		
销售费用支出预算模板	2023/1/14	1	香港国际机场项目导致差旅费增加	销售费用支出预算	新达机器人销售有限公司_用户账号	广东省区	差旅费	9767.53	18 000

↗ 任务要求

进入金蝶云星空系统，根据实际业务需求新增预算调整单。差旅费预算调整审核通过后，集团预算管理委员会通知江英可以提交差旅费报销单，2023年1月15日，提交并审核差旅费报销单。

↗ 操作指导

切换当前组织为"新达集团_用户账号"。单击左上角的【所有功能】，执行【管理会计】→【预算管理】→【预算调整】→【预算调整单】命令。在"预算调整单"界面，选中左侧的预算组织"新达集团_用户账号"，然后单击【新增】按钮。在"预算调整单-新增"界面，按任务描述的要求，选择预算报表、预算期间、预算业务类型、预算维度组合，修改调整日期，输入调整理由、申请调整额，核对调整后金额，如图3-129所示，所有信息录入并核对无误后，依次单击【保存】【提交】【审核】按钮。

图3-129 新增预算调整单

切换当前组织为"新达机器人销售有限公司_用户账号"。打开"差旅费报销单"界面，依次单击【提交】【审核】按钮，如图3-130所示，调整预算后，报销的差旅费在预算内，可以通过审核。

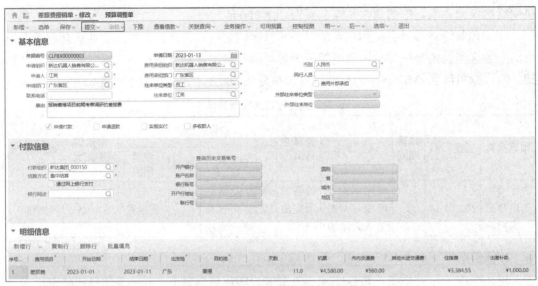

图3-130 提交并审核差旅费报销单

子任务三 支付员工差旅费报销款

↗ 任务描述

差旅费报销单审核通过后的第二天，集团资金本部出纳将核定付款金额10 762.74元支付给员工江英，详情如表3-61所示。

表3-61 付款单详情

单据类型	业务日期	收款单位类型	收款单位	付款组织	结算组织	部门	结算方式	付款用途	应付/实付金额/元	内部账号	费用项目
费用报销付款单	2023/1/16	员工	江英	新达集团_用户账号	新达机器人销售有限公司_用户账号	广东省区	集中结算	费用报销	10 762.74	NBZH02_用户账号	差旅费

↗ 任务要求

进入金蝶云星空系统，根据差旅费报销单下推生成付款单。

↗ 操作指导

切换当前组织为"新达集团_用户账号"。差旅费报销单审核通过后，依旧在"差旅费报销单-修改"界面，单击【下推】按钮，选择下推单据为"付款单"，然后单击【确定】按钮。

在"付款单-新增"界面，按任务描述的要求，核对单据类型、收款单位类型、收款单位、付款组织、结算组织、部门、结算方式、付款用途、应付和实付金额、费用项目，修改业务日期，选择内部账号，如图3-131所示，所有信息录入并核对无误后，依次单击【保存】【提交】【审核】按钮。

第3章 管理会计在集团型企业的信息化应用

图3-131 新增付款单

子任务四 查询差旅费预算执行分析表

↗ 任务要求

进入金蝶云星空系统,切换当前组织为新达机器人销售有限公司_用户账号,查询预算执行分析表-广东省区差旅费的预算执行情况,查询详情如表3-62所示。

表3-62 广东省区差旅费预算执行情况查询详情

预算执行分析过滤条件					
预算方案	预算控制规则	预算组织	预算周期	预算年度	预算期间
新达集团_用户账号预算方案	销售费用支出预算控制规则	新达集团_用户账号	月	2023	1
预算执行情况										
部门	费用项目	原始数/元	调整数/元	调整后/元	申请占用/元	申请冲回/元	预算执行/元	实际执行/元	可用预算/元	预算执行进度/%
广东省区	差旅费	8232.47	9767.53	18 000	10 762.74	10 762.74	10 762.74	10 762.74	7237.26	59.79

↗ 操作指导

切换当前组织为"新达机器人销售有限公司_用户账号"。单击左上角的【所有功能】,执行【管理会计】→【预算管理】→【预算分析】→【预算执行分析】命令。在弹出的"预算执行分析过滤条件"窗口,按表3-62要求,选择预算方案、预算控制规则、预算组织,核对预算周期、预算年度、预算期间,然后单击【确定】按钮。

在"预算执行分析"界面,如图3-132所示,查看差旅费预算执行情况,可看到广东省区差旅费的预算执行进度为59.79%,可用预算为"7237.26"。

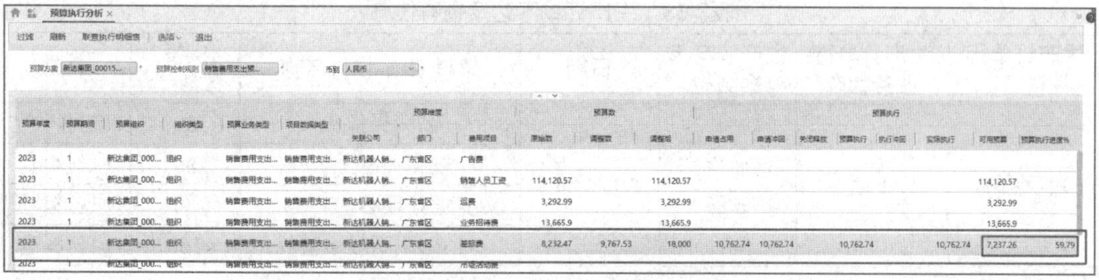

图3-132 查看差旅费预算执行情况

3.4.6　新达智能科技有限公司按计划生产商用机器人

↗ 生产流程

生产是指企业使用原材料、设备和劳动力，通过一系列的工艺流程和加工活动，将原材料转化为成品的过程。生产是企业的核心活动之一，它决定了企业的产能、质量、成本和效益等方面。

在企业的生产过程中，下达生产任务、生产领料、生产汇报和生产完工是4个关键环节。下达生产任务主要包括制订生产计划、分配生产任务和下达生产工单等。生产领料是指生产人员根据生产工单的要求，从仓库领取所需的原材料、零部件和辅料等。生产汇报是根据车间每日的生产情况制作生产汇报，包括：产线、生产订单号、产品编码、完成数量、累计完成数量，以及耗用的人时、机时等。对于车间发生的一些非正常的生产状况，如：设备故障、欠料停线等，也可在生产汇报中体现。通过生产汇报，可以明了地掌握各生产订单的执行进度及进度偏差，并根据各产品的定额工时，了解各产线的效率状况。生产完工是指生产人员按照工艺流程和生产工单的要求，完成产品的生产和质量检测。

企业需要制订合理的生产计划和工艺流程，加强原材料的质量控制和设备维护，提高员工素质和管理水平，确保生产的顺利进行和产品质量的提高。同时，也需要加强成本核算和控制，降低能耗和资源消耗，提高企业的经济效益和市场竞争力。

任务二十九　下达生产任务并生产领料-系统软件类

↗ 下达生产任务并生产领料流程

下达生产任务并生产领料流程，如图3-133所示。

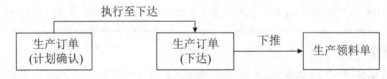

图3-133　下达生产任务并生产领料流程

↗ 任务描述

系统软件类半成品生产所需原材料入库完成，可开工生产系统软件类半成品，2023年1月14日，生产主管下达生产任务，在"生产订单列表"界面，修改业务参数的执行日期为"手工指定"，生产人员进行仓库领料并开工生产。生产订单下达及领料信息如表3-63所示。

表3-63　生产订单下达及领料信息

生产订单行物料名称	生产订单行业务状态	生产领料单据类型	日期	领料明细-物料名称	实发数量/个	仓库
视觉系统	下达	普通生产领料	2023/1/14	高清摄像头	80	原材料仓
				视觉控制主板	80	原材料仓
				视觉处理芯片XM4	80	原材料仓
				LED眼睛显示屏	160	原材料仓

续表

生产订单行物料名称	生产订单行业务状态	生产领料单据类型	日期	领料明细-物料名称	实发数量/个	仓库
听觉系统	下达	普通生产领料	2023/1/14	麦克风TAK3	480	原材料仓
				听觉控制主板	80	原材料仓
				语音识别芯片AS1100	80	原材料仓
应用软件	下达			银行服务场景应用	80	原材料仓
				博物馆服务场景应用	80	原材料仓
				图书馆服务场景应用	80	原材料仓
				政务服务场景应用	80	原材料仓
				机场服务场景应用	80	原材料仓
运动控制系统	下达			运动控制主板	80	原材料仓
				运动控制芯片MCX314	80	原材料仓
				激光雷达Corona	80	原材料仓
				深度相机MYN	80	原材料仓
				超声波传感器SR04	80	原材料仓

↗ **任务要求**

进入金蝶云星空系统，下达生产订单后根据生产订单下推为生产领料单并审核，确认生产领料明细物料数量及仓库无误。

↗ **操作指导**

进入金蝶云星空系统管理界面后，切换当前组织为"新达智能科技有限公司_用户账号"。单击左上角的【所有功能】，执行【生产制造】→【生产管理】→【生产订单】→【生产订单列表】命令。在"生产订单列表"界面，执行【选项】→【选项】命令。如图3-134所示，在"选项设置"窗口的【业务参数】页签，选择执行日期为"手工指定"，然后单击【保存】按钮即可。

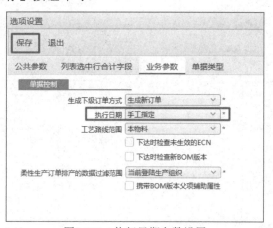

图3-134 执行日期参数设置

返回"生产订单列表"界面，找到2023年1月5日视觉系统、听觉系统、应用软件和运动控制系统各80个的生产订单，勾选该单据的视觉系统、听觉系统、应用软件和运动控制系统共4行，如图3-135所示，执行【行执行】→【执行至下达】命令，选择执行日期为"2023/1/14"，然后单击【确定】按钮。

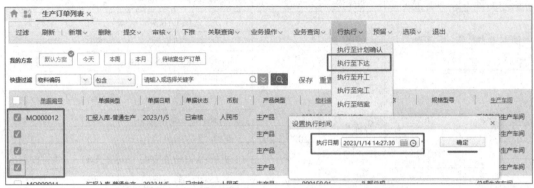

图3-135　生产订单执行至下达

勾选2023年1月5日视觉系统、听觉系统、应用软件和运动控制系统各80个的生产订单，该单据的视觉系统、听觉系统、应用软件和运动控制系统共4行全部选中，单击【下推】按钮，选择下推单据为"生产领料单"，然后单击【确定】按钮。

跳转至"生产领料单-新增"界面，如图3-136所示，可以看到物料明细信息等已经自动生成，只需按任务描述的具体领料信息，更改日期，核对物料数量无误后，依次单击【保存】【提交】【审核】按钮。

图3-136　新增生产领料单

任务三十 进行生产汇报并办理生产完工入库-系统软件类

生产汇报并完工入库流程

生产汇报并完工入库流程，如图3-137所示。

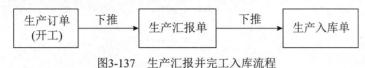

图3-137 生产汇报并完工入库流程

子任务一 生产汇报-系统软件类

任务描述

系统软件生产专员在开始进行生产汇报前，需要先新增生产汇报类型，生产汇报类型主要为识别有效工时。生产汇报类型信息如表3-64所示。

表3-64 生产汇报类型信息

创建组织	使用组织	编码	名称	属性	默认类型
新达智能科技有限公司_用户账号	新达智能科技有限公司_用户账号	用户账号	正常汇报	有效工时	勾选

2023年1月15日，系统软件生产车间提前完工，生产人员根据公司生产管理要求进行生产汇报，如实汇报数量和实作工时。生产汇报单详情如表3-65所示。

表3-65 生产汇报单详情

单据类型	单据日期	物料名称	生产汇报类型	合格数量/个	生产车间	人员实作工时/时	机器实作工时/时
入库汇报	2023/1/15	视觉系统	正常汇报	80	系统软件生产车间	18	4
		听觉系统	正常汇报	80	系统软件生产车间	18	4
		应用软件	正常汇报	80	系统软件生产车间	18	4
		运动控制系统	正常汇报	80	系统软件生产车间	18	4

任务要求

进入金蝶云星空系统，新增生产汇报类型后，根据生产订单下推生成生产汇报单，确认合格数量、人员实作工时和机器实作工时无误。

操作指导

进入金蝶云星空系统管理界面后，切换当前组织为"新达智能科技有限公司_用户账号"。单击左上角的【所有功能】，执行【生产制造】→【生产管理】→【基础资料】→【生产汇报类型】命令。在"生产汇报类型-新增"界面，按任务描述的详情表，输入编码、名称，选择属性，勾选"默认类型"，如图3-138所示，所有信息设置并核查无误后，依次单击【保存】【提交】【审核】按钮。

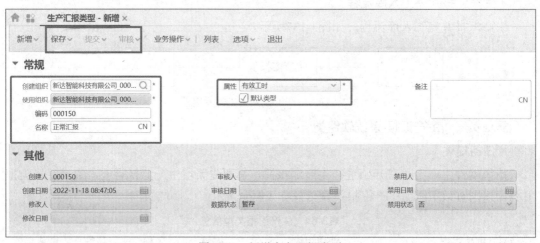

图3-138 新增生产汇报类型

单击左上角的【所有功能】，执行【生产制造】→【生产管理】→【生产订单】→【生产订单列表】命令。在"生产订单列表"界面，找到2023年1月5日视觉系统、听觉系统、应用软件和运动控制系统各80个的生产订单，勾选该单据的视觉系统、听觉系统、应用软件和运动控制系统共4行，单击【下推】按钮，选择下推单据为"生产汇报单"，然后单击【确定】按钮。

跳转至"生产汇报单-新增"界面，更改日期。如图3-139所示，切换至【汇报】页签，维护各个物料的人员实作工时、机器实作工时。

图3-139 维护工时信息

需要单击【下一行】按钮依次将4个物料的工时信息维护完毕，所有信息输入完成并核对无误后，如图3-140所示，依次单击【保存】【提交】【审核】按钮。

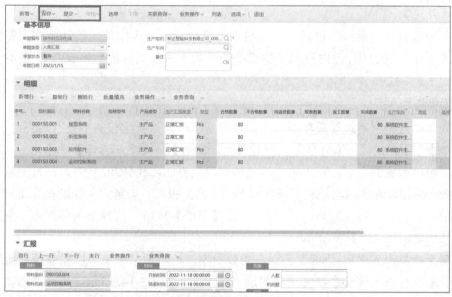

图3-140　提交并审核生产汇报单

> **思考题**

企业生产管理者如何快速明了地掌握各生产订单的执行进度、进度偏差,以及各产线的效率状况?

子任务二　生产完工入库-系统软件类

> **生产入库并完工结案流程**

生产入库并完工结案流程,如图3-141所示。

答案

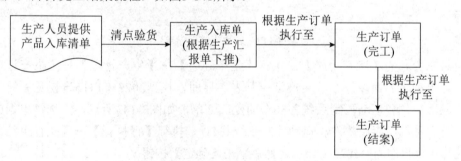

图3-141　生产入库并完工结案流程

> **任务描述**

2023年1月15日,系统软件生产车间生产人员汇报完成后,仓管人员根据生产人员汇报情况为完工半成品办理生产入库手续。生产入库单详情如表3-66所示。

表3-66　生产入库单详情

单据类型	日期	物料名称	入库类型	实收数量/个	仓库
汇报入库	2023/1/15	视觉系统	合格品入库	80	半成品仓
		听觉系统	合格品入库	80	半成品仓
		应用软件	合格品入库	80	半成品仓
		运动控制系统	合格品入库	80	半成品仓

任务要求

进入金蝶云星空系统,根据生产汇报单下推生成生产入库单,确认生产入库物料数量及仓库无误。2023年1月15日当天将系统软件类半成品对应的生产订单行(共4行)进行结案。

操作指导

进入金蝶云星空系统管理界面后,切换当前组织为"新达智能科技有限公司_用户账号"。单击左上角的【所有功能】,执行【生产制造】→【生产管理】→【完工入库】→【生产汇报单列表】命令。在"生产汇报单列表"界面,找到2023年1月15日视觉系统、听觉系统、应用软件和运动控制系统各80个的生产汇报单,勾选该单据的视觉系统、听觉系统、应用软件和运动控制系统共4行,单击【下推】按钮,选择下推单据为"生产入库单",然后单击【确定】按钮。

跳转至"生产入库单-新增"界面,更改日期,核对视觉系统、听觉系统、应用软件和运动控制软件各入库80个,并全部勾选"完工",如图3-142所示,所有信息输入完成并核对无误后,依次单击【保存】【提交】【审核】按钮。

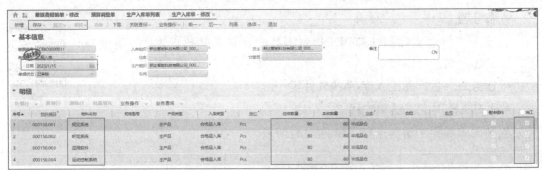

图3-142　新增生产入库单

单击左上角的【所有功能】,执行【生产制造】→【生产管理】→【生产订单】→【生产订单列表】命令。在"生产订单列表"界面,找到2023年1月5日视觉系统、听觉系统、应用软件和运动控制系统各80个的生产订单,如图3-143所示,勾选该单据的视觉系统、听觉系统、应用软件和运动控制系统共4行,执行【行执行】→【执行至结案】命令,选择执行日期为"2023/1/15",然后单击【确定】按钮。

图3-143　生产订单执行至结案

任务三十一　下达生产任务并生产领料-总成类

> **任务描述**

总成类半成品生产所需半成品和原材料均备料完成，可开工生产总成类半成品，2023年1月15日和1月16日，生产主管下达生产任务，生产人员在生产订单下达后进行仓库领料并开工生产。生产订单下达及领料信息，如表3-67所示。

表3-67　生产订单下达及领料信息

生产订单行物料名称	生产订单行业务状态	生产领料单据类型	日期	领料明细-物料名称	实发数量/个	仓库
头部总成	下达	普通生产领料	2023/1/16	视觉系统	80	半成品仓
				听觉系统	80	半成品仓
				头部外壳	80	原材料仓
躯干总成	下达	普通生产领料	2023/1/16	应用软件	80	半成品仓
				运动控制系统	80	半成品仓
				躯干外壳	80	原材料仓
				触屏Pad	80	原材料仓
				音箱	80	原材料仓
				Wi-Fi系统	80	原材料仓
				电池	80	原材料仓
左臂总成	下达	普通生产领料	2023/1/15	左臂外壳	80	原材料仓
				伺服舵机R型	240	原材料仓
				伺服舵机S型	1120	原材料仓
右臂总成	下达			伺服舵机R型	240	原材料仓
				伺服舵机S型	1120	原材料仓
				右臂外壳	80	原材料仓

> **任务要求**

进入金蝶云星空系统，下达生产订单后下推生成生产领料单，确认生产领料明细物料数量及仓库无误。

> **操作指导**

进入金蝶云星空系统管理界面后，切换当前组织为"新达智能科技有限公司_用户账号"。单击左上角的【所有功能】，执行【生产制造】→【生产管理】→【生产订单】→【生产订单列表】命令。在"生产订单列表"界面，找到2023年1月5日头部总成、躯干总成、左臂总成和右臂总成各80个的生产订单，如图3-144所示，勾选该单据的头部总成、躯干总成、左臂总成和右臂总成共4行，执行【行执行】→【执行至下达】命令，选择执行日期为"2023/1/16"，然后单击【确定】按钮。

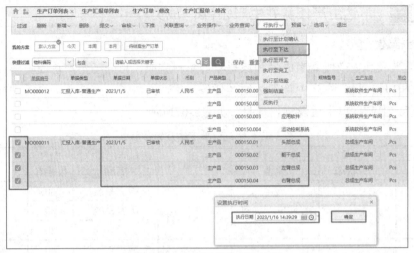

图3-144 生产订单执行至下达

勾选2023年1月5日头部总成、躯干总成、左臂总成和右臂总成各80个的生产订单，该单据的头部总成、躯干总成、左臂总成和右臂总成共4行全部选中，单击【下推】按钮，选择下推单据为"生产领料单"，然后单击【确定】按钮。

跳转至"生产领料单-新增"界面，如图3-145所示，更改日期，核对物料数量无误后，依次单击【保存】【提交】【审核】按钮。

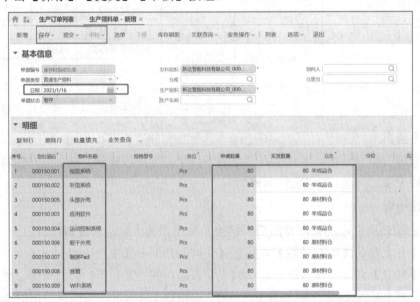

图3-145 新增生产领料单

任务三十二 进行生产汇报并办理生产完工入库-总成类

子任务一 生产汇报-总成类

➚ 任务描述

总成生产车间生产因缺乏生产异常处理机制导致进度落后，生产人员未能及时处理生产过程的异常情况，未能及时对质量异常的原材料进行换料和补料，导致在2023年1月19日无法按生产计划全部完工，为不耽误生产进度，生产人员如实进行生产汇报。生产汇报单详情如表3-68所示。

表3-68 生产汇报单详情

单据类型	单据日期	物料名称	生产汇报类型	合格数量/个	生产车间	人员实作工时/时	机器实作工时/时
入库汇报	2023/1/19	头部总成	正常汇报	75	总成生产车间	72	12
		躯干总成	正常汇报	75	总成生产车间	72	12
		左臂总成	正常汇报	80	总成生产车间	96	16
		右臂总成	正常汇报	80	总成生产车间	96	16

▸ 任务要求

进入金蝶云星空系统，根据生产订单下推生成生产汇报单，确认合格数量、人员实作工时和机器实作工时无误。

▸ 操作指导

进入金蝶云星空系统管理界面后，切换当前组织为"新达智能科技有限公司_用户账号"。单击左上角的【所有功能】，执行【生产制造】→【生产管理】→【生产订单】→【生产订单列表】命令。在"生产订单列表"界面，找到2023年1月5日头部总成、躯干总成、左臂总成和右臂总成各80个的生产订单，勾选该单据的头部总成、躯干总成、左臂总成和右臂总成共4行，单击【下推】按钮，选择下推单据为"生产汇报单"，然后单击【确定】按钮。

跳转至"生产汇报单-新增"界面，更改日期，修改头部总成和躯干总成的合格数量。切换至【汇报】页签，分别维护头部总成、躯干总成、左臂总成和右臂总成4个物料的人员实作工时、机器实作工时。如图3-146所示，所有信息输入完成并核对无误后，依次单击【保存】【提交】【审核】按钮。

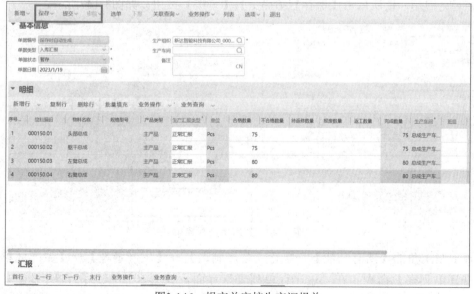

图3-146 提交并审核生产汇报单

子任务二 生产完工入库-总成类

▶ 任务描述

2023年1月19日只能部分入库,剩余未完工的总成类物料后续经换料、补料跟踪后继续生产,仓管人员根据生产人员汇报情况为完工半成品办理生产入库手续。生产入库单详情如表3-69所示。

表3-69 生产入库单详情

单据类型	日期	物料名称	入库类型	实收数量/个	仓库	是否完工
汇报入库	2023/1/19	头部总成	合格品入库	75	半成品仓	否
		躯干总成	合格品入库	75	半成品仓	否
		左臂总成	合格品入库	80	半成品仓	是
		右臂总成	合格品入库	80	半成品仓	是

▶ 任务要求

进入金蝶云星空系统,根据生产汇报单,下推生成生产入库单,确认生产入库物料数量及仓库无误。2023年1月19日当天,对左臂总成和右臂总成对应的生产订单行进行结案。

▶ 操作指导

进入金蝶云星空系统管理界面后,切换当前组织为"新达智能科技有限公司_用户账号"。单击左上角的【所有功能】,执行【生产制造】→【生产管理】→【完工入库】→【生产汇报单列表】命令。在"生产汇报单列表"界面,找到2023年1月19日头部总成和躯干总成各75个、左臂总成和右臂总成各80个的生产汇报单,勾选该单据的头部总成、躯干总成、左臂总成、右臂总成共4行,单击【下推】按钮,选择下推单据为"生产入库单",然后单击【确定】按钮。

跳转至"生产入库单-新增"界面,更改日期,核对头部总成和躯干总成各入库75个,不勾选"完工";左臂总成和右臂总成各入库80个,勾选"完工",所有信息输入完成并核对无误后,依次单击【保存】【提交】【审核】按钮,如图3-147所示。

图3-147 新增生产入库单

单击左上角的【所有功能】,执行【生产制造】→【生产管理】→【生产订单】→【生产订单列表】命令。在"生产订单列表"界面,找到2023年1月5日头部总成、躯干总成、左臂总成和右臂总成各80个的生产订单，如图3-148所示，勾选该单据的左臂总成、右臂总成共2行，执行【行执行】→【执行至结案】命令，选择执行日期为“2023/1/19”，然后单击【确定】按钮。

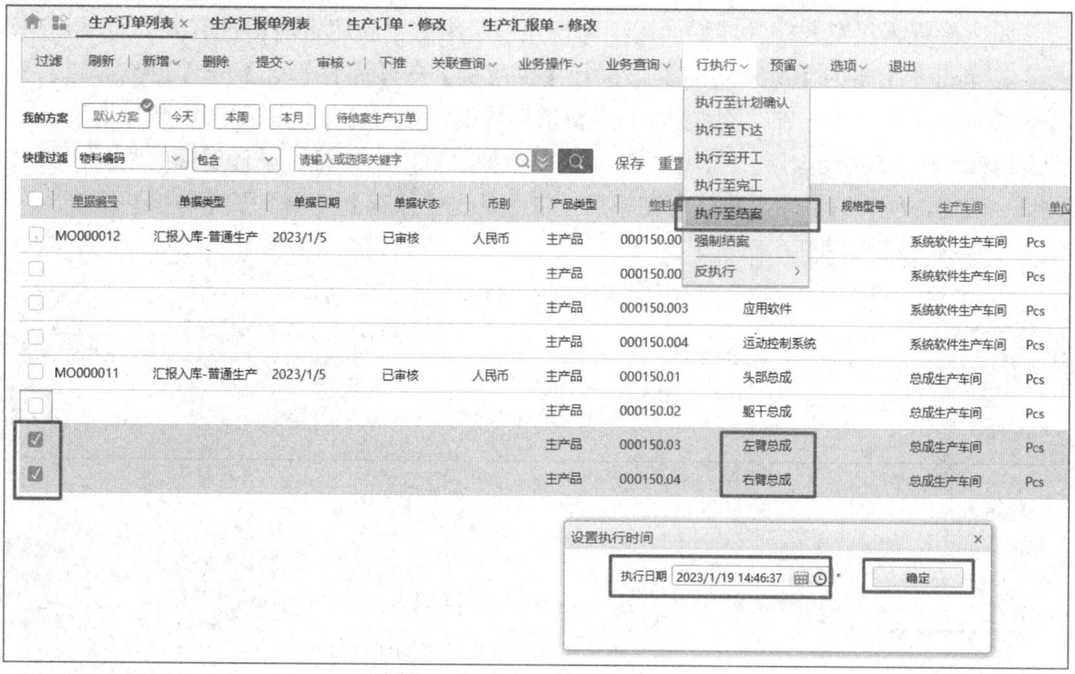

图3-148　生产订单执行至结案

任务三十三　组装商用机器人

↗ 任务描述

总成类半成品经总成生产车间生产和委外加工入库后，2023年1月20日开始组装商用机器人。新达智能科技有限公司机器人生产车间组装商用机器人75台，每台机器人组装费用为2000元。生产组装详情如表3-70所示。

表3-70　生产组装详情

单据类型	事务类型	日期	成品明细				子件明细		
			物料名称	数量/台	仓库	费用/元	物料名称	数量/个	仓库
标准组装拆卸	组装	2023/1/20	商用机器人	75	成品仓	150 000	头部总成	75	半成品仓
							躯干总成	75	半成品仓
							左臂总成	75	半成品仓
							右臂总成	75	半成品仓
							左腿总成	75	半成品仓
							右腿总成	75	半成品仓

↗ 任务要求

进入金蝶云星空系统,新增机器人组装拆卸单,确认数量、仓库、费用等信息无误。

↗ 操作指导

进入金蝶云星空系统管理界面后,切换当前组织为"新达智能科技有限公司_用户账号"。单击左上角的【所有功能】,执行【供应链】→【库存管理】→【组装拆卸】→【组装拆卸单】命令。在"组装拆卸单-新增"界面,按任务描述的生产组装详情表,如图3-149、图3-150所示,选择单据类型、事务类型、日期、物料、子件明细的物料,输入数量、费用,所有信息输入并核对完毕后,依次单击【保存】【提交】【审核】按钮。

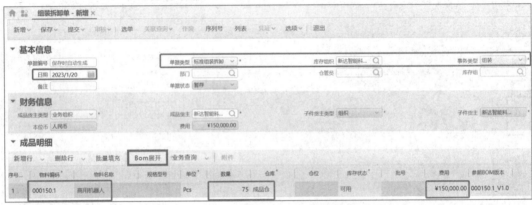

图3-149　组装拆卸单基本信息及成品明细维护

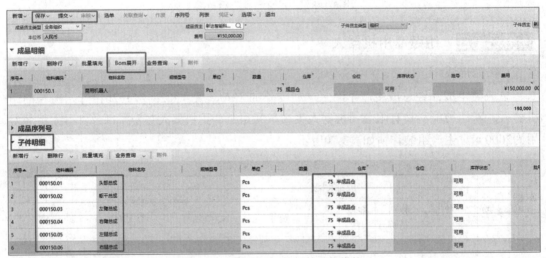

图3-150　组装拆卸单子件明细维护

3.4.7　新达机器人销售有限公司日常销售并进行资金上划

↗ 日常销售业务

日常销售是企业实现盈利的重要环节之一。签订销售订单是指企业与客户之间签订的销售协议，它明确了双方之间的交易条件、交货时间、支付方式等事项，是企业与客户之间的有效约束。销售订单的确认是销售工作的一个关键环节，可以确保销售业务的有序进行。而销售出货则是将产品从企业仓库交付给客户的过程。在这个环节中，企业需要确保产品准确、安全地送达客户，并满足客户的需求和期望。销售出货的流程包括确认订单、备货、拣货、发货、物流配送等环节，每个环节都需要进行严格的管理和控制，以保证出货的效率和准确性。

↗ 资金上划

资金上划是指将资金从下级机构或子公司账户转移到上级机构或母公司账户的过程。这个过程通常是由上级机构发起，通过制定上划规则和流程，确保下级机构或子公司按照规定的时间和方式将资金上划到上级机构或母公司账户。资金上划的目的是统一管理和调配资金，确保公司的资金安全和有效利用。通过资金上划，上级机构可以对下级机构或子公司的资金进行监控和管理，统筹规划资金用途和流向，提高资金的使用效率和收益水平。同时，资金上划也有助于防止下级机构或子公司的违规操作和风险事件的发生。

任务三十四　销售出库

↗ 任务描述

2023年1月17日，新达机器人销售有限公司广东省区从广东仓出货商用机器人80台给飞达公司，仓管人员负责将商用机器人通过物流运输到客户飞达公司。销售出库详情如表3-71所示。

表3-71　销售出库详情

单据类型	日期	发货组织	销售组织	销售部门	客户	物料名称	实发数量/台	仓库	含税单价/元
标准销售出库单	2023/1/17	新达机器人销售有限公司_用户账号	新达机器人销售有限公司_用户账号	广东省区	飞达公司	商用机器人	80	广东仓	32 000

↗ 任务要求

进入金蝶云星空系统，新增销售出库单，确认实发数量及仓库无误。

↗ 操作指导

进入金蝶云星空系统管理界面后，切换当前组织为"新达机器人销售有限公司_用户账号"。单击左上角的【所有功能】，执行【供应链】→【库存管理】→【销售出入库】→【销售出库单】命令。在"销售出库单-新增"界面，按任务描述的销售出库详情表，如图3-151所示，选择单据类型、发货组织、销售组织、客户、物料、仓库，修改日期，输入实发数量为"80"、含税单价为"32 000"，所有信息设置并核查完毕后，依次单击【保存】【提交】【审核】按钮。

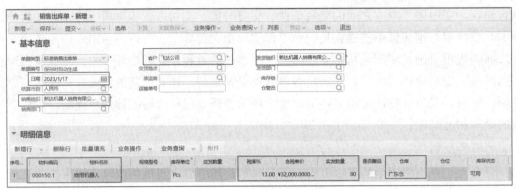

图3-151　新增销售出库单

任务三十五　新达机器人销售有限公司将货款上划给新达集团

▸ **业务流程**

资金上划流程，如图3-152所示。

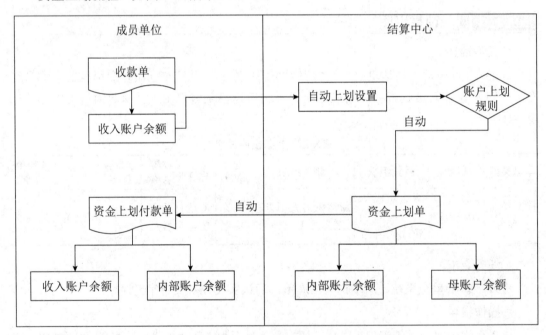

图3-152　资金上划流程

子任务一　新达机器人销售有限公司下推应收单并进行财务处理

▸ **任务描述**

2023年1月25日，新达机器人销售有限公司根据销售合同规定，于当天发出飞达公司上月采购的80台商用机器人，进行应收业务处理，当天根据单据进行记账，及时在账表中反映该笔业务，详情如表3-72、表3-73所示。

表3-72 应收单详情

单据类型	业务日期	到期日	客户	结算/收款/销售组织	物料	计价数量/台	含税单价/元	价税合计/元
标准应收单	2023/1/25	2023/1/25	飞达公司	新达机器人销售有限公司_用户账号	商用机器人	80	32 000	2 560 000

表3-73 凭证详情

账簿	核算组织	日期	借方科目	核算维度	借方金额/元	贷方科目	核算维度	贷方金额/元
新达销售账簿_用户账号	新达机器人销售有限公司_用户账号	2023/1/25	应收账款	01_用户账号/飞达公司	2 560 000	主营业务收入		2 265 486.73
						应交税费——应交增值税——销项税额		294 513.27

▶ **任务要求**

进入金蝶云星空系统，根据出库单下推生成应收单，并对应收业务进行记账。

▶ **操作指导**

进入金蝶云星空系统管理界面后，切换当前组织为"新达机器人销售有限公司_用户账号"。单击左上角的【所有功能】，执行【财务会计】→【应收款管理】→【销售应收】→【应收单列表】命令。在"应收单列表"界面，单击【新增】按钮。在"应收单-新增"界面，按任务描述的数据，如图3-153所示，核对单据类型、结算组织、收款组织和销售组织，选择业务日期和到期日、客户。在【明细】页签，选择物料，输入计价数量、含税单价，然后依次单击【保存】【提交】【审核】按钮。

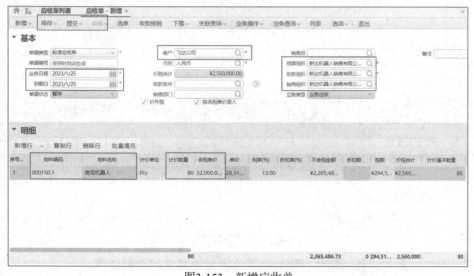

图3-153 新增应收单

返回"应收单列表"界面，如图3-154所示，选中审核通过的应收飞达公司2 560 000元的单据，执行【凭证】→【生成凭证】命令，勾选"新达销售账簿_用户账号"，然后单击【凭证生成】按钮。

图3-154　应收单生成凭证

在弹出的"凭证生成报告列表"界面，选中该条数据，单击【查看总账凭证】按钮。在弹出的"凭证列表"界面，打开新达销售账簿的凭证，如图3-155所示，核对科目、金额等信息。

图3-155　查看凭证

子任务二　新达机器人销售有限公司下推收款单并进行财务处理

↗ 任务描述

2023年1月27日，新达机器人销售有限公司收到飞达公司的货款，价税合计共2 560 000元，进行收款业务处理，由于新达集团与新达机器人销售有限公司采用"收支两条线"资金管理模式，所以新达机器人销售有限公司的货款收入，均存入内部银行账户，然后再统一上划到新达集团母账户。收款单审核通过当天,根据单据进行记账,及时在账表中反映该笔业务,详情如表3-74、表3-75所示。

表3-74 收款单详情

单据类型	业务日期	付款单位类型	付款单位	结算/收款/销售组织	结算方式	收款用途	应收金额/元	我方银行账号
销售收款单	2023/1/27	客户	飞达公司	新达机器人销售有限公司_用户账号	电汇	销售收款	2 560 000	NBYH02_用户账号 (新达机器人销售有限公司内部银行账号_用户账号)

表3-75 凭证详情

账簿	核算组织	日期	借方科目	核算维度	借方金额/元	贷方科目	核算维度	贷方金额/元
新达销售账簿_用户账号	新达机器人销售有限公司_用户账号	2023/1/27	银行存款		2 560 000	应收账款	01_用户账号/飞达公司	2 560 000

↗ 任务要求

进入金蝶云星空系统,根据应收单下推生成收款单,并对收款业务进行记账。

↗ 操作指导

当前组织依旧为"新达机器人销售有限公司_用户账号",在"应收单列表"界面,选中审核通过的应收单,单击【下推】按钮,选择下推单据为"收款单",单击【确定】按钮。

在"收款单-新增"界面,按任务描述的数据,如图3-156所示,修改业务日期,选择结算方式、我方银行账号,所有信息核对无误后,依次单击【保存】【提交】【审核】按钮。

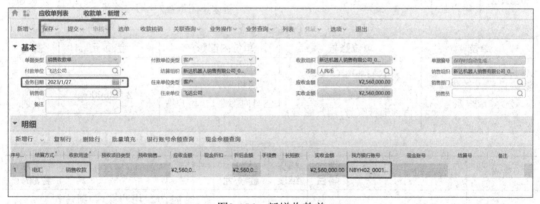

图3-156 新增收款单

在"收款单"界面,选中审核通过的销售收款单,执行【凭证】→【生成凭证】命令,选中"新达销售账簿_用户账号",然后单击【凭证生成】按钮。在弹出的"凭证生成报告列表"界面,选中该条数据,单击【查看总账凭证】按钮。在弹出的"凭证列表"界面,打开新达销售账簿的凭证,如图3-157所示,核对科目、金额等信息。

图3-157 查看凭证

子任务三 新达集团新增资金上划单并进行财务处理

➤ **任务描述**

新达机器人销售有限公司收到的销售货款,新达集团会定期进行资金上划处理,存入新达集团资金母账户,进行资金统一管理,2023年1月27日,新达集团新增资金上划单,上划当日收到的销售货款,资金上划单审核通过当天,根据单据进行记账,及时在账表中反映该笔业务,详情如表3-76、表3-77所示。

表3-76 资金上划单详情

业务日期	资金组织	结算方式	母账户	币别
2023/1/27	新达集团_用户账号	电汇	ZJMZH_用户账号 (新达集团母账户_用户账号)	人民币
【明细】页签				
单位	单位账号	单位内部账户	金额/元	备注
新达机器人销售有限公司_用户账号	NBYH02_用户账号 (新达机器人销售有限公司内部银行账号_用户账号)	NBZH_用户账号 (新达机器人销售有限公司内部账户_用户账号(资金))	2 560 000	资金上划

表3-77 凭证详情

账簿	核算组织	日期	借方科目	核算维度	借方金额/元	贷方科目	核算维度	贷方金额/元
新达集团账簿_用户账号	新达集团_用户账号	2023/1/27	银行存款		2 560 000	其他应付款_统支款	02_用户账号/新达机器人销售有限公司_用户账号	2 560 000

➤ **任务要求**

进入金蝶云星空系统,新增资金上划单,并对新达集团收到的资金上划款进行账务处理。

操作指导

切换当前组织为"新达集团_用户账号"。单击左上角的【所有功能】,执行【财务会计】→【资金管理】→【日常处理】→【资金上划单】命令。在"资金上划单"界面,单击【新增】按钮。在"资金上划单-新增"界面,按任务描述的要求,如图3-158所示,修改业务日期,核对资金组织、结算方式、单位内部账户、金额,选择母账号、币别、单位、单位账号,输入备注为"资金上划",然后依次单击【保存】【提交】【审核】按钮。

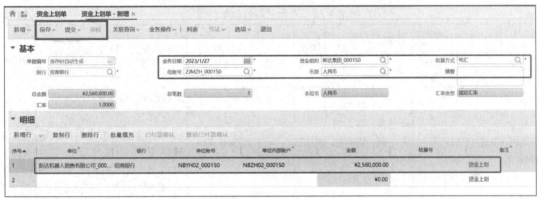

图3-158 新增资金上划单

返回"资金上划单"界面,选中审核通过的资金上划单,执行【凭证】→【生成凭证】命令,选中"新达集团账簿_用户账号",然后单击【凭证生成】按钮。在弹出的"凭证生成报告列表"界面,选中该条数据,单击【查看总账凭证】按钮。在弹出的"凭证列表"界面,打开新达集团账簿的凭证,如图3-159所示,核对科目、金额等信息。

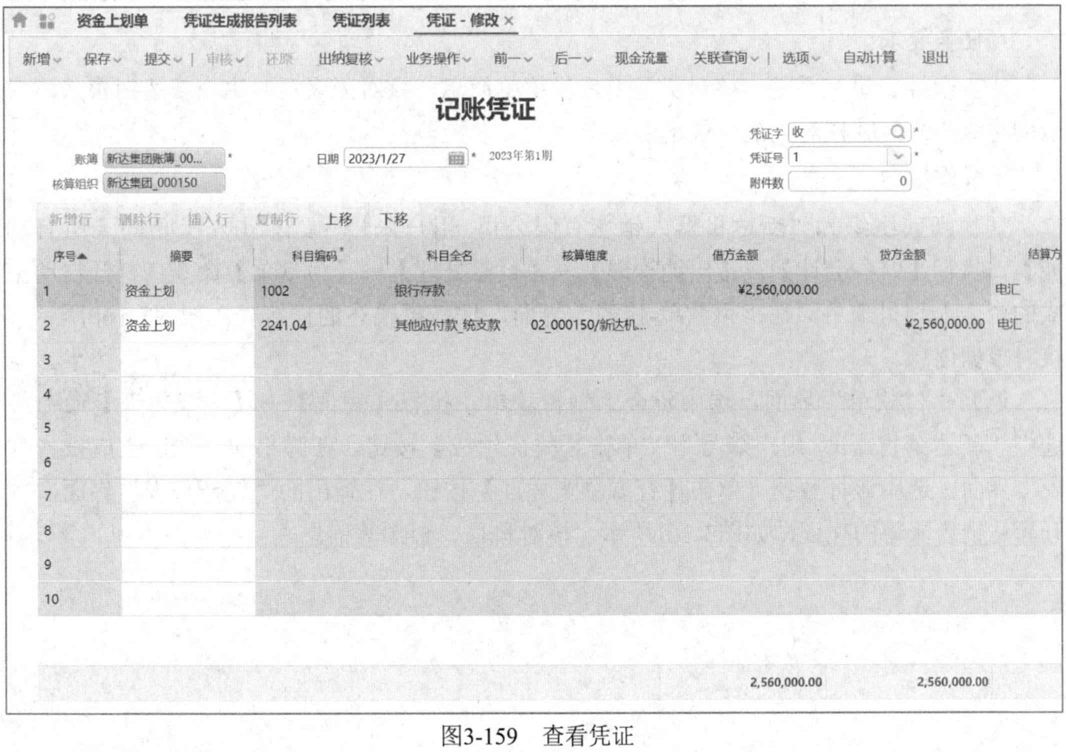

图3-159 查看凭证

子任务四　新达机器人销售有限公司核对资金上划付款单并进行财务处理

↗ 任务描述

新达集团的资金上划单审批通过后，系统将自动生成新达机器人销售有限公司的资金上划付款单，记录新达销售内部银行账户减少，资金内部账户余额增加，付款信息核对无误后，需要根据单据进行记账，及时在账表中反映该笔业务，详情如表3-78、表3-79所示。

表3-78　资金上划付款单详情

单据类型	业务日期	收款/往来单位类型	收款/往来单位	付款组织	结算方式	付款用途	应付/实付金额/元	我方银行账号	内部账号	备注
资金上划付款单	2023/1/27	组织机构	新达集团_用户账号	新达机器人销售有限公司_用户账号	电汇	资金上划	2 560 000	NBYH02_用户账号(新达机器人销售有限公司内部银行账号)	NBZH02_用户账号(新达机器人销售有限公司内部账户_用户账号(资金))	资金上划

表3-79　凭证详情

账簿	核算组织	日期	借方科目	核算维度	借方金额/元	贷方科目	核算维度	贷方金额/元
新达销售账簿_用户账号	新达机器人销售有限公司_用户账号	2023/1/27	其他应收款_统收款	用户账号/新达集团_用户账号	2 560 000	银行存款		2 560 000

↗ 任务要求

进入金蝶云星空系统，核对资金上划付款单信息，核对无误后，生成新达销售账簿对应的总账凭证，并核对凭证分录是否正确。

↗ 操作指导

切换当前组织为"新达机器人销售有限公司_用户账号"。单击左上角的【所有功能】，执行【财务会计】→【出纳管理】→【日常处理】→【付款单】命令。打开自动生成的资金上划付款单，在"付款单-修改"界面，按任务描述的详情表，如图3-160所示，核对单据信息。

返回"付款单"界面，选中资金上划付款单，执行【凭证】→【生成凭证】命令，选中"新达销售账簿_用户账号"，单击【凭证生成】按钮。在弹出的"凭证生成报告列表"界面，选中该行数据，单击【查看总账凭证】按钮。在弹出的"凭证列表"界面，打开新达销售账簿的凭证，如图3-161所示，核对科目、金额等信息。

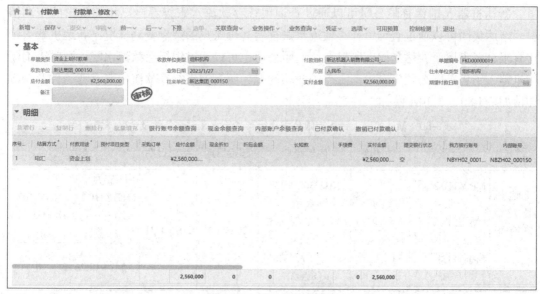

图3-160　核对付款单信息

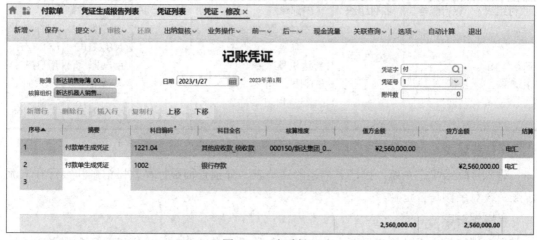

图3-161　查看凭证

> **思考题**

在资金上划的过程中，成员单位和资金中心的银行账户、内部账户、内部银行账户的资金是如何变动的。

子任务五　账表查询

> **任务描述**

资金上划业务全部处理完毕后，新达集团将新达机器人销售有限公司的销售货款上划新达集团母账户，使得新达集团母账户的余额增加2 560 000元，对应的用于记录在新达集团母账户存款数额的资金内部账户余额增加2 560 000元。新达机器人销售有限公司收到货款时，其内部银行账户增加2 560 000元，经过资金上划后，该账户又减少2 560 000元，所以内部银行账户余额与收款之前相比没有变化。

答案

新达机器人销售有限公司可以通过查询银行存款流水账查看自己相关账户的变动情况。新达集团可以通过查询银行存款流水账查看其母账户的余额变动情况；新达机器人销售有限公司隶属于新达集团，所以新达集团公司也可以通过银行存款流水账，同时查询新达机器人销售有限公司资金内部账户的变动情况。两者的银行存款流水账过滤条件及余额详情如表3-80、表3-81所示。

表3-80　新达机器人销售有限公司银行存款流水账过滤条件及余额详情

收付组织	银行账号	收付组织	内部账户	起始日期	结束日期	余额/元	
						内部账户(NBZH02_用户账号)余额	银行账户(NBYH02_用户账号)余额
新达机器人销售有限公司_用户账号	NBYH02_用户账号(新达机器人销售有限公司_内部银行账号_用户账号)	新达机器人销售有限公司_用户账号	NBZH02_用户账号(新达机器人销售有限公司内部账户_用户账号(资金))	2023/1/1	2023/1/31	3 547 912.26	0

表3-81　新达集团银行存款流水账过滤条件及余额详情

收付组织	银行账号	收付组织	内部账户	起始日期	结束日期	余额/元	
						内部账户(NBZH02_用户账号)余额	银行账户(ZJMZH_用户账号)余额
新达集团_用户账号	ZJMZH_用户账号(新达集团母账户_用户账号)	新达机器人销售有限公司_用户账号	NBZH02_用户账号(新达机器人销售有限公司内部账户_用户账号(资金))	2023/1/1	2023/1/31	3 547 912.26	8 462 368

↗ 任务要求

进入金蝶云星空系统，按任务描述的详情表，分别查询银行存款日记账和银行存款流水账，核对余额是否正确。

↗ 操作指导

在金蝶云星空系统管理界面，单击左上角的【所有功能】，执行【财务会计】→【出纳管理】→【报表】→【银行存款流水账】命令。在弹出的"银行存款流水账过滤条件"界面，按表3-80要求设置过滤条件，选择收付组织、银行账号、内部账号、起始日期、结束日期，然后单击【确定】按钮。

如图3-162所示，查看银行存款流水账，可以看到内部账户"NBZH02_用户账号"的余额为"3 547 912.26"；银行账号"NBYH02_用户账号"的余额为0(系统内显示为空白)。

单击【过滤】按钮，按表3-81要求查询新达集团银行存款流水账。在弹出的"银行存款流水账过滤条件"界面，设置过滤条件后进入报表。

如图3-163所示，查看银行存款流水账，可以看到内部账户"ZBZH02_用户账号"的余额为"3 547 912.26"；银行账号"ZJMZH_用户账号"的余额为"8 462 368"。

第3章 管理会计在集团型企业的信息化应用 149

图3-162 新达机器人销售有限公司银行存款流水账

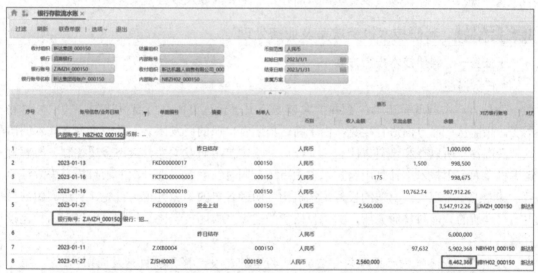

图3-163 新达集团银行存款流水账

3.4.8 新达集团进行投融资决策

投资决策

投资决策是指企业为了实现其经营和发展目标，根据其战略规划，运用一定的科学方法，对企业进行的投资活动的决策。投资决策主要包括对投资方向、投资规模、投资结构、投资成本与收益等方面的考虑和决策。在进行投资决策时，企业需要考虑多种因素，如市场前景、技术可行性、财务指标、风险控制等，以便做出最优的投资决策。

融资决策

融资决策是指企业为了筹集资金而进行的决策。融资决策需要考虑的因素包括融资方式、融资条件、融资成本和融资风险等。融资方式有多种，如股权融资、债权融资、混合融资等；融资条件则包括融资期限、利率、汇率等；融资成本和融资风险则需要通过一定的评估和控制手段来进行管理。

任务三十六 项目投资失败原因分析(理论题)

↗ 任务描述

随着市场竞争的加剧，一些国际、国内大品牌在地方市场的抢滩登陆，深度分销，新达集团市场份额出现较大程度的下滑，以致公司决策者开始考虑进行相关产业的投资，获得合理回报，以确保股东的收益。公司预计2023年出资500万元，与智能科技产业的维科集团合作，建立一个智能感知科研所，遗憾的是在实施过程中，从投资方案可行性分析，到最终的评估、确定，以及投资项目的实施，新达集团很大程度上是凭感觉和直观经验进行操作的，最终该项目投资中，两公司不欢而散，新达集团直接经济损失达100万元。

↗ 任务要求

试分析新达集团在项目投资决策方面存在的主要问题及改善方案建议。

任务三十七 科研技术投资决策及业务处理

子任务一 科研技术投资方案

↗ 任务描述

为长久地占领现有市场份额并扩大市场范围，新达集团高层商讨认为，其主体思路不变，仍需从产品方面进行攻克，由于新达集团有自己的研发团队，并一直为新技术的研发做着准备，所以在和维科集团合作失败后，决定自主研发柔性、液态金属控制、敏感触觉等机器人应用技术，计划用新技术占领市场。同时在吸取了上一次的项目投资失败经验后，建立了一个理性、有效的投资决策机构，明确各自的经验分工，首先，新达集团欲自主建立全新的智能科技研究所，关于科研所的建设，集团投资决策机构提供以下两种建设方案。

方案一：方案一为一期项目包含6个实验室的建设，整个项目开发周期为2年，第一年年初投资600万元，第二年年初投资600万元，建成后运行周期为4年，4年后再根据当时的新技术发展做出调整，这4年内，每年年末由新技术产生的净现金流入量和投资收益如表3-82所示。

表3-82 方案一投资收益表   （单位：万元）

	建设期			经营期					净现值	净现值指数
	1	2	合计	1	2	3	4	合计		
年初投资额	600	600	1200						28.16	1.02
年末净现金流入量				500	400	350	350	1600		
贴现值	600	555.56	1155.56	396.92	294.01	238.20	220.56	1183.72		

方案二：方案二分两期建设，两个建设合同。一期包含3个实验室，开发周期为1年，第一年年初投资600万元，建成后即投入运行，第一运行年度末产生的净现金流入量为160万元。第二期项目投资于第一期项目建成后启动，包含3个实验室，开发周期为1年，投资700万元。第二期建设必须有第一期项目的支持，建成后与第一期一起运行，每年年末的净现金流入量和投资收益如表3-83所示。

表3-83 方案二投资收益表 （单位：万元）

	建设期			经营期						净现值	净现值指数
	1	2	合计	1	2	3	4	5	合计		
一期投资	600		600							37.71	1.03
二期投资		700	700								
年末净现金流入量				160	500	400	350	350	1760		
贴现值	600	648.15	1248.15	137.17	396.92	294.01	238.20	220.56	1286.86		

（以上计算，设资金的贴现率为8%。）

通过对两个方案的技术经济比较分析，方案二的净现值和净现值指数均优于方案一，因此，新达集团投资决策机构得到的结论是方案二优于方案一。

➤ **任务要求1**

请以200字内回答，新达集团投资决策机构对两个方案的技术经济分析是否全面？请你给出合理的补充。

➤ **任务要求2**

请以300字内回答，方案二比方案一的投资多100万元，即使折算到第一年年初的净现值，方案二也比方案一多投入92.59万元。为什么方案二还是比方案一的经济性优越呢？为什么两个方案建设同样多的实验室，方案二的投资却比方案一多？请列出可能的影响因素。

子任务二 科研技术投资决策

➤ **任务描述**

新达集团投资决策机构欲采用子任务一的方案二投资新建科研所，根据方案规划，于2023年开始第一期的建设，预计一期建设总投资600万元。2023年年初，新达集团制定一期工程的建造方案，从1月开始新建科研所，2023年1月15日，逸嘉建筑工程有限公司要求新达集团全额支付工程款定金100万元，用于前期建设支出，新达集团财务部需要根据新达集团资金收支计划及当月已经发生的资金收支情况综合决定，是否一次性付清工程款定金100万元。

➤ **任务要求**

请查阅"附件：新达集团资金变动表"的"1月资金收支计划"和2023年1月1—14日已经发生的资金收支情况，判断新达集团是否应该于2023年1月15日一次性付清工程款定金100万元，并简要说明原因。

子任务三　科研技术投资业务处理

↗ 任务描述

根据新达集团2023年1月资金收支计划和当月已经发生的资金收支情况，财务部决定于2023年1月15日支付工程款定金100万元，新达集团出纳进行付款业务处理，财务人员进行财务处理，详情如表3-84、表3-85所示。

表3-84　付款单详情

单据类型	业务日期	收款/往来单位类型	收款/往来单位	付款/结算采购组织	结算方式	付款用途	应付/实付金额/元	我方银行账号
其他业务付款单	2023/1/15	供应商	逸嘉建筑工程有限公司	新达集团_用户账号	电汇	新建工程支出	1 000 000	ZJMZH_用户账号新达集团母账户_用户账号)

表3-85　凭证详情

账簿	核算组织	日期	借方科目	核算维度	借方金额/元	贷方科目	核算维度	贷方金额/元
新达集团账簿_用户账号	新达集团_用户账号	2023/1/15	在建工程		1 000 000	银行存款		1 000 000

↗ 任务要求

进入金蝶云星空系统，按任务描述的详情表新增付款单，并对付款业务进行账务处理。

↗ 操作指导

切换当前组织为"新达集团_用户账号"。单击左上角的【所有功能】，执行【财务会计】→【出纳管理】→【日常处理】→【付款单】命令。在"付款单"界面，单击【新增】按钮，在"付款单-新增"界面，按任务描述的要求，如图3-164所示，选择单据类型、收款/往来单位类型、收款/往来单位、付款/结算组织、结算方式、付款用途、我方银行账号，输入业务日期、应付金额，然后单击【保存】【提交】【审核】按钮。

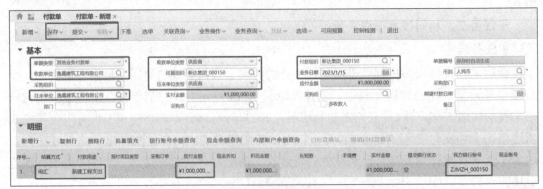

图3-164　新增付款单

返回"付款单"界面，选中审核通过1 000 000元付给逸嘉建筑工程有限公司的其他业务付款单，执行【凭证】→【生成凭证】命令，选中"新达集团账簿_用户账号"，然后单击【凭证生成】按钮。在弹出的"凭证生成报告列表"界面，选中该条数据，单击【查看总账凭证】按钮。在弹出的"凭证列表"界面，打开新达集团账簿的凭证，如图3-165所示，核对科目、金额等信息。

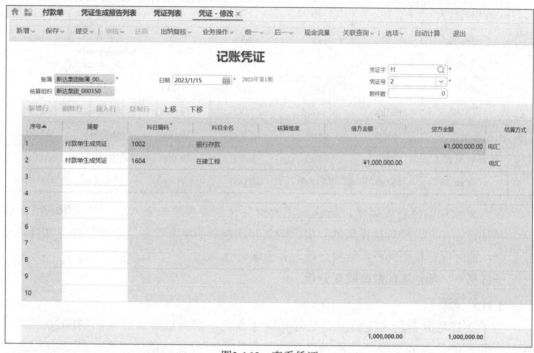

图3-165 查看凭证

任务三十八 新达集团融资方案制定与决策(理论题)

➤ 任务背景

新达集团虽然处在中国机器人制造业的顶层竞争中，但因为近两年许多海外优质企业开始开辟中国的市场，所以其竞争依旧非常激烈。新达集团在中国南部的商用机器人市场所占份额已达80%，但在长江以北的市场只占不到30%的份额；在国内工业机器人和教育型机器人市场各占5%份额。为迅速扩大在全国的市场份额，新达集团未来六年的经营战略如下：

- 充分利用自身的专利权和技术优势，将长江以北的商用机器人市场占有率提升到60%；
- 工业机器人市场份额扩大至40%，教育型机器人市场份额扩大至30%；
- 为了提高新达集团在国内的整体竞争力，充分利用人力资源、优惠政策和科学技术，在长江以北建立新达集团最大的智能机器人生产基地。

为了实现集团的经营战略，公司在2022年拟定了未来六年的经营计划，这个经营计划主要集中于销售额和产量，如表3-86所示。

表3-86　新达集团六年经营计划

内容		2023年	2024年	2025年	2026年	2027年	2028年
销售额(百万元/年)	商用机器人	70	90	120	140	180	220
	工业机器人	30	45	65	90	120	162
	教育型机器人	3	5	7	10	14	18
	合计	103	140	192	240	314	400
产量(台/年)	商用机器人	10 000	11 000	27 000	70 000	80 000	80 000
	工业机器人	4000	4500	12 000	50 000	60 000	60 000
	教育型机器人	1200	1500	3600	18 000	20 000	20 000
	合计	15 200	17 000	42 600	138 000	160 000	160 000

在未来六年的经营发展中，新达集团的财务计划要保证未来六年的销售增长所需资金，并且计划在北方投资建设新的厂房、购买和增加新的生产设备，在必要时可以对外筹措资金，同时保证集团的资本结构合理，并追求最优。

子任务一　新达集团融资需求分析

➚ 任务描述

为了更好地分析新达集团现有经营和财务状况，财务部将新达集团的2020—2022年三个年度的利润表和资产负债表进行内部纵向比较分析，除此之外，还选取行业内两家具有代表性的公司数据进行横向对比，以便排除偶然性因素，发现数据的内在规律，预测公司未来的发展趋势。经过数据综合比较分析，财务部发现新达集团连续三年的销售收入增长率为21%，其他各项数据保持平稳，该公司业务正处于平稳发展阶段，资产运营的综合效益较高。和同行数据对比发现，在营运能力方面，新达集团具有一定的优势；在盈利能力方面，集团的各项比例明显高于同行；同时，集团并没有长期负债，所以集团利用自有资本赚取利润的能力强，这为投资者和债权人的资本提供了可靠的保证。

财务部出具了新达集团2020—2022年三年的财务数据比较分析表，如表3-87所示。

表3-87　新达集团财务数据比较分析表

项目	2020年	2021年	2022年	同行A企业2022年	同行B企业2022年
(1) 盈利能力					
总资产报酬率		24.8%	27.9%	7.9%	8.0%
净资产收益率		28.9%	32.3%	9.3%	18.4%
资本金利润率	36.5%	47.0%	42.0%	9.3%	24.0%
资本保值增值率		117.0%	123.0%	191.7%	78.0%
销售利润率	29.0%	31.0%	30.0%	25.5%	27.7%
营业利润率	10.0%	11.0%	12.0%	10.8%	9.1%

续表

项目	2020年	2021年	2022年	同行A企业2022年	同行B企业2022年
主营业务成本利润率	40.0%	44.0%	43.0%	32.8%	38.3%
营业成本费用利润率	16.0%	17.0%	19.0%	12.0%	10.0%
(2) 营运能力					
存货周转率		4.92%	4.24%	17.68%	25.12%
存货周转天数		73	85	20	14
应收账款周转率		4.47%	4.48%	69.45%	5.02%
应收账款周转天数		81	80	5	72
现金周转率		7.91%	8.66%	3.78%	20.74%
现金周转天数		46	42	95	17
流动资产周转率		2.02%	1.97%	2.54%	2.56%
流动资产周转天数		178	183	142	141
固定资产周转率		6.54%	7.36%	1.33%	3.21%
固定资产周转天数		55	49	270	19
资产周转率		1.70%	1.73%	0.77%	0.91%
资产周转天数		212	208	468	396
(3) 偿债能力					
流动比率	2.31%	2.47%	2.61%	1.23%	1.89%
速动比率	1.67%	1.73%	1.68%	1.12%	1.20%
现金比率	0.61%	0.62%	0.55%	0.90%	0.14%
资产负债率	34.8%	35.2%	33.8%	42.9%	67.1%
股东权益比率	65.2%	64.8%	66.2%	57.1%	32.9%
产权比率	53.3%	54.3%	51.2%	75.3%	203.7%

↗ **任务要求1**

结合上述资料，简述可能影响新达集团融资资金需求的内外部因素。

↗ **任务要求2**

结合上述资料，试分析新达集团的经营状况和财务结构，并说明为什么新达集团应该投资于固定资产。

子任务二　新达集团融资需求数量测算

↗ **任务描述1**

新达集团决定投资建设新厂房和生产线以解决生产能力不足的问题，同时将新型智能机器人生产基地设立在长江以北，争取扩大国内市场的份额。工程项目计划于2023年上半年动工，于2024年年底完工。工程建设时间为一年半，总投资额为1亿元。工程总的资金预算具体如下：土地使用权的购置费用为2000万元，厂房、办公楼的建设费用为4000万元，新的生产线和其他设备的购置费用为4000万元。

根据项目产生的效益，可以预计的未来现金流量如表3-88所示。

表3-88 新达集团投资项目预计的未来现金流量　　　　　　　　（单位：百万元）

内容	2022年(实际)	2023年	2024年	2025年	2026年	2027年	2028年	2029年
销售额	103	140	192	240	314	400	400	400
新增销售额				48	122	208	208	208
净利润率	12%	12%	12%	12%	12%	12%	12%	12%
净利润				5.8	14.6	25.0	25.0	25.0
新增折旧及摊销				7.0	7.0	7.0	7.0	7.0
项目现金流入量				12.8	21.6	32.0	32.0	32.0
项目现金流出量		50.0	50.0					

预计项目投资回收期为四年零一个月，经计算，预测投资项目的内含报酬率是18.46%，高于同行业企业的平均资产报酬率和普通股资本成本，银行一年期存款基准利率是4.14%，一年期贷款的基准利率是7.47%，同行业企业同期的普通股资本成本平均是17%。

⊅ 任务要求1

根据上述资料，简述新达集团投资建设新厂房和生产线是否可行，对集团是否有利。

⊅ 任务描述2

新达集团的历史数据完备，业务发展平稳，财务数据之间的关系较稳定，所以决定使用销售百分比法预测融资需求数量，即从资产负债表和利润表中找出一些与销售额相关的项目，分析在基期内两者间的比例，以此为基础测算预测期报表上的相关项目金额，从而预计未来的资金需求量。财务部使用销售百分比法并结合集团历史报表数据，预测集团投资建设新厂房和生产线需要的融资需求数量，如表3-89、表3-90所示。

表3-89 新达集团外部融资计算表　　　　　　　　（单位：百万元）

项目	2022年	与销售收入之比	2023年	2024年
主营业务收入	103.0		140.0	192.0
货币资金	12.0		0.6	0.7
应收账款	25.0	24.3%	34.0	46.6
存货	20.0	19.4%	27.2	37.3
其他流动资产	0.4		0.4	0.4
流动资产合计	57.4		62.2	85.0
固定资产	15.0		15.0	115.0
减：累计折旧	8.2		9.6	11.0
固定资产净值	7.6		5.4	104.0
在建工程			50.0	
资产总计	65.0		117.6	189.0
对外借款				28.0
应付账款	14.9	14.5%	20.3	27.8
应交税费	5.6	5.4%	7.6	10.4
应付工资	1.2	1.2%	1.6	2.2
其他流动负债	0.3		0.3	0.3
流动负债合计	22.0		29.8	68.8

续表

项目	2022年	与销售收入之比	2023年	2024年
负债合计	22.0		29.8	68.8
实收资本	30.0		30.0	30.0
盈余公积	3.0		3.8	5.0
未分配利润	10.0		26.0	47.8
所有者权益合计	43.0		59.8	82.8
外部融资额			28.0	37.4
负债及所有者权益合计	65.0		117.6	189.0

表3-90　新达集团未来现金流量预测表　　　　　　　　（单位：百万元）

内容	2022年(实际)	2025年	2026年	2027年
销售额	103	240	314	400
销售利润率	16%	16%	16%	16%
息税前利润		38.4	50.2	64.0
所得税		9.6	12.6	16.0
净利润		28.8	37.7	48.0
折旧及摊销		8.4	8.4	8.2
净现金流量		37.2	46.1	56.2

新达集团投资项目总额1亿元，2023年支付5000万元用于购买土地使用权及支付厂房建设的大部分资金，2024年支付剩余的1000万元厂房建设资金，并购买4000万元的机器设备。公司优先使用留存收益去投资，在自有资本不足的情况下，公司才考虑外源性筹资。

↗ 任务要求2

根据上述资料得知，财务部使用销售百分比预测未来资金需求量后，计算出新达集团需在2023年外部融资2800万元、在2024年外部融资3740万元，结合两张预测表中的数据试分析这样做是否可行。

子任务三　新达集团融资渠道和方式的选择

↗ 任务描述

国内企业的融资渠道主要有：银行信贷、金融机构的融资、法人机构投资、民间融资、企业自筹、政府支持等。融资的类型及形式按照资金权益的性质，可划分为股权融资和债务融资；按照是否需要金融中介，可划分为直接融资和间接融资；按照使用资金的期限长短，可划分为短期融资和长期融资；按照资金的来源，可划分为外源融资和内源融资。

新达集团是行业领先的高科技公司，经营决策者不想出让股权，更不愿引进外部投资者共享企业的专有技术，影响公司的技术垄断。

↗ 任务要求

根据以上资料，综合考虑各方面因素，选择适合新达集团的融资渠道和可行的融资方式。

子任务四　综合融资方案的设计

↗ 任务描述1

选择了可行的融资渠道和合适的融资方式后，新达集团与各个资金出让者接触，商谈融资条件，制订融资方案，以便进行融资方案的选择和融资决策。

综合各种因素，新达集团拟定了两种融资方案。

方案一：集团除了用内部积累的资金外，还会综合多种外部筹资的方式进行融资，这样做是因为单一的融资方式难以满足集团的全部外源性融资需求，所以采用多种筹资方式组合来满足集团的资金需求量。不同的筹资方式组合对应不同的资金成本，公司需要在分析各个单一筹资方式的资金成本后，找出一个资金成本最低的筹资组合。财务部综合集团财务数据、市场利率等信息，比较了5种单一融资方法的资本成本和融资限额，如表3-91所示。

表3-91　5种单一融资方法的资本成本和融资限额比较表

融资类别	融资方法	资本成本	融资限额/百万元	备注
外源性融资	银行抵押贷款	8.51%	16.0	如果在2023年进行银行抵押贷款，则资金成本是9.73%
	银行授信贷款	9.20%	50.0	
	固定资产融资租赁	10.44%	40.0	
	实物增资	14.33%	40.0	
内源性融资	留存收益	16.37%	53.8	

↗ 任务要求1

请根据前述所有资料与数据表，综合考虑资本成本与融资限额的影响，决定融资方案一的融资顺序并说明原因，并计算使用该顺序进行融资的加权平均资本成本。

↗ 任务描述2

因为集团的产品技术和市场前景非常好，资产报酬率高，盈利能力强，并且没有长期债务，所以集团可以使用债务资金。综合考虑以上条件，新达集团拟定了融资方案二。方案二的要点如下。

(1) 集团内部积累不是首选方案，必须与其他外源性融资方法综合考虑。当内部留存收益的资本成本高于其他方案的资本成本时，可以放弃内部积累而改用外源性资金。

(2) 当放弃内源性融资方法时，外源性融资方案应做相应的调整，调整项目包括融资数量、借款期限、利率等。

(3) 新达集团对自己的业务能力和市场前景非常乐观，风险偏好程度高，支持用"高风险、高报酬"的财务结构。

该方案不是将留存收益作为首选，而是与外源性融资方法一起分析比较，然后综合考虑，这是一种积极的方案，主要追求资本成本最低，因此，假设每年将所有可分配利润分配给投资者，为了投资新项目，需要在2023年筹资5000万元，在2024年筹资5000万元，5种单一融资方法的资本成本和融资限额的比较同任务描述1，则该融资方案的融资顺序是：首先，在2023年使用银行授信贷款5000万元；其次，在2024年申请银行抵押贷款1000万元；最后，在2024年进行固定资产融资租赁4000万元。

由于银行授信贷款的最高额度已被一次性使用，年末不需要再支付额外的费用，这导致资本成本发生了变化。经财务部的计算，使用银行授信贷款的资本成本为9.23%。

↗ 任务要求2

根据前述所有资料与数据表，以及总融资金额仍为14 820万元，请列出使用融资方案二的新达集团2024年的资本结构表,并计算使用该方案进行融资的加权平均资本成本。

子任务五　融资方案的比较和选择

↗ **任务描述**

确定融资方案时,不仅要考虑方案带来的价值和应付出的成本,还应评价方案可能会给企业带来的风险,以及方案执行过程的便利性。例如,债务资本既可以给企业带来额外的收益,也可以给企业带来因不能偿还债务而破产的风险,需要提前对这些风险进行识别和计量,以便有效地加以管理。同样,如果一个方案资金成本低、风险适中,但是执行很难,这就增加了执行成本,则此方案未必是最佳选择。经财务部计算,融资方案一的财务杠杆系数为1.27,方案二的财务杠杆系数为1.51。除了用财务杠杆系数分析债务融资风险外,财务部还将各方案与同行业企业的偿债能力指标对比分析,对比数据如表3-92所示。

表3-92　偿债能力指标比较表　　　　　　　　　　　　　　　　　(单位:百万元)

项目	2022年	同行A企业	同行B企业	融资方案一 2024年	融资方案二 2024年
资产负债率	33.8%	42.9%	67.1%	56.2%	74.5%
股东权益比率	66.2%	56.4%	32.9%	43.8%	25.5%
产权比率	51.2%	75.3%	203.7%	128.3%	292.0%
利息保障倍数			8.33	4.73	2.95

↗ **任务要求**

请根据前述所有资料与数据表,试分析新达集团应该选择融资方案一还是融资方案二,并说明理由。

3.5　月末业务处理、成本核算及相关报表分析

在企业运营的日常管理中,月末业务处理和成本核算是至关重要的环节,直接影响着企业财务数据的准确性和经营决策的科学性。在新达智能科技有限公司的管理体系中,这一系列流程包括存货和产品成本核算、委外入库核算、当期采购业务入库核算等,旨在确保对各项成本的准确核算。与此同时,企业还通过编制各类绩效管理报表、明细收入表、绩效考核表等,对业务数据进行全面的统计和分析,为企业管理层提供了深入洞察业务状况的工具。

这一过程不仅包括产量和费用的归集、产品成本核算等内在环节,还包括员工个人月绩效奖金计算、内部计息及预算分析等涉及人力资源和财务的方方面面。企业通过对预算与实际差异、利润差异、收入/成本/费用差异等多方面数据的分析,对企业经营状况有着全面的把握。

3.5.1　新达智能科技有限公司进行存货成本核算和产品成本核算

↗ **存货成本核算**

存货成本核算是指对企业持有的原材料、在制品、产成品等物资的成本进行核算和

管理。存货成本核算的目的是准确计算存货的价值，以便对企业资产进行正确的评估和管理。在进行存货成本核算时，企业需要采用适当的成本核算方法，如先进先出法、后进先出法、加权平均法等，以便准确计算存货的成本。

↗ 产品成本核算

产品成本核算是企业生产过程中对产品成本进行的核算和管理。产品成本核算的目的是准确计算产品的成本，以便对企业经济效益进行评估和管理。产品成本的核算方法有多种，包括品种法、分批法、分步法等。企业需要根据实际情况选择适合的成本核算方法，以便准确计算产品的成本。

成本核算方法介绍

新达智能科技有限公司采用分步法(逐步综合结转法)核算产品成本。逐步综合结转法是指各生产步骤耗用上一步骤的半成品成本，以其综合成本(不分成本项目)记入下一步骤成本计算单中的"直接材料"项目，或是设立"半成品"项目。由于上步骤半成品成本中还包含有上步骤的工资、制造费用等其他费用，因此将上步骤半成品成本作为一个整体计入下面步骤的某一个成本项目中，势必会混淆了各个成本项目的真实成本，因此需采用一定的方法，将被混淆了的成本进行还原，才能计算出产品成本中各成本项目的真实的金额。

↗ 成本结转流程-逐步综合结转法

成本结转流程-逐步综合结转法，如图3-166所示。

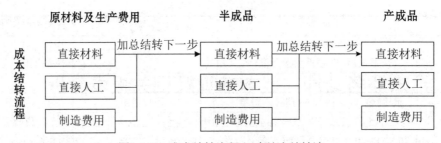

图3-166 成本结转流程-逐步综合结转法

逐步综合结转特点是将各步骤所耗的上一步骤半成品成本，以"原材料""直接材料"或专设的"半成品"项目，综合计入各该步骤的产成品成本明细账中。

↗ 逐步综合结转法的优缺点

优点：通过此方法，可以在各生产步骤的产品成本明细账中反映各步骤完工产品所耗半成品费用的水平和该步骤加工费的水平，有利于各个生产步骤的成本管理。

缺点：为了从整个企业角度反映产品成本的结构，加强企业综合的成本管理，必须进行成本还原，从而增加核算工作量。

↗ 产品成本核算总流程

产品成本核算总流程，如图3-167所示。

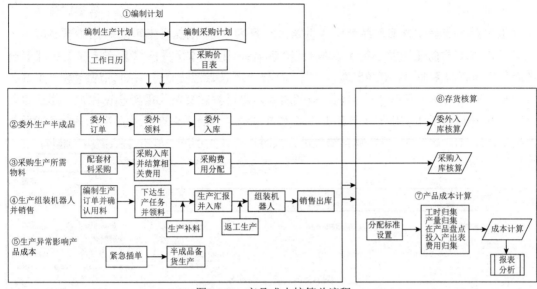

图3-167　产品成本核算总流程

任务三十九　委外入库核算

↗ 任务描述

新达智能科技有限公司接收委外加工产品入库后，需要对该部分产品核算成本，成本会计负责公司的委外入库核算，其中加工费按委外入库单和对应应付单的钩稽金额计算，采购入库单下推应付单后，系统自动将钩稽金额反写到委外入库核算的加工费中。

对于耗用的物料，我们采用移动平均法来核算材料费，并计入委外入库核算的成本。系统执行最终产品成本计算时，会自动将材料费反写到委外入库核算中。所以此时只进行加工费的核算，待月末产品成本计算时，再核算委外发出的材料成本。

↗ 委外入库核算逻辑

计算公式如下。

　　委外入库产品成本＝加工费及附加费用＋耗用委外发出材料的材料成本

　　加工费＝委外入库单与应付单的钩稽核算

↗ 任务要求

进入金蝶云星空系统，在"委外入库核算"界面查询委外加工费金额。（可根据表3-93核查委外入库核算的加工费，防止出错影响后续业务。）

表3-93　委外加工费核算详情

核算体系	核算组织	会计政策	单据编号	物料编码	加工费单价/元	加工费金额/元	委外入库核算金额（无材料成本）/元
财务会计核算体系	新达智能科技有限公司_用户账号	中国准则会计政策	任务二十一的子任务一审核通过的委外入库单据编号	用户账号.05	1000	80 000	80 000
财务会计核算体系	新达智能科技有限公司_用户账号	中国准则会计政策	任务二十一的子任务一审核通过的委外入库单据编号	用户账号.06	1000	80 000	80 000

操作指导

进入金蝶云星空系统管理界面后，切换当前组织为"新达智能科技有限公司_用户账号"。

单击左上角的【所有功能】，执行【成本管理】→【存货核算】→【存货核算】→【委外入库核算】命令，在"过滤条件"窗口，按默认条件打开"委外入库核算"界面。

在"委外入库核算"界面，如图3-168所示，可以看到委外入库核算结果，左腿总成(用户账号.05)和右腿总成(用户账号.06)的加工费单价均为1000元，加工费金额均为80 000元，可按任务要求的委外加工费核算详情表进行核对，确认无误后，单击【保存】按钮即可。

图3-168　委外入库核算

思考题

委外入库核算是指企业接收委外加工产品入库后，需要对该部分产品核算成本。委外加工产品的成本一般应包括哪些内容？

答案

任务四十　产品成本核算

产品成本核算流程

产品成本核算流程，如图3-169所示。

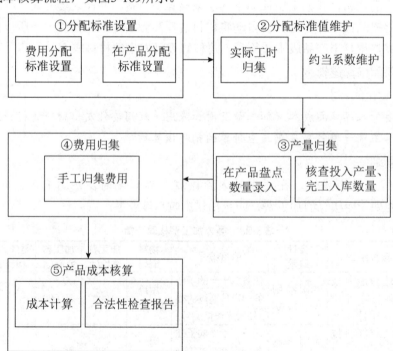

图3-169　产品成本核算流程

子任务一 当期采购业务入库核算

↗ 任务描述

所有采购业务处理完毕、采购费用分配完成后,根据财务制度规定,新达智能科技有限公司在计算当期产品成本之前,成本会计需要将本期日常活动中采购物料所发生的费用,包括购买价款及可归属于存货成本的相关费用,如运输费、装卸费等,按照核算规则计入对应的物料入库成本。当期共发生三次采购业务,向海智公司和永硕公司采购的两笔业务,均在当期收到采购发票并进行应付处理。确定当月不会发生采购相关业务及费用后,成本会计于2023年1月31日,进行采购入库核算。

向永硕公司采购过程中没有发生需要计入存货成本的费用,所以该批原材料的入库核算成本为直接材料费用,即材料的采购价格;向海智公司采购过程中支付了需要计入存货成本的运费,所以该批原材料的入库核算成本为"直接材料费用+分配的运费";当期未收到新力光公司的采购发票,所以需要对该笔业务采购入库的存货,按采购入库单金额进行暂估成本维护。

↗ 采购入库核算逻辑

① 采购过程中未发生需要计入存货成本的费用且收到采购发票

$$存货成本=入库材料的直接材料费用$$

② 采购过程中发生需要计入存货成本的费用且收到采购发票

$$存货成本=分配的采购物料发生费用+直接材料费用$$

③ 没有收到采购发票

存货成本按入库金额作为暂估成本

↗ 任务要求

进入金蝶云星空系统,切换当前组织为新达智能科技有限公司_用户账号,完成采购入库核算,并对暂估入库的原材料进行入库成本维护核查。(可根据表3-94的内容,进行采购入库核算和暂估入库的核查。)

表3-94 采购入库核算详情

	核算体系	核算组织	会计政策		单据编号	物料编码	单价/元	金额/元
采购入库核算	财务会计核算体系	新达智能科技有限公司_用户账号	中国准则会计政策	核算列表查询	任务二十五审核通过的永硕公司采购入库单	用户账号_0008	210	16 800
						用户账号_0009	200	16 000
						用户账号_0011	250	20 000
						用户账号_0012	220	17 600
						用户账号_0013	200	16 000

(1) 采购入库核算 (2) 核算列表查询

↗ 操作指导

进入金蝶云星空系统管理界面后,切换当前组织为"新达智能科技有限公司_用户账号"。单击左上角的【所有功能】,执行【成本管理】→【存货核算】→【存货核算】→【采购入库核算】命令。

在"采购入库核算"界面，如图3-170所示，第一步【核算组织设置】，选择核算体系为"财务会计核算体系"，选择核算组织为"新达智能科技有限公司_用户账号"，选择会计政策为"中国准则会计政策"，然后单击【下一步】按钮。

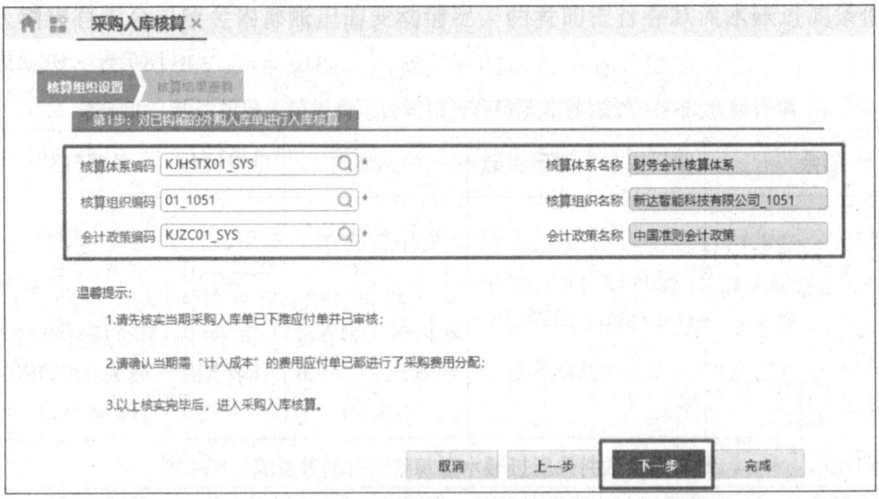

图3-170 采购入库核算组织设置

在【核算结果查看】处，如图3-171所示，单击【核算列表查询】按钮。

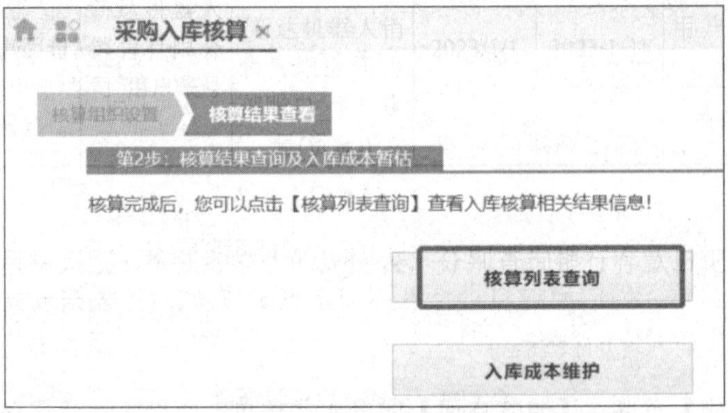

图3-171 采购入库核算结果查看

在"入库核算列表"界面，如图3-172所示，按任务要求的采购入库核算详情表，核查采购入库核算各单据物料对应的单价、金额是否准确。

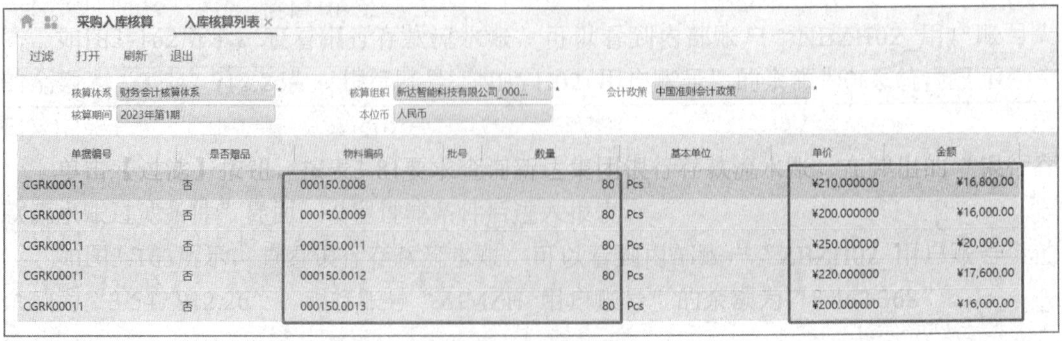

图3-172 入库核算列表

子任务二 分配标准设置

↗ 任务描述

分配标准设置是成本核算的基本前提，费用和在产品分配标准设置确定费用分配时采用哪种分配标准，包括按工时、完工数量等进行分配。

新达智能科技有限公司所有业务处理完毕，并且结束存货核算后，开始计算产品的成本，在此之前，成本会计根据公司相关核算制度规定，设置当期生产产品发生的人工费(工资)、水电费、折旧费的分配标准，其中人工费(工资)按各车间人员实作工时分配，水电费按各车间产品完工入库数量进行分配，折旧费按各车间机器实作工时分配。

由于总成部件和系统软件部件生产工艺的特殊性，以及公司相关成本计算规则制度，当月发生的费用必须当月结转完成，期末总成生产车间和系统软件生产车间的尚未完工在产品按"不计算在产品成本"综合分配标准进行分配，其中直接材料按"约当产量"分配；委外产品和机器人生产车间直接按约当产量进行分配。

↗ 任务要求

进入金蝶云星空系统，切换当前组织为新达智能科技有限公司_用户账号，根据任务描述完成费用分配标准设置、在产品分配标准设置，详情如表3-95、表3-96所示。

表3-95 费用分配标准设置

核算体系	核算组织	会计政策	分配类型	费用类型	费用项目	发送方	
						成本中心名称	分配标准名称
财务会计核算体系	新达智能科技有限公司_用户账号	中国准则会计政策	基本生产中心费用分配	费用项目	生产工人工资	机器人生产车间	人员实作工时
						总成生产车间	人员实作工时
						系统软件生产车间	人员实作工时
财务会计核算体系	新达智能科技有限公司_用户账号	中国准则会计政策	基本生产中心费用分配	费用项目	折旧费用	机器人生产车间	机器实作工时
						总成生产车间	机器实作工时
						系统软件生产车间	机器实作工时
财务会计核算体系	新达智能科技有限公司_用户账号	中国准则会计政策	基本生产中心费用分配	费用项目	水电费	机器人生产车间	完工入库数量
						总成生产车间	完工入库数量
						系统软件生产车间	完工入库数量

表3-96 在产品分配标准设置

核算体系	核算组织	会计政策	是否适用委外	综合设置		成本项目明细设置	
				成本中心名称	综合分配标准	成本项目名称	分项分配标准
财务会计核算体系	新达智能科技有限公司_用户账号	中国准则会计政策	否	机器人生产车间	约当产量		
				总成生产车间	不计算在产品成本	直接材料	约当产量
				系统软件生产车间	不计算在产品成本	直接材料	约当产量
财务会计核算体系	新达智能科技有限公司_用户账号	中国准则会计政策	是		约当产量		

➢ 操作指导

进入金蝶云星空系统管理界面后，切换组织为"新达智能科技有限公司_用户账号"。单击左上角的【所有功能】，执行【成本管理】→【产品成本核算】→【分配标准设置】→【费用分配标准设置】命令，打开"费用分配标准设置"界面。

在"费用分配标准设置"界面，选择组织"新达智能科技有限公司_用户账号"，然后单击【新增】按钮，进入"费用分配标准设置-新增"界面。如图3-173所示，在"费用分配标准设置-新增"界面，按任务要求的费用分配标准设置表，选择费用项目为"生产工人工资"，所有信息设置完毕后，单击【保存】按钮即可。

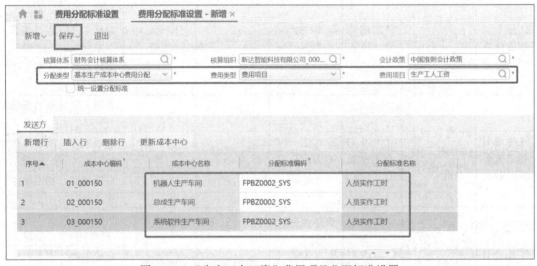

图3-173 "生产工人工资"费用项目分配标准设置

生产工人工资的分配标准保存完毕后，单击【新增】按钮，如图3-174所示，在"费用分配标准设置-新增"界面，按任务要求的费用分配标准设置表，选择费用项目为"折旧费用"，所有信息设置完毕后，单击【保存】按钮即可。

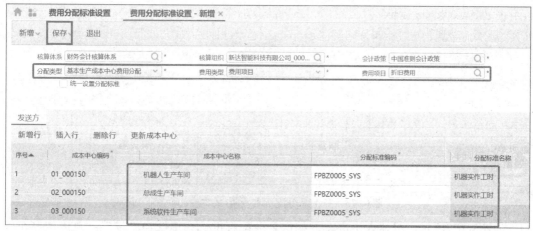

图3-174 "折旧费用"费用项目分配标准设置

折旧费用的分配标准保存完毕后，单击【新增】按钮，如图3-175所示，在"费用分配标准设置-新增"界面，按任务要求的费用分配标准设置表，选择费用项目为"水电费"，所有信息设置完毕后，单击【保存】按钮即可。

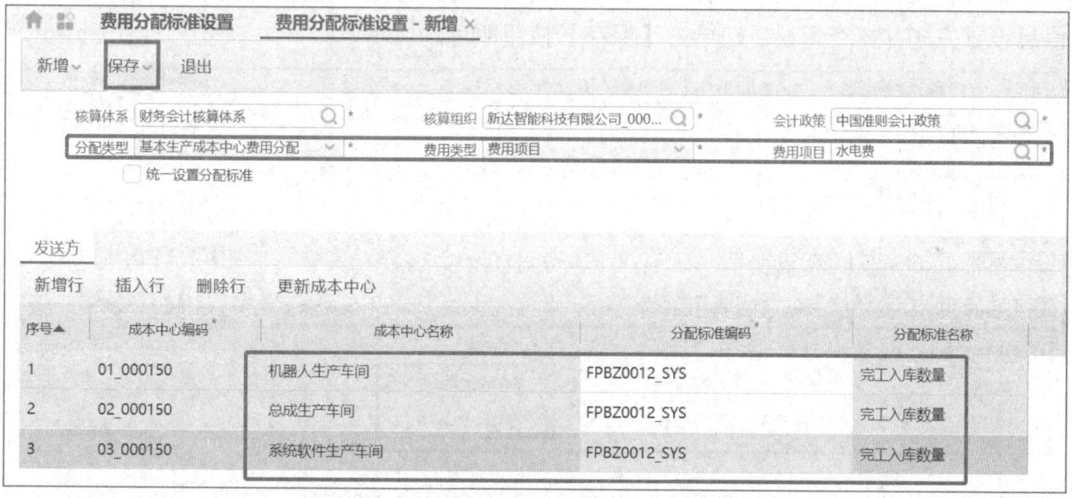

图3-175 "水电费"费用项目分配标准设置

单击左上角的【所有功能】，执行【成本管理】→【产品成本核算】→【分配标准设置】→【在产品分配标准设置】命令，在"过滤条件"窗口，按默认过滤条件打开"外购物料标准价目表"界面，打开"在产品分配标准设置"界面。

在"在产品分配标准设置"界面，单击【新增】按钮，进入"在产品分配标准设置-新增"界面，如图3-176所示。按任务要求的在产品分配标准设置表，不勾选"适用委外"，在【综合设置】页签选择成本中心"机器人生产车间""总成生产车间""系统软件生产车间"并返回数据。

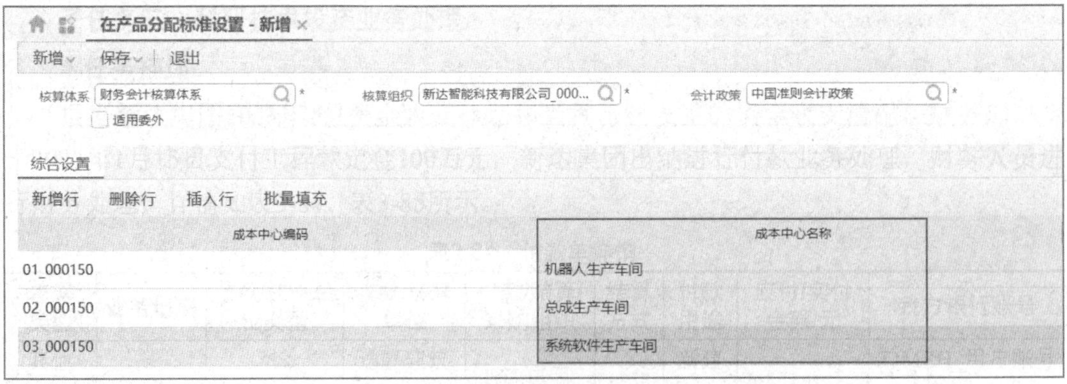

图3-176 在产品分配标准设置-成本中心设置

如图3-177所示，机器人生产车间的综合分配标准选择"约当产量"；总成生产车间的综合分配标准选择"不计算在产品成本"，在【成本项目明细设置】页签单击【新增行】按钮，选择成本项目为"直接材料"，分项分配标准选择"约当产量"；系统软件生产车间的综合分配标准选择"不计算在产品成本"，在【成本项目明细设置】页签单击【新增行】按钮，选择成本项目为"直接材料"，分项分配标准选择"约当产量"，所有信息设置完毕并核查无误后，单击【保存】按钮即可。

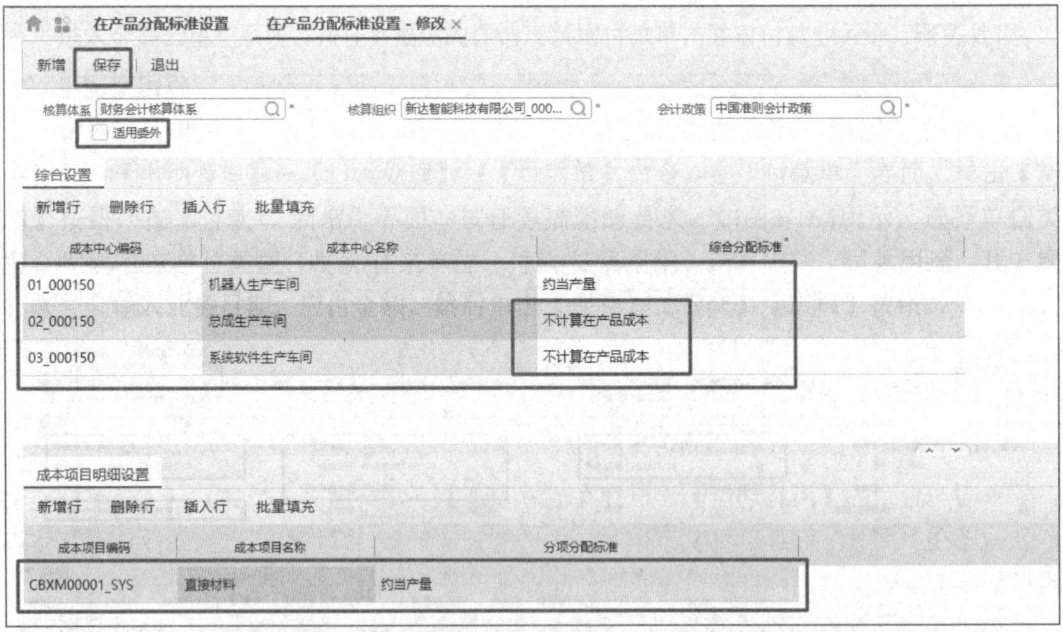

图3-177 在产品分配标准设置-成本项目明细设置

保存成功后，单击【新增】按钮，如图3-178所示，勾选"适用委外"，综合分配标准选择"约当产量"，然后单击【保存】按钮。

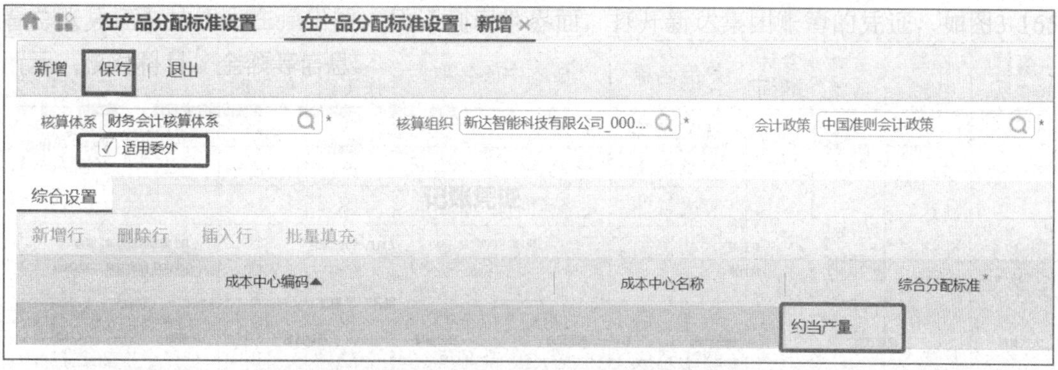

图3-178 在产品分配标准设置-委外设置

子任务三 分配标准值维护

▶ 任务描述

新达智能科技有限公司的分配标准设置完毕后，成本会计需要对本期发生的实际工时及规定的约当系数进行维护。采用信息系统进行成本核算后，系统可以将生产汇报单的生产工时自动归集到此处，成本会计只需核查确保无误即可。根据任务四十的子任务二设置的分配标准，这里归集的工时将作为工资、折旧费用的分配依据。同时，根据公司成本核算制度规定，并结合企业自身生产情况，成本会计将约当系数(%)统一设置为60。

▶ 任务要求

进入金蝶云星空系统，切换当前组织为新达智能科技有限公司_用户账号，核查系统自动归集的实际工时，确保工时数据准确无误，并按任务描述及约当系数维护表(见表3-97)详情，维护约当系数(%)为60。(可根据表3-98的内容，进行实际工时归集的核查，以免出错影响后续业务。)

表3-97 约当系数维护表

核算体系	核算组织	会计政策	会计年度	会计期间	是否适用委外	综合系数设置		
						成本中心名称	产品名称	综合系数/%
财务会计核算体系	新达智能科技有限公司_用户账号	中国准则会计政策	2023	1	否	机器人生产车间	商用机器人	60
						总成生产车间	头部总成	60
						总成生产车间	躯干总成	60
						总成生产车间	左臂总成	60
						总成生产车间	右臂总成	60
						系统软件生产车间	视觉系统	60
						系统软件生产车间	听觉系统	60
						系统软件生产车间	应用软件	60
						系统软件生产车间	运动控制系统	60
财务会计核算体系	新达智能科技有限公司_用户账号	中国准则会计政策	2023	1	是		左腿总成	60
							右腿总成	60

表3-98 实际工时归集核查表

核算体系	核算组织	会计政策	会计期间	产品名称	成本中心名称	人员实作工时	机器实作工时	实际总工时	业务日期
财务会计核算体系	新达智能科技有限公司_用户账号	中国准则会计政策	1	视觉系统	系统软件生产车间	18	4	22	2023/1/15
				听觉系统	系统软件生产车间	18	4	22	2023/1/15
				应用软件	系统软件生产车间	18	4	22	2023/1/15
				运动控制系统	系统软件生产车间	18	4	22	2023/1/15
				头部总成	总成生产车间	72	12	84	2023/1/19
				躯干总成	总成生产车间	72	12	84	2023/1/19
				左臂总成	总成生产车间	96	16	112	2023/1/19
				右臂总成	总成生产车间	96	16	112	2023/1/19
合计								480	

操作指导

进入金蝶云星空系统管理界面后，切换组织为"新达智能科技有限公司_用户账号"。单击左上角的【所有功能】，执行【成本管理】→【产品成本核算】→【分配标准值维护】→【实际工时归集】命令，在"过滤条件"窗口，按默认过滤条件打开"实际工时归集"界面。

在"实际工时归集"界面，如图3-179所示，按任务要求的实际工时归集核查表，核对工时归集是否准确，其中人员实作总工时为"408"，机器实作总工时为"72"，实际总工时合计为"480"。

图3-179 实际工时归集

工时归集核查无误后，单击左上角的【所有功能】，执行【成本管理】→【产品成本核算】→【分配标准值维护】→【约当系数维护】命令，在"过滤条件"窗口，按默认过滤条件，打开"约当系数维护"界面。

在"约当系数维护"界面，如图3-180所示，单击【新增】按钮，进入"约当系数维护-新增"界面。按任务要求的约当系数维护表，不勾选"适用委外"，选择成本中心为"机器人生产车间"，选择产品为"商用机器人"，综合系数(%)输入"60"。

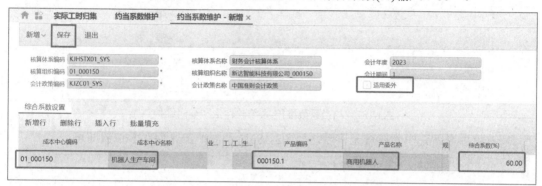

图3-180　约当系数维护-机器人生产车间维护

如图3-181所示，单击【新增行】按钮，选择成本中心为"总成生产车间"，产品选择"头部总成""躯干总成""左臂总成"和"右臂总成"并返回数据，综合系数(%)均输入"60"。

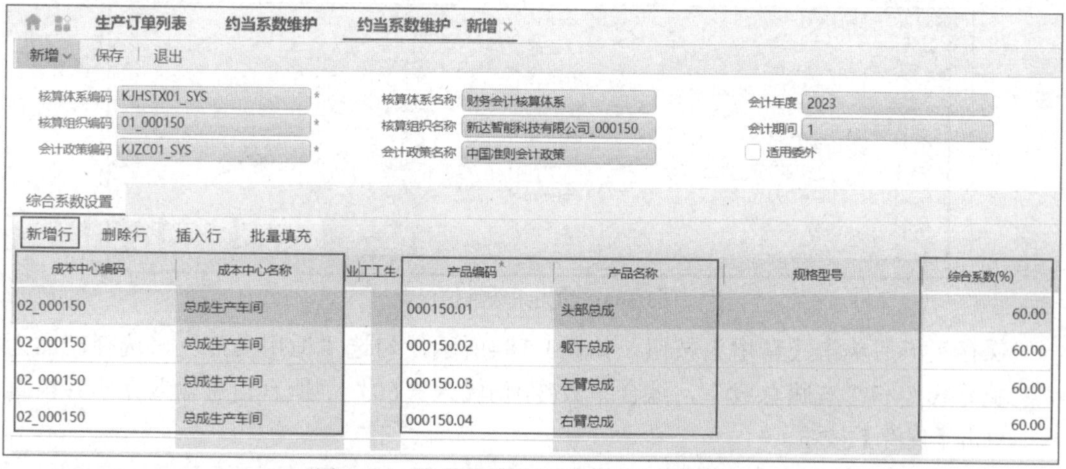

图3-181　约当系数维护-总成生产车间维护

如图3-182所示，单击【新增行】按钮，选择成本中心为"系统软件生产车间"，产品选择"视觉系统""听觉系统""应用软件"和"运动控制系统"并返回数据，综合系数(%)均输入"60"。

图3-182 约当系数维护-系统软件生产车间维护

所有信息输入完毕并核查无误后，如图3-183所示，单击【保存】按钮即可。

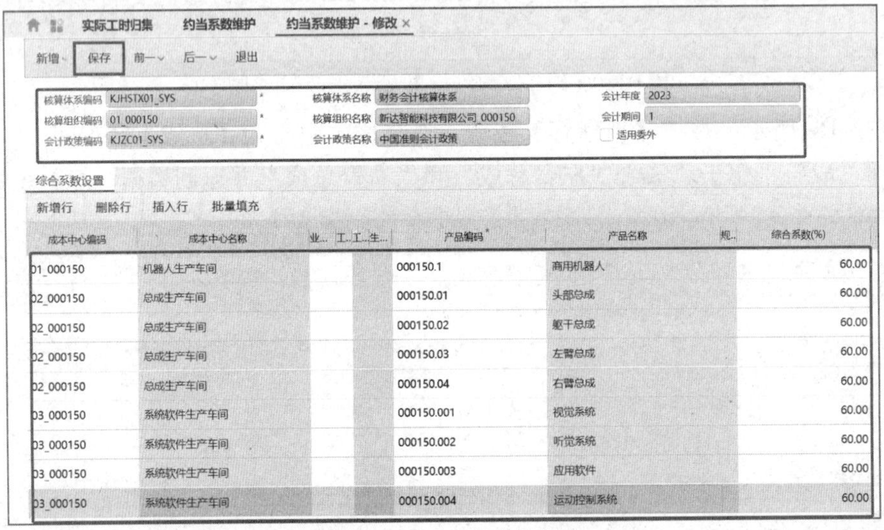

图3-183 约当系数维护保存

保存完毕后单击【新增】按钮，如图3-184所示，勾选"适用委外"，选择产品为"左腿总成"和"右腿总成"，综合系数(%)均输入"60"，所有信息输入完毕并核查后，单击【保存】按钮。

图3-184 约当系数维护-委外维护

返回"约当系数维护"界面,如图3-185所示,可以看到保存后的所有约当系数。

成本中心编码	成本中心名称	产品编码	产品名称	规格型号	综合系数(%)	成本项目编码	成本项目名称	分项系数(%)	适用委外	业务类型
01_000150	机器人生产车间	000150.1	商用机器人		60.00			0.00	否	
02_000150	总成生产车间	000150.01	头部总成		60.00			0.00		
02_000150	总成生产车间	000150.02	躯干总成		60.00			0.00		
02_000150	总成生产车间	000150.03	左臂总成		60.00			0.00		
02_000150	总成生产车间	000150.04	右臂总成		60.00			0.00		
03_000150	系统软件生产...	000150.001	视觉系统		60.00			0.00		
03_000150	系统软件生产...	000150.002	听觉系统		60.00			0.00		
03_000150	系统软件生产...	000150.003	应用软件		60.00			0.00		
03_000150	系统软件生产...	000150.004	运动控制系统		60.00			0.00		
		000150.05	左腿总成		60.00			0.00	是	
		000150.06	右腿总成		60.00			0.00		

图3-185 约当系数维护列表

子任务四 产量归集

↗任务描述

新达智能科技有限公司当期所有生产业务处理完毕并存货核算后,根据实际生产情况,进行在产品数量盘点,盘点结束后,核查系统自动计算出的投入产出数据。

↗任务要求

进入金蝶云星空系统,切换当前组织为新达智能科技有限公司_用户账号,系统自动归集投入产量、完工入库数量,现只要盘点在产品数量即可,详情如表3-99所示,盘点保存完毕后,核查投入产出表。(可根据表3-100投入产出核查表的内容,进行核查,以免出错影响后续业务。)

表3-99 在产品盘点数量表

核算体系	核算组织	会计政策	会计期间	产品名称	成本中心名称	工单编号	期末在产数量/个	实盘数量/个
财务会计核算体系	新达智能科技有限公司_用户账号	中国准则会计政策	2023年1期	头部总成	系统软件生产车间	任务二十三的子任务一的生产订单编号	5	5
				躯干总成	系统软件生产车间	任务二十三的子任务一的生产订单编号	5	5
合计							10	10

表3-100　投入产出核查表　　　　　　　　　　　　　　　　（单位：个）

核算体系	核算组织	会计政策	会计期间	产品名称	本期投入	本期入库	期末在产	期末在产盘点
财务会计核算体系	新达智能科技有限公司_用户账号	中国准则会计政策	2023年1期	头部总成	80	75	5	5
				躯干总成	80	75	5	5
				左臂总成	80	80		
				右臂总成	80	80		
				视觉系统	80	80		
				听觉系统	80	80		
				应用软件	80	80		
				运动控制系统	80	80		
				左腿总成	80	80		
				右腿总成	80	80		
			合计		800	790	10	10

↗ 操作指导

进入金蝶云星空系统管理界面后，切换组织为"新达智能科技有限公司_用户账号"。单击左上角的【所有功能】，执行【成本管理】→【产品成本核算】→【产量归集】→【在产品盘点数量录入】命令，在"过滤条件"窗口，按照默认过滤条件，打开"在产品盘点数量录入-修改"界面。

在"在产品盘点数量录入-修改"界面，如图3-186所示，执行【业务操作】→【盘点】命令，可以看到系统自动盘点的在产品数量，按任务要求的在产品盘点数量表，核查期末在产总数量为20，实盘总数量为20，其他所有数据核对无误后，单击【保存】按钮。

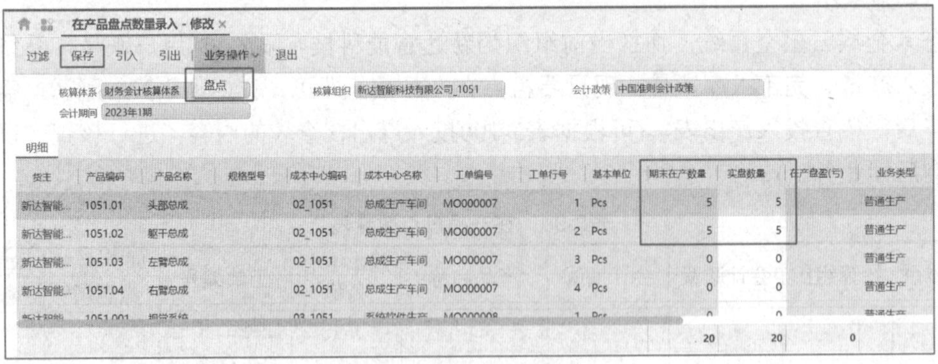

图3-186　在产品盘点数量录入

在产品数量盘点核查无误并保存后，单击左上角的【所有功能】，执行【成本管理】→【产品成本核算】→【产量归集】→【投入产出表】命令，在"过滤条件"窗口，按照默认过滤条件，打开投入产出表。

在"投入产出表"界面，如图3-187所示，按任务要求的投入产出核查表，核对本期投入总数量为"800"，本期入库总数量为"790"，期末在产总数量为"10"，期末在产盘点总数量为"10"。

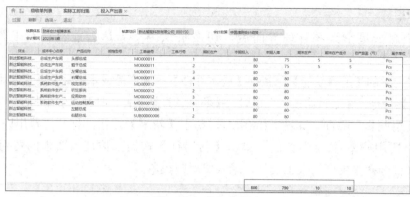

图3-187　投入产出表

子任务五　费用归集

▶ 任务描述

新达智能科技有限公司期末会对当期生产产品所耗费的水电费、支付的人员工资及生产机器的折旧费用进行统一支付、计提，经统计，当期总成车间支付生产工人工资34 500元，耗费水电费4526.6元，计提相关生产机器折旧费8333元；当期系统软件生产车间支付生产工人工资33 000元，耗费水电费4346.6元，计提相关生产机器折旧费7575元。

▶ 任务要求

进入金蝶云星空系统，切换当前组织为新达智能科技有限公司_用户账号，按任务描述及表3-101的数据，按车间归集当期发生、需要计入产品成本的费用。

表3-101　费用归集详情

核算体系	核算组织	会计政策	会计期间	币别	业务组织	费用项目名称	日期	成本中心名称	金额/元	业务类型	订单编号	产品名称
财务会计核算体系	新达智能科技有限公司_用户账号	中国准则会计政策	2023年1期	人民币	新达智能科技有限公司_用户账号	生产工人工资	2023/1/31	总成生产车间	34 500			
					新达智能科技有限公司_用户账号	生产工人工资	2023/1/31	系统软件生产车间	33 000			
					新达智能科技有限公司_用户账号	水电费	2023/1/31	总成生产车间	4526.6			
					新达智能科技有限公司_用户账号	水电费	2023/1/31	系统软件生产车间	4346.6			
					新达智能科技有限公司_用户账号	折旧费用	2023/1/31	总成生产车间	8333			
					新达智能科技有限公司_用户账号	折旧费用	2023/1/31	系统软件生产车间	7575			
合计金额/元									92 281.2			

↗ 操作指导

进入金蝶云星空系统管理界面后,切换组织为"新达智能科技有限公司_用户账号"。

单击左上角的【所有功能】,执行【成本管理】→【产品成本核算】→【费用归集】→【费用归集】命令,在"过滤条件"窗口,按照默认过滤条件,打开"费用归集"界面。

在"费用归集"界面,如图3-188所示,单击【新增】按钮,打开"费用归集-新增"界面。在"费用归集-新增"界面,单击【新增行】按钮,按任务要求的费用归集详情表,费用项目选择"生产工人工资",录入费用归集单。

图3-188 费用归集-生产工人工资归集

如图3-189所示,在"费用归集-新增"界面,单击【新增行】按钮,按任务要求的费用归集详情表,费用项目选择"水电费",录入费用归集单。

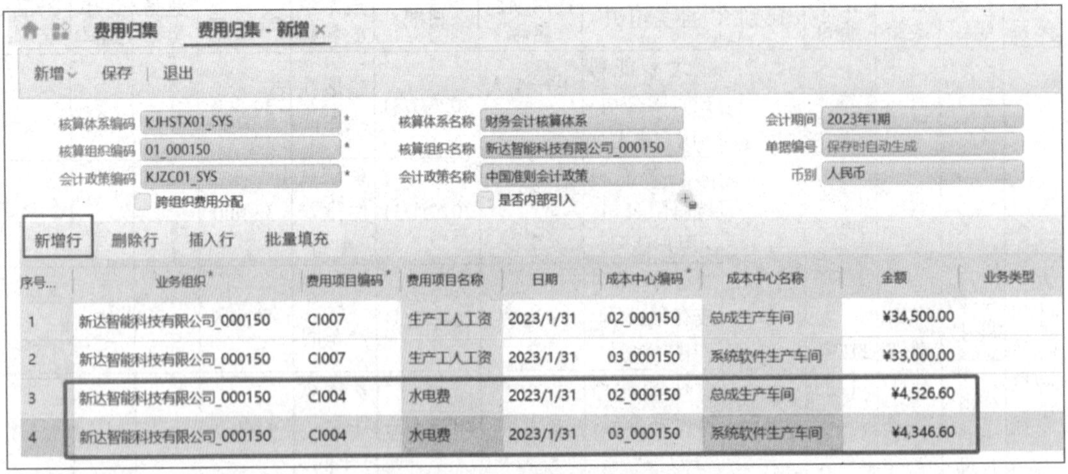

图3-189 费用归集-水电费归集

在"费用归集-新增"界面,单击【新增行】按钮,如图3-190所示,按任务要求的费用归集详情表,费用项目选择"折旧费用",录入费用归集单。

图3-190 费用归集-折旧费用归集

所有费用归集完毕并核查无误后，如图3-191所示，单击【保存】按钮即可。

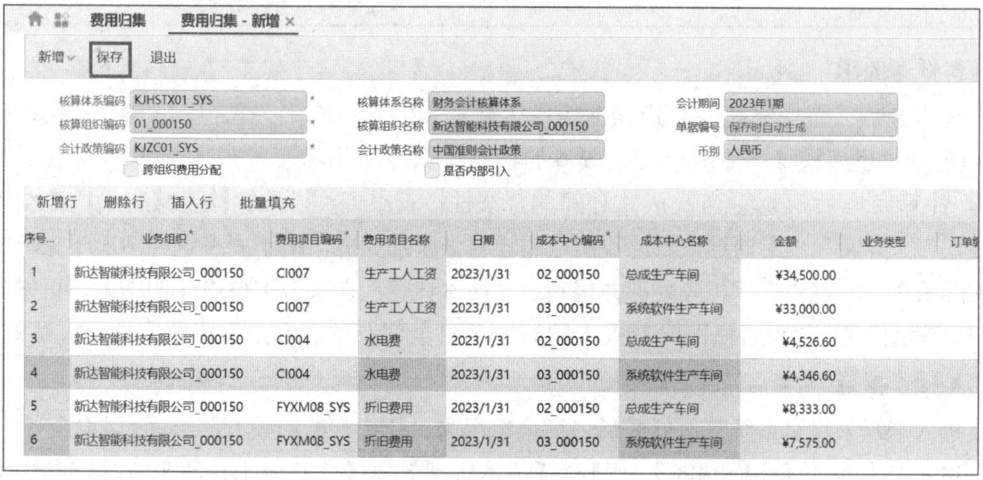

图3-191 费用归集保存

返回"费用归集"界面，如图3-192所示，可以看到刚刚保存的归集费用，总金额合计92 281.2(元)。

图3-192 费用归集列表

子任务六　产品成本核算

↗ 任务描述

分配标准、产量和费用归集完毕后，新达智能科技有限公司成本会计进行产品成本核算，系统自动将当期费用按分配标准进行分配，并从业务系统取数计算材料成本，从而确定当期产品的成本。执行成本计算信息表，如表3-102所示。

表3-102　执行成本计算信息表

核算体系	核算组织	会计政策	会计年度	会计期间	选择核算类型	参数设置
财务会计核算体系	新达智能科技有限公司_用户账号	中国准则会计政策	2023	1	勾选"合法性检查""费用分配""成本计算"	勾选"写成本计算过程""出库核算不更新已修改成本的核算单据成本""单据生成凭证后重新核算不生成成本调整单""零成本单据自动取价""自动进行采购入库核算"

↗ 任务要求

进入金蝶云星空系统，切换当前组织为新达智能科技有限公司_用户账号，执行成本计算(勾选"出库核算不更新已修改成本的核算单据成本"和"零成本单据自动取价"参数)，计算完毕后，查看当次成本计算的合法性检查报告，合法性检查报告中检查结果为"错误""异常""不通过"时，说明成本计算未全部完成，请不要在这种情况下去分析数据的准确性，一定要进行相应处理并重新进行成本计算。在报告中单击【明细】，可以查看详细的提示信息，确保合法性检查报告的32个项目全部通过，否则会影响成本分析结果。

↗ 操作指导

进入金蝶云星空系统管理界面后，切换组织为"新达智能科技有限公司_用户账号"。

单击左上角的【所有功能】，执行【成本管理】→【产品成本核算】→【产品成本核算】→【成本计算】命令，打开"成本计算"界面。

在"成本计算"界面，如图3-193所示，按任务要求的执行成本计算信息表，录入执行成本计算信息，然后单击【执行】按钮。

图3-193　成本计算参数设置

成本计算完毕后，如图3-194所示，单击【合法性检查报告】，确保32项检查项全部通过(见图3-195)。

图3-194 成本计算结果

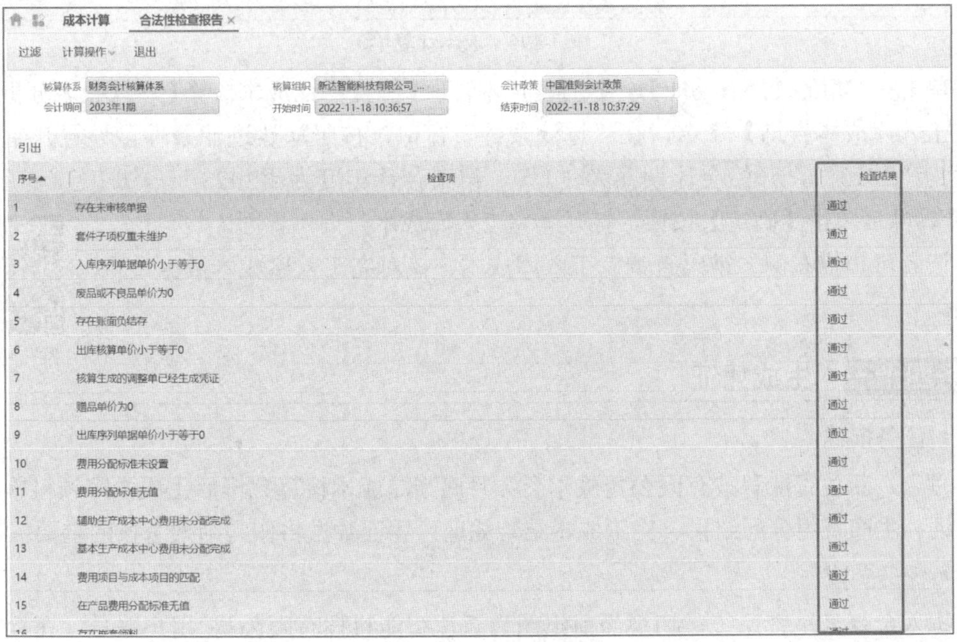

图3-195 合法性检查报告

单击左上角的【所有功能】，执行【成本管理】→【产品成本核算】→【报表分析】→【成本计算单】命令，在"过滤条件"窗口，选择核算体系为"财务会计核算体系"，选择核算组织为"新达智能科技有限公司_用户账号"，选择会计政策为"中国准则会计政策"，开始会计年度为"2023"，开始会计期间为"1"，结束会计年度为"2023"，结束会计期间为"1",显示方式选择"显示费用项目",勾选"显示子项物料明细",然后单击【确定】按钮,打开"成本计算单"界面。

如图3-196所示,由于截图无法显示全部成本计算单信息,读者可扫描右侧二维码获取成本计算单,核对成本计算单数据是否正确。

成本计算单

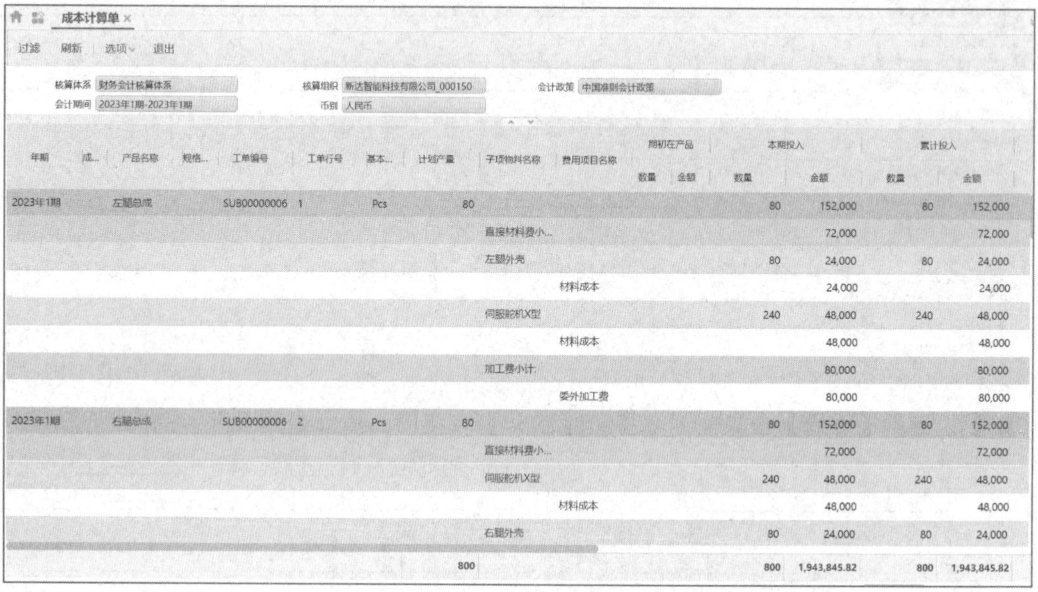

图3-196 成本计算单

单击左上角的【所有功能】,执行【成本管理】→【产品成本核算】→【报表分析】→【完工入库成本查询】命令,在"过滤条件"窗口,按照默认过滤条件,设置开始会计年度为"2023",开始会计期间为"1",结束会计年度为"2023",结束会计期间为"1",然后单击【确定】按钮,打开"完工入库成本查询"界面。

读者可扫描右侧二维码查询完工入库成本,核对完工入库成本数据是否正确。

完工入库成本

任务四十一 生成凭证

↗ 任务描述

月末,新达智能科技有限公司成本会计月底产品成本核算完毕后生成生产领料单的总账凭证、生产费用分配结果、完工成本结转凭证,凭证数据将作为绩效考核的重要依据。

↗ 任务要求

进入金蝶云星空系统,切换当前组织为新达智能科技有限公司_用户账号,在存货核算与产品成本核算模块分别生成生产领料单、生产费用分配结果、完工成本结转的凭证。

↗ 操作指导

进入金蝶云星空系统管理界面后,切换组织为"新达智能科技有限公司_用户账号"。

单击左上角的【所有功能】,执行【成本管理】→【存货核算】→【账务处理】→【凭证生成】命令,打开"凭证生成"界面。如图3-197所示,在"凭证生成"界面,勾选"新达智能科技账簿_用户账号",然后勾选单据"生产领料单",单击【凭证生成】按钮,即可一键生成所有生产领料单的总账凭证。

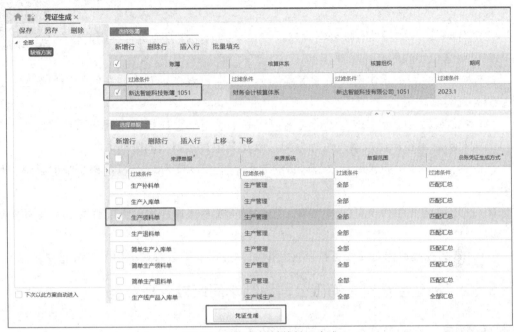

图3-197　生产领料单凭证生成

单击左上角的【所有功能】,执行【成本管理】→【产品成本核算】→【账务处理】→【凭证生成】命令,打开"凭证生成"界面,勾选"新达智能科技账簿_用户账号",同时勾选单据"完工成本结转""生产费用分配结果(核算组织内分配)",然后单击【凭证生成】按钮,即可一键生成所有生产费用分配结果、完工成本结转的总账凭证,如图3-198所示。

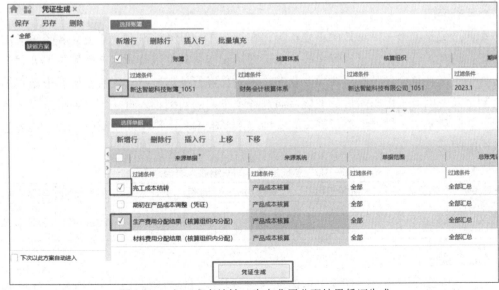

图3-198　完工成本结转、生产费用分配结果凭证生成

思考题

(1) 请详细描述新达智能科技有限公司对于采购业务和委外加工费用的核算流程。

(2) 解释新达智能科技有限公司为何需要在采购入库核算前进行费用的暂估，并说明这一步骤的会计原理。

(3) 对于人工费、水电费、折旧费用的分配标准设置，以及生产车间的约当系数，进行解释并说明其作用。

(4) 请说明新达智能科技有限公司为何将尚未完工的总成生产车间和系统软件生产车间产品按"不计算在产品成本"进行分配，以及其中直接材料的分配方式。

(5) 为什么新达智能科技有限公司将约当系数统一设置为0.6，以及该系数的具体作用是什么？

(6) 描述新达智能科技有限公司如何进行产品成本核算，包括分配标准的应用和生产费用的计算过程。

(7) 月末的凭证数据对绩效考核有何帮助，为公司的绩效管理提供了哪些重要信息？

3.5.2 新达智能科技有限公司编制车间绩效管理报表

任务四十二　编制总成生产车间明细收入表

绩效管理报表介绍

绩效管理报表是指企业根据绩效管理的目标和指标，对各个部门或个人的绩效情况进行汇总、分析和评价的报表，包括绩效评价报表、绩效分析报表、绩效考核报表等。绩效管理报表的目的是激发和调动员工积极性，增强价值创造力，反馈和监督企业的实际耗费，为成本管理、决策和控制提供信息基础。

任务描述

车间产值是衡量车间绩效的重要指标。在评定车间绩效情况时，需要对各个车间的产品产出、消耗、合格率情况进行考核。由于新达智能科技有限公司生产商用机器人属于分工协作型生产，每个环节都需要由专业的技术人员进行处理，在分工协作层面很难将绩效量化到个人，因此采用车间目标考核，通过各个车间的明细收入直观了解各个车间的贡献情况。在此背景下，绩效专员根据车间明细收入模板编制生产车间明细收入表，具体信息如表3-103所示。

表3-103　总成生产车间明细收入表信息

报表模板	核算体系	所属组织	利润中心	周期	会计政策	报表日期	年度	期间
车间明细收入_用户账号	财务会计核算体系	新达智能科技有限公司_用户账号	总成生产车间_用户账号	月报	中国会计准则政策	2023/1/31	2023	1

任务要求

进入金蝶云星空系统，切换当前组织为新达智能科技有限公司_用户账号进行总成生产车间明细收入报表编制，通过重算数据获取对应项目数据，然后保存、提交、审核总成生产车间明细收入表。

操作指导

进入金蝶云星空系统管理界面后，确保当前组织为"新达智能科技有限公司_用户账号"。

单击左上角的【所有功能】，执行【财务会计】→【阿米巴报表】→【利润中心报表管理】→【利润中心报表】命令，打开"利润中心报表"界面。

在"利润中心报表"界面选择利润中心为"总成生产车间_用户账号"，单击【新增】按钮，进入"新增利润中心报表"界面，如图3-199所示。

按任务描述的具体信息，选择报表模板为"车间明细收入_用户账号(编码为01_用户账号)"后返回数据，修改报表期间为"1"，确认核算体系为"财务会计核算体系"，所属组织为"新达智能科技有限公司_用户账号"，利润中心为"总成生产车间_用户账号"，报表日期为"2023/1/31"，币别为"人民币"，金额单位为"元"，单击【确定】按钮，如图3-200所示。

图3-199 新增利润中心报表

图3-200 新增利润中心报表具体内容

打开新增的报表后，执行【数据】→【重算表页】命令，更新报表数据，如图3-201所示。

图3-201 重算报表

重算数据后，确认取数无误，切换到【开始】页签，依次单击【保存】【提交】【审核】按钮，对总成生产车间的车间明细收入表进行提交审核，如图3-202所示。

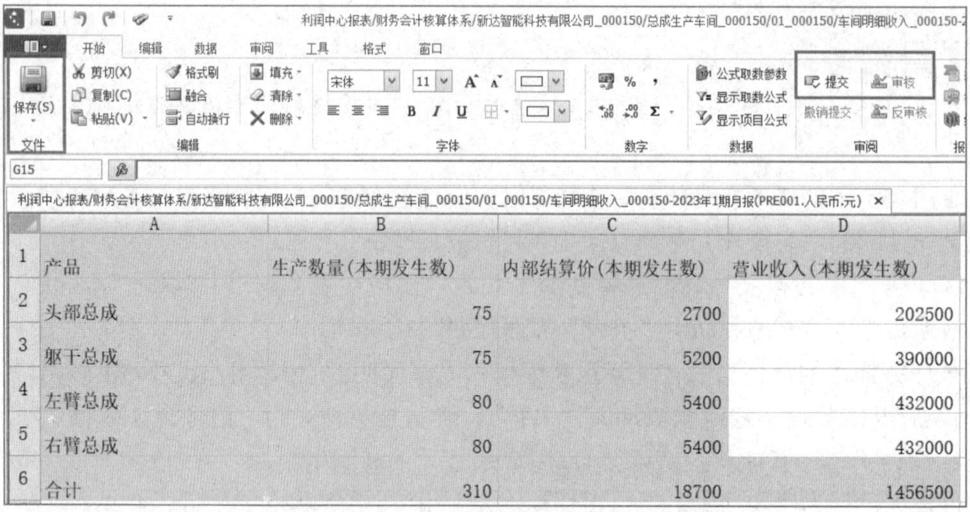

	A	B	C	D
1	产品	生产数量(本期发生数)	内部结算价(本期发生数)	营业收入(本期发生数)
2	头部总成	75	2700	202500
3	躯干总成	75	5200	390000
4	左臂总成	80	5400	432000
5	右臂总成	80	5400	432000
6	合计	310	18700	1456500

图3-202　提交并审核车间明细收入表

返回“利润中心报表”界面，单击【刷新】按钮，可查看到审核状态的总成生产车间明细收入表。

任务四十三　编制总成生产车间绩效考核表

任务描述

为了调动车间工人积极性、增强工作责任心、激发劳动积极性、提升工作效率、提高公司竞争能力、保证公司全年经济目标的顺利实现，特针对各个车间进行绩效考核，按每个生产车间人均产值为主要考核标准，考核生产车间产值、生产费用、公司分摊费用、总工时、人数等，这在一定程度上能够降低生产成本。对车间进行绩效考核标准是以车间为利润中心，按经营单元绑定车间人员利益，在一定程度上形成经营个体，提高工作积极性。人均产值是员工绩效考核的重要数据来源。在此背景下，绩效专员根据车间绩效考核表模板编制生产车间绩效考核表，从业务层面入手对员工绩效进行参考考核的形式进行，具体信息如表3-104所示。

表3-104　总成生产车间绩效考核表信息

报表模板	核算体系	所属组织	利润中心	周期	会计政策	报表日期	年度	期间	车间分摊费用	总工作时数	人数
车间绩效考核_用户账号	财务会计核算体系	新达智能科技有限公司_用户账号	总成生产车间_用户账号	月报	中国会计准则政策	2023/1/31	2023	1	24 200元	43	13

任务要求

进入金蝶云星空系统，切换当前组织为新达智能科技有限公司_用户账号进行总成生产车间绩效考核报表编制，手工录入车间分摊费用、总工作时数、人数，通过重算数据获取对应项目数据，然后保存、提交、审核总成生产车间绩效考核报表。

操作指导

进入金蝶云星空系统管理界面后，确认当前组织为"新达智能科技有限公司_用户账号"。

单击左上角的【所有功能】，执行【财务会计】→【阿米巴报表】→【利润中心报表管理】→【利润中心报表】命令，打开"利润中心报表"界面。

在"利润中心报表"界面选择利润中心为"总成生产车间_用户账号"，单击【新增】按钮，进入"新增利润中心报表"界面，如图3-203所示。

按任务描述的具体信息，选择报表模板"车间绩效考核_用户账号(编码为02_用户账号)"后返回数据，修改报表期间为"1"，确认核算体系为"财务会计核算体系"，所属组织为"新达智能科技有限公司_用户账号"，利润中心为"总成生产车间_用户账号"，报表日期为"2023/1/31"，币别为"人民币"，金额单位为"元"，单击【确定】按钮，如图3-204所示。

图3-203　新增利润中心报表

图3-204　新增利润中心报表具体内容

打开新增的报表后，填写总成生产车间分摊费用为24 200元，总工作时数为43，人数为13，然后执行【数据】→【重算表页】命令，更新报表数据。

重算数据后，确认取数无误，切换到【开始】页签，依次单击【保存】【提交】【审核】按钮，对总成生产车间的车间绩效考核表进行提交、审核。

返回"利润中心报表"界面，单击【刷新】按钮，可查看到审核状态的总成生产车间绩效考核表。

任务四十四　编制系统软件生产车间明细收入表

任务描述

车间产值是衡量车间绩效的重要指标。在评定车间绩效情况时，需要对各个车间的产品产出、消耗、合格率情况进行考核。由于新达智能科技有限公司生产商用机器人属于分工协作型生产，每个环节都需要由专业的技术人员进行处理，在分工协作层面很难将绩效量化到个人，因此采用车间目标考核，通过各个车间的明细收入直观了解各个车间的贡献情况。在此背景下，绩效专员根据车间明细收入模板编制生产车间明细收入表，具体信息如表3-105所示。

表3-105　系统软件生产车间明细收入表信息

报表模板	核算体系	所属组织	利润中心	周期	会计政策	报表日期	年度	期间
车间明细收入_用户账号	财务会计核算体系	新达智能科技有限公司_用户账号	系统软件生产车间_用户账号	月报	中国会计准则政策	2023/1/31	2023	1

➤ 任务要求

进入金蝶云星空系统，切换当前组织为新达智能科技有限公司_用户账号进行系统软件生产车间明细收入报表编制，通过重算数据获取对应项目数据，然后保存、提交、审核系统软件生产车间明细收入表。

➤ 操作指导

进入金蝶云星空系统管理界面后，确认当前组织为"新达智能科技有限公司_用户账号"。

单击左上角的【所有功能】，执行【财务会计】→【阿米巴报表】→【利润中心报表管理】→【利润中心报表】命令，打开"利润中心报表"界面。

在"利润中心报表"界面选择利润中心为"系统软件生产车间_用户账号"，单击【新增】按钮，进入"新增利润中心报表"界面，如图3-205所示。

按任务描述的具体信息，选择报表模板"车间明细收入_用户账号(编码为01_用户账户)"后返回数据，修改报表期间为"1"，确认核算体系为"财务会计核算体系"，所属组织为"新达智能科技有限公司_用户账号"，利润中心为"系统软件生产车间_用户账号"，报表日期为"2023/1/31"，币别为"人民币"，金额单位为"元"，单击【确定】按钮，如图3-206所示。

图3-205　新增利润中心报表　　　图3-206　新增利润中心报表具体内容

打开新增的报表后，执行【数据】→【重算表页】命令，更新报表数据。

重算数据后，确认取数无误，切换到【开始】页签，依次单击【保存】【提交】【审核】按钮，对系统软件生产车间的车间明细收入表进行提交、审核。

返回"利润中心报表"界面，单击【刷新】按钮，可查看到审核状态的系统软件生产车间明细收入表。

任务四十五　编制系统软件生产车间绩效考核表

↗ 任务描述

为了调动车间工人积极性、增强工作责任心、激发劳动积极性、提升工作效率、提高公司竞争能力、保证公司全年经济目标的顺利实现，特针对各个车间进行绩效考核，按每个生产车间人均产值为主要考核标准，考核生产车间产值、生产费用、公司分摊费用、总工时、人数等，这在一定程度上能够降低生产成本。对车间进行绩效考核标准是以车间为利润中心，按经营单元绑定车间人员利益，在一定程度上形成经营个体，提高工作积极性。人均产值是员工绩效考核的重要数据来源。在此背景下，绩效专员根据车间绩效考核表模板编制生产车间绩效考核表，从业务层面入手对员工绩效进行参考考核的形式进行，具体信息如表3-106所示。

表3-106　系统软件生产车间绩效考核表信息

报表模板	核算体系	所属组织	利润中心	周期	会计政策	报表日期	年度	期间	车间分摊费用/元	总工作时数	人数
车间绩效考核_用户账号	财务会计核算体系	新达智能科技有限公司_用户账号	系统软件生产车间_用户账号	月报	中国会计准则政策	2023/1/31	2023	1	18 797	43	8

↗ 任务要求

进入金蝶云星空系统，切换当前组织为新达智能科技有限公司_用户账号进行系统软件生产车间绩效考核报表编制，手工录入车间分摊费用、总工作时数、人数，通过重算数据获取对应项目数据，然后保存、提交、审核系统软件生产车间绩效考核报表。

↗ 操作指导

进入金蝶云星空系统管理界面后，确认当前组织为"新达智能科技有限公司_用户账号"。

单击左上角的【所有功能】，执行【财务会计】→【阿米巴报表】→【利润中心报表管理】→【利润中心报表】命令，打开"利润中心报表"界面。

在"利润中心报表"界面选择利润中心为"系统软件生产车间_用户账号"，单击【新增】按钮，进入"新增利润中心报表"界面，如图3-207所示。

按任务描述的具体信息，选择报表模板为"车间绩效考核_用户账号(编码为02_用户账号)"后返回数据，修改报表期间为"1"，确认核算体系为"财务会计核算体系"，所属组织为"新达智能科技有限公司_用户账号"，利润中心为"系统软件生产车间_用户账号"，报表日期为"2023/1/31"，币别为"人民币"，金额单位为"元"，单击【确定】按钮，如图3-208所示。

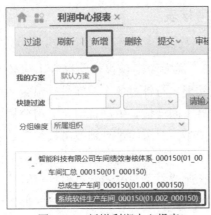

图3-207 新增利润中心报表

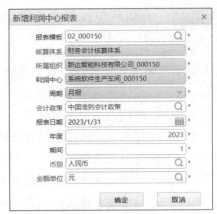

图3-208 新增利润中心报表具体内容

打开新增的报表后，填写系统软件生产车间分摊费用为18 797元，总工作时数为43，人数为8，然后执行【数据】→【重算表页】命令，更新报表数据。

重算数据后，确认取数无误，切换到【开始】页签，依次单击【保存】【提交】【审核】按钮，对系统软件生产车间的车间绩效考核表进行提交、审核，如图3-209所示。

	A	B
1	项目名称	本期发生数
2	车间产值	384000.00
3	减：材料费用	287200.00
4	减：人工费用	33000.00
5	减：制造费用	11921.60
6	减：车间分摊费用	18797.00
7	车间核算额	33081.40
8	车间核算额占销售比例	0.09
9	总工作时数	43.00
10	单位时间核算	769.33
11	产量	320.00
12	人数	8.00
13	人均产值	4135.18

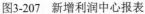

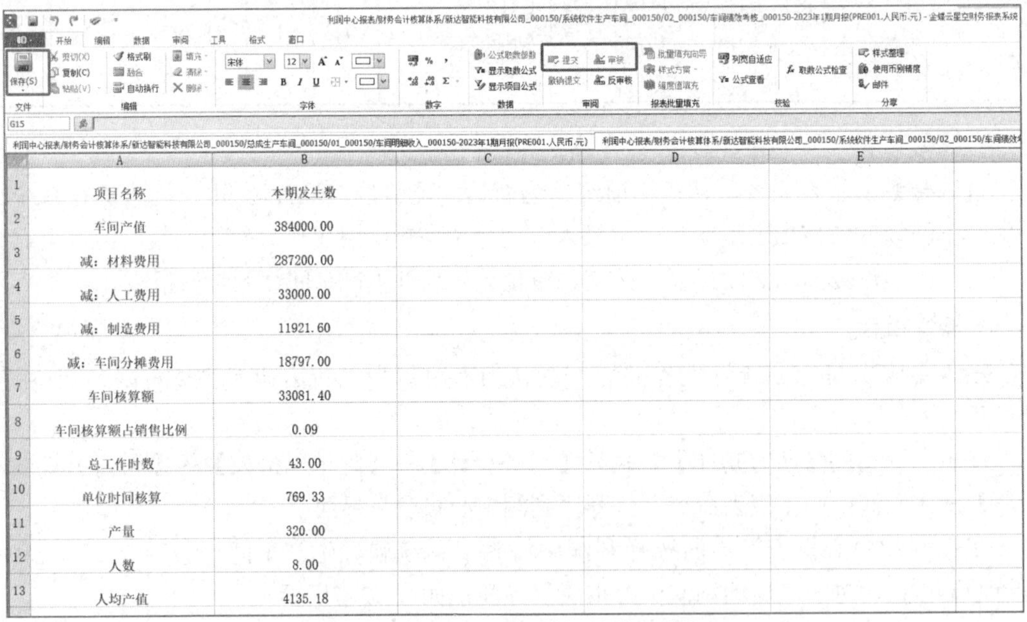

图3-209 提交并审核车间绩效考核表

返回“利润中心报表”界面，单击【刷新】按钮，可查看到审核状态的系统软件生产车间绩效考核表。

任务四十六 编制车间绩效考核汇总表

↗ 任务描述

根据车间年度产值完成情况和人均产值进行年度综合考评，给予年终奖励，并根据贡献大小、每季度考评等因素进行二次分配。根据车间汇总情况，区分车间贡献大小。考核分为定期考核和不定期考核，定期考核包括月度考核和年度考核，绩效专员需要编制月度车间绩效考核汇总表，具体信息如表3-107所示。

表3-107　月度车间绩效考核汇总表信息

报表模板	核算体系	所属组织	利润中心	周期	会计政策	报表日期	年度	期间	总成生产车间			系统软件生产车间		
									车间分摊费用/元	总工作时数	人数	车间分摊费用/元	总工作时数	人数
车间绩效考核汇总表_用户账号	财务会计核算体系	新达智能科技有限公司_用户账号	车间汇总_用户账号	月报	中国会计准则政策	2023/1/31	2023	1	24 200	43	13	18 797	43	8

▶ 任务要求

进入金蝶云星空系统，切换当前组织为新达智能科技有限公司_用户账号进行车间汇总绩效考核报表编制，手工录入各车间的车间分摊费用、总工作时数、人数，通过重算数据获取对应项目数据，然后保存、提交、审核车间绩效考核汇总报表。

▶ 操作指导

进入金蝶云星空系统管理界面后，确认当前组织为"新达智能科技有限公司_用户账号"。

单击左上角的【所有功能】，执行【财务会计】→【阿米巴报表】→【利润中心报表管理】→【利润中心报表】命令，打开"利润中心报表"界面。

在"利润中心报表"界面选择利润中心为"车间汇总_用户账号"，单击【新增】按钮，进入"新增利润中心报表"界面，如图3-210所示。

按任务描述的具体信息，选择报表模板为"车间绩效考核汇总表_用户账号(编码为03_用户账号)"后返回数据，修改报表期间为"1"，确认核算体系为"财务会计核算体系"，所属组织为"新达智能科技有限公司_用户账号"，利润中心为"车间汇总_用户账号"，报表日期为"2023/1/31"，币别为"人民币"，金额单位为"元"，单击【确定】按钮，如图3-211所示。

图3-210　新增利润中心报表

图3-211　新增利润中心报表具体内容

打开新增的报表后，填写总成生产车间分摊费用为24 200元，总工作时数为43，人数为13；填写系统软件生产车间分摊费用为18 797元，总工作时数为43，人数为8，然后执行【数据】→【重算表页】命令，更新报表数据，如图3-212所示。

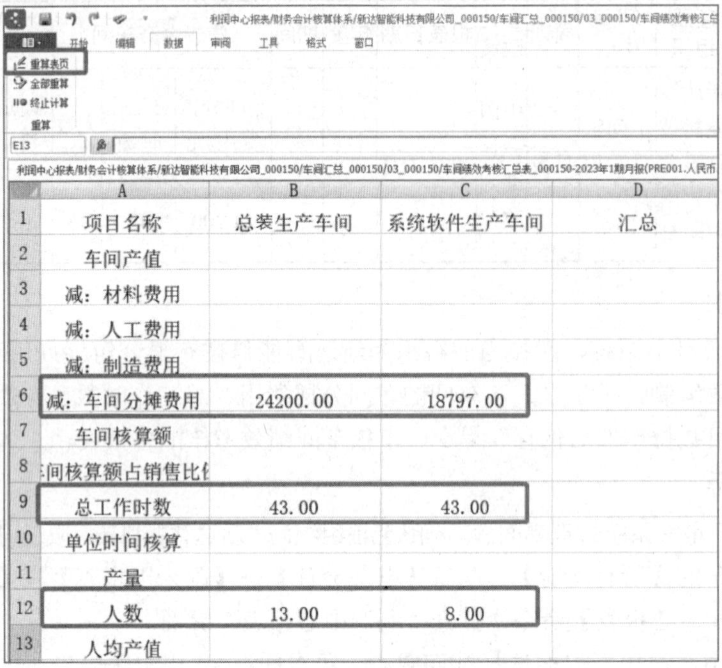

	A	B	C	D
1	项目名称	总装生产车间	系统软件生产车间	汇总
2	车间产值			
3	减：材料费用			
4	减：人工费用			
5	减：制造费用			
6	减：车间分摊费用	24200.00	18797.00	
7	车间核算额			
8	车间核算额占销售比例			
9	总工作时数	43.00	43.00	
10	单位时间核算			
11	产量			
12	人数	13.00	8.00	
13	人均产值			

图3-212　重算报表

重算数据后，确认取数无误，切换到【开始】页签，依次单击【保存】【提交】【审核】按钮，对车间绩效考核汇总表进行提交、审核，如图3-213所示。

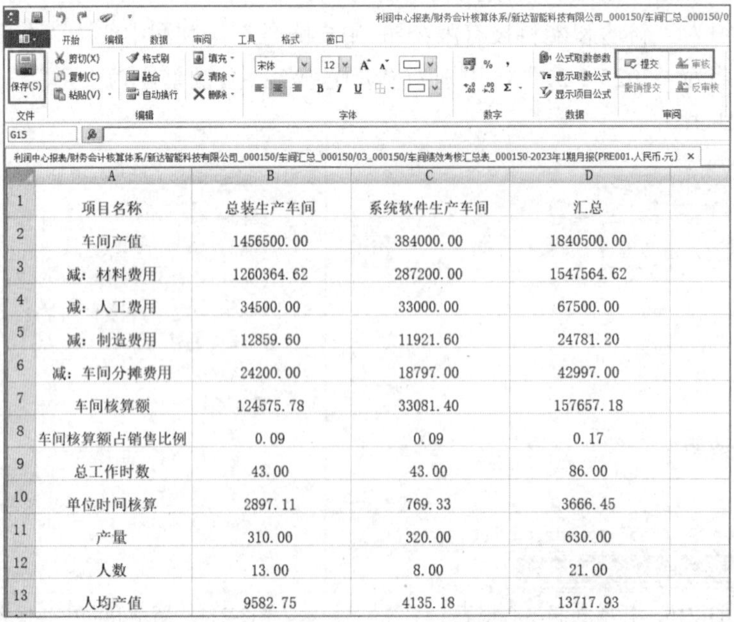

	A	B	C	D
1	项目名称	总装生产车间	系统软件生产车间	汇总
2	车间产值	1456500.00	384000.00	1840500.00
3	减：材料费用	1260364.62	287200.00	1547564.62
4	减：人工费用	34500.00	33000.00	67500.00
5	减：制造费用	12859.60	11921.60	24781.20
6	减：车间分摊费用	24200.00	18797.00	42997.00
7	车间核算额	124575.78	33081.40	157657.18
8	车间核算额占销售比例	0.09	0.09	0.17
9	总工作时数	43.00	43.00	86.00
10	单位时间核算	2897.11	769.33	3666.45
11	产量	310.00	320.00	630.00
12	人数	13.00	8.00	21.00
13	人均产值	9582.75	4135.18	13717.93

图3-213　提交并审核车间绩效考核汇总表

返回"利润中心报表"界面，单击【刷新】按钮，可查看到审核状态的车间绩效考核汇总表。

> **思考题**

在新达智能科技有限公司，车间产值是衡量车间绩效的重要指标。为了调动车间工人的积极性并提高公司的竞争能力，公司采用了以车间为利润中心的绩效考核标准，主要考核标准是每个生产车间的人均产值。然而，由于公司生产的商用机器人需要分工协作，每个环节都需要由专业的技术人员进行处理，因此在分工协作层面很难将绩效量化到个人。

答案

请问，如果有一些车间的人均产值持续低于其他车间，但是这些车间的工作是生产过程中不可或缺的，那么公司应该如何公平地进行绩效考核，以确保所有车间的工人都有足够的积极性并感到公平？此外，公司应该如何调整其绩效考核标准，以更好地反映每个车间和每个工人的贡献？

3.5.3 新达机器人销售有限公司绩效数据归集

任务四十七　省区销售成本数据归集

> **绩效数据归集介绍**

绩效数据归集是指企业通过各种渠道和手段，收集和整理与绩效管理相关的数据的过程，包括绩效目标、绩效指标、绩效结果、绩效影响因素等。绩效数据归集的目的是为绩效管理报表的编制和绩效分析的进行提供数据支持。

> **任务描述**

销售成本数据来源于销售出库单根据计价方法结合出库成本核算得到，新达机器人销售有限公司会计根据前期设定好的核算范围，启用存货核算系统后，进行存货出库核算，获取各省区的销售成本数据，作为各省区销售净额计算的重要数据来源，出库成本核算信息如表3-108所示。

表3-108　出库成本核算信息

核算体系	核算组织	会计政策	会计年度	会计期间
财务会计核算体系	新达机器人销售有限公司_用户账号	中国准则会计政策	2023	1

> **任务要求**

进入金蝶云星空系统，切换当前组织为新达机器人销售有限公司_用户账号进行存货出库成本核算，核算成功后查询销售出库单列表【显示隐藏列】显示销售成本价，确保销售成本价列有数据。

> **操作指导**

进入金蝶云星空系统管理界面后，确保当前组织为"新达机器人销售有限公司_用户账号"。

单击左上角的【所有功能】，执行【成本管理】→【存货核算】→【存货核算】→【出库成本核算】命令，打开"出库成本核算"界面。

确认核算体系为"财务会计核算体系"，核算组织为"新达机器人销售有限公司_用户账号"，会计政策为"中国准则会计政策"，如图3-214所示，单击【下一步】按钮后，继续单击【下一步】按钮，则系统自动进行存货出库核算，存货出库核算完成后，单击【完成】按钮即可。

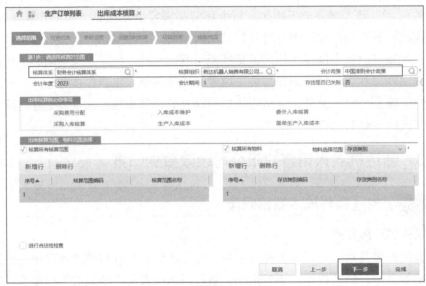

图3-214　出库成本核算

执行【供应链】→【库存管理】→【销售出入库】→【销售出库单列表】命令，进入"销售出库单列表"界面后，执行【过滤】→【显示隐藏列】命令，搜索成本，在显示列勾选"明细信息.销售成本价"，然后单击【确定】按钮，确保之前录入的销售出库单的销售成本列有金额即可，如图3-215所示。

图3-215　销售出库单字段修改

任务四十八　各省区销售费用数据归集

↗ 任务描述

新达机器人销售有限公司应付会计按月归集各省区的销售费用数据,此处为方便进行各省区绩效考核,采用录入其他应付单的方式。其他应付单按省区、客户归集各项变动费用与固定费用。固定/变动费用将作为各省区绩效考核数据的重要来源。其他应付单的具体信息如表3-109所示。

表3-109　其他应付单信息

单据类型	日期	往来单位类型	往来单位	申请部门	结算组织	付款组织	费用项目名称	费用承担部门	不含税金额(总金额)/元
其他应付单	2023/1/17	客户	飞达公司	广东省区	新达机器人销售有限公司_用户账号	新达机器人销售有限公司_用户账号	职工福利费	广东省区	2000
							租赁费		5000
							水电费		599
							销售人员工资		50 000
							客户佣金		2400
							库房费		2000
							业务提成		144 000
							车辆费		1000
							展览费		3000
							社保		15 700
							运费		600
							业务招待费		30 000
							办公用品费		157
总金额/元									256 456

↗ 任务要求

进入金蝶云星空系统,切换当前组织为新达机器人销售有限公司_用户账号进行其他应付单新增并审核。

↗ 操作指导

进入金蝶云星空系统管理界面后,确认当前组织为"新达机器人销售有限公司_用户账号"。

单击左上角的【所有功能】,执行【财务会计】→【应付款管理】→【其他应付】→【其他应付单列表】命令,打开"其他应付单列表"界面。

进入"其他应付单列表"界面后单击【新增】按钮,进入"其他应付单-新增"界面。

按照任务描述的其他应付单具体信息,修改业务日期和到期日均为"2023/1/17",往来单位类型为"客户",往来单位为"飞达公司",申请部门为"广东省区",费用项目分别选中"职工福利费""租赁费""水电费""销售人员工资""客户佣金""库房费""业务提成""车辆费""展览费""社保""运费""业务招待费""办公用品费"共计13行后【返回数据】,按照任务描述输入职工福利费不含税金额为2 000,租赁费不含税金额为5000，水电费不含税金额为599，销售人员工资不含税金额为50 000，客户佣金不含税金额为2400，库房费不含税金额为2000，业务提成不含税金额为144 000，车辆费不含税金额为1000，展览费不含税金额为3000，社保不含税金额为15 700，运费不含税金额为600，业务招待费不含税金额为30 000，办公用品费不含税金额为157，确认所有信息无误后，依次单击【保存】【提交】【审核】按钮，如图3-216所示。

图3-216　提交并审核其他应付单

返回"其他应付单列表"界面，可以看到单据状态为已审核的其他应付单，如图3-217所示。

图3-217　查看其他应付单

思考题

(1) 为什么销售成本数据是绩效数据归集的关键要素？这些数据对企业绩效管理和分析有何重要作用？

(2) 新达机器人销售有限公司选择采用录入其他应付单的方式归集销售费用数据，可能有哪些优势和劣势？这种方式对绩效数据的准确性和及时性有何影响？

答案

3.5.4 新达机器人销售有限公司编制销售省区绩效管理报表

任务四十九 编制广东省区绩效考核表

▶ 任务描述

新达机器人销售有限公司对各省区的绩效考核主要集中于省区总监,培养各省区总监团队管理及成本控制意识,杜绝不合理费用以便在进行绩效考核人均_收入和人均_利润时能够较为真实客观地反映各省区总监在经营管理过程发挥的作用,各省区的利润表由各报表项目组成,最终根据人均_收入和人均_利润考核业绩评分,因此,绩效专员需要根据各销售省区的利润表模板编制各省区的利润表,根据新达机器人销售有限公司的绩效考核标准与要求,计算各个省区的绩效考核报表后进行绩效分析,以备对省区进行评优时使用。以广东省区为例编制省区绩效考核表。省区绩效考核表的具体信息如表3-110所示。

表3-110 省区绩效考核表信息

报表模板	核算体系	所属组织	利润中心	周期	会计政策	报表日期	年度	期间	投入人员数
销售省区绩效考核_用户账号	财务会计核算体系	新达机器人销售有限公司_用户账号	广东省区_用户账号	月报	中国会计准则政策	2023/1/31	2023	1	10

▶ 任务要求

进入金蝶云星空系统,切换当前组织为新达机器人销售有限公司_用户账号进行广东省区绩效考核报表编制,手工录入投入人员数,通过重算数据获取对应项目数据,然后保存、提交、审核广东省区的绩效考核报表。

▶ 操作指导

进入金蝶云星空系统管理界面后,确认当前组织为"新达机器人销售有限公司_用户账号"。

单击左上角的【所有功能】,执行【财务会计】→【阿米巴报表】→【利润中心报表管理】→【利润中心报表】命令,打开"利润中心报表"界面。

在"利润中心报表"界面选择利润中心为"广东省区_用户账号",如图3-218所示,单击【新增】按钮,进入"新增利润中心报表"界面。

按任务描述的具体信息,选择报表模板"销售省区绩效考核表_用户账号(编码为04_用户账号)"后返回数据,修改报表期间为"1",确认核算体系为"财务会计核算体系",所

图3-218 新增利润中心报表

属组织为"新达机器人销售有限公司_用户账号",利润中心为"广东省区_用户账号",报表日期为"2023/1/31",币别为"人民币",金额单位为"元",然后单击【确定】按钮,如图3-219所示。

图3-219 新增利润中心报表具体内容

打开报表后,输入退货金额为0、投入人员数为10,执行【数据】→【重算表页】命令,更新报表数据。

重算数据后,确认取数无误,切换到【开始】页签,依次单击【保存】【提交】【审核】按钮,对销售省区绩效考核表进行提交、审核。

返回"利润中心报表"界面,单击【刷新】按钮,可查看到审核状态的广东省区的绩效考核报表。

↗ 思考题

假设新达机器人销售有限公司的存货核算系统采用的计价方法是移动加权平均法,2023年1月,该公司在广东省区的销售情况如下:

日期	销售出库单号	销售客户	销售数量/台	销售单价(元/台)
2023年1月5日	XS-20230105-01	广州智能科技有限公司	10	12 000
2023年1月10日	XS-20230110-02	深圳机器人研究院	15	12 500
2023年1月15日	XS-20230115-03	东莞机械制造有限公司	20	13 000
2023年1月20日	XS-20230120-04	惠州电子工程有限公司	25	13 500
2023年1月25日	XS-20230125-05	中山大学机器人实验室	30	14 000

已知该公司在广东省区的存货期初余额为100台,单价为10 000元/台,1月份的进货情况如下:

日期	进货单号	进货数量/台	进货单价(元/台)
2023年1月8日	JH-20230108-01	50	10 500
2023年1月18日	JH-20230118-02	60	11 000
2023年1月28日	JH-20230128-03	70	11 500

请根据上述数据,计算以下问题的答案,并说明计算过程。

(1) 2023年1月广东省区的销售成本数据是多少?

(2) 2023年1月广东省区的销售净额数据是多少?

(3) 2023年1月广东省区的销售费用数据是多少?已知该省区的固定费用为50 000元/月,变动费用为销售净额的5%。

答案

(4) 2023年1月广东省区的绩效考核数据是多少？已知该省区的绩效考核指标为销售净额减去销售成本和销售费用。

3.5.5 新达集团计算员工个人月绩效奖金

任务五十 个人月绩效奖金计算(理论题)

↗ 员工个人月绩效奖金介绍

员工个人月绩效奖金是指企业根据员工的个人绩效情况，按照一定的标准和比例，给予员工的一种奖励性的收入，通常与员工的基本工资相区别。员工个人月绩效奖金的目的是激励员工提高工作效率和质量，增加员工的满意度和忠诚度，促进企业的发展。

↗ 任务描述

计算出示例车间人员与销售人员绩效得分后，评定绩效等级，进行绩效奖金计算。绩效奖金计算方式如下。

$$员工个人绩效奖金 = 个人目标绩效奖金 \times 出勤系数 \times (绩效得分/10)$$

其中，绩效得分保留两位小数进行计算。

绩效等级是当年度超额激励、专项激励、优秀评选，以及下一年度调薪、特别激励、相关福利、绩效改进、职级升降及职业发展等应用的重要依据。根据绩效考核与评估结果，车间人员绩效等级为A，销售人员绩效等级为B，下一年度可根据绩效等级关联调薪、特别激励、相关福利、绩效改进、职级升降等。本任务主要按月计算员工个人绩效奖金，按月发放绩效奖金，计算相关信息如表3-111所示。

表3-111 员工绩效得分表

人员类别	绩效得分	目标绩效奖金基数/元	出勤系数
车间人员	8.43	1200	1
销售人员(初级)	9.31	1800	0.98

↗ 任务要求

要求按照绩效奖金计算公式计算示例中车间人员和销售人员2023年1月的绩效奖金。

3.5.6 新达集团计算内部计息及预算分析

↗ 内部计息和预算分析介绍

内部计息是指企业对其内部各个部门或项目之间的资金占用或借贷进行利息计算的过程，包括内部计息的原则、方法、标准和流程等。内部计息的目的是合理地分配企业的资金成本，优化企业的资金结构，提高企业的资金效益。

预算分析是指企业对预算编制和执行的过程和结果进行系统的分析和评价的过程，包括预算偏差分析、预算控制分析、预算效果分析等方面。预算分析的目的是发现和解决预算管理中的问题，提高预算管理的水平，促进企业实现预算目标。

集团内部计息业务

新达集团实行内部活期计息制度，明细核算各成员单位资金结余收益及资金占用成本，满足企业利润考核需要，内部活期计息采用积数计息法，其与银行活期存款的计息方法一致。

业务流程

内部活期计息流程，如图3-220所示。

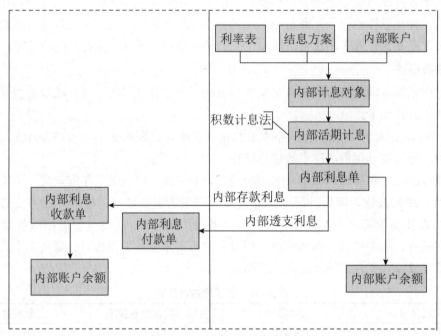

图3-220　内部活期计息流程

任务五十一　基础设置

子任务一　新增基准利率

任务描述

新达集团资金专员新增利率表，然后针对相应的利率表维护详细利率信息，即内部活期计息适用的基准利率表，待计算内部利息时，取此处设置的计息利率等信息，详情如表3-112、表3-113所示。

表3-112　利率表详情

编码	核算组织	利率表示	折算天数
用户账号	内部利率表_用户账号	年	360

表3-113　基准利率详情

启用日期	利率表	币别	利率/%
2023/1/1	内部利率表_用户账号	人民币	3

第3章 管理会计在集团型企业的信息化应用

↗ 任务要求

进入金蝶云星空系统，按任务描述的详情表，新增利率表和基准利率，所有信息录入并核对无误后，依次进行保存、提交、审核。

↗ 操作指导

切换组织为"新达集团_用户账号"。

单击左上角的【所有功能】，执行【财务会计】→【资金管理】→【基础资料】→【基准利率】命令，打开"基准利率"界面。

在"基准利率"界面，单击【新增】按钮，打开"基准利率-新增"界面。

在"基准利率-新增"界面，打开"利率表列表"窗口新增利率表，编码为"用户账号"，名称为"内部利率表_用户账号"，利率表示为"年"，折算天数为"360"，然后单击【保存】按钮，如图3-221所示。

图3-221 新增利率表

返回"利率表列表"窗口，选中刚刚保存的利率表，单击【返回数据】，如图3-222所示。

图3-222 利率表列表

在"基准利率-新增"界面，修改启用日期为"2023/1/1"，币别为"人民币"，利率(%)输入"3"，然后单击【保存】【提交】【审核】按钮，如图3-223所示。

图3-223 新增基准利率

子任务二 新增计息对象

↗ 任务描述

新达集团资金专员将采用"收支两条线"资金管理模式的组织设置为内部计息对象，每月底计息一次，具体信息如表3-114、表3-115所示。

表3-114 计息对象：新达智能科技有限公司

启用日期	名称	计息对象	币别	上次结息日	计息起点	结息方案	对应组织	创建/使用组织
2023/1/1	智能科技资金内部账户_用户账号	NBZH01_用户账号(新达智能科技有限公司内部账户_用户账号(资金))	人民币	2022/12/31	1	月结	新达智能科技有限公司_用户账号	新达集团_用户账号

【存款利息】页签

计算存款利息	利率适用类型	计息标准	利率表	存款利率(BP)
勾选	固定利率	标准	内部利率表_用户账号	0

表3-115 计息对象：新达机器人销售有限公司

启用日期	名称	计息对象	币别	上次结息日	计息起点	结息方案	对应组织	创建/使用组织
2023/1/1	销售公司资金内部账户_用户账号	NBZH02_用户账号(新达机器人销售有限公司内部账户_用户账号(资金))	人民币	2022/12/31	1	月结	新达机器人销售有限公司_用户账号	新达集团_用户账号

【存款利息】页签

计算存款利息	利率适用类型	计息标准	利率表	存款利率(BP)
勾选	固定利率	标准	内部利率表_用户账号	0

↗ 任务要求

进入金蝶云星空系统，切换当前组织为新达集团_用户账号，按任务描述的具体信息，分别设置新达智能科技有限公司和新达机器人销售有限公司为计息对象，所有信息录入并核对无误后，依次进行保存、提交、审核。

↗ 操作指导

当前组织依旧为"新达集团_用户账号"，单击左上角的【所有功能】，执行【财务会计】→【资金管理】→【基础资料】→【计息对象】命令,打开"计息对象"界面。

在"计息对象"界面,单击【新增】按钮,进入"计息对象-新增"界面。

在"计息对象-新增"界面,修改启用日期为"2023/1/1",输入名称为"智能科技资金内部账户_用户账号",选择计息对象为"NBZH01_用户账号",币别为"人民币",上次结息日为"2022/12/31",计息起点为"1",结息方案选择"月结",对应组织为"新达智能科技有限公司_用户账号",创建组织为"新达集团_用户账号"。在【存款利息】页签,勾选"计算存款利息",利率适用类型选择"固定利率",利率表选择"内部利率表_用户账号",存款利率(BP)为"0",然后依次单击【保存】【提交】【审核】按钮,如图3-224所示。

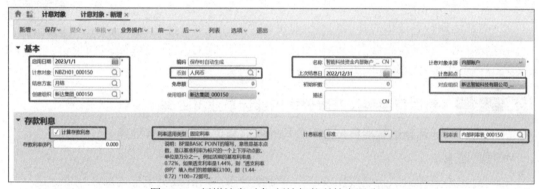

图3-224　新增计息对象(新达智能科技有限公司)

继续新增计息对象,单击【新增】按钮进入"计息对象-新增"界面,修改启用日期为"2023/1/1",输入名称为"销售公司资金内部账户_用户账号",选择计息对象为"NBZH02_用户账号",币别为"人民币",上次结息日为"2022/12/31",计息起点为"1",结息方案选择"月结",对应组织为"新达机器人销售有限公司_用户账号",创建组织为"新达集团_用户账号"。在【存款利息】页签,勾选"计算存款利息",利率适用类型选择"固定利率",利率表选择"内部利率表_用户账号",存款利率(BP)为"0",然后依次单击【保存】【提交】【审核】按钮,如图3-225所示。

图3-225　新增计息对象(新达机器人销售有限公司)

返回"计息对象"界面,可以看到刚刚审核通过的两个计息对象,如图3-226所示。

图3-226　计息对象查询

思考题

(1) 请解释新达集团为什么需要新增利率表，以及详细利率信息的作用是什么？

(2) 内部活期计息适用的基准利率表对资金管控有何重要性？

(3) 将采用"收支两条线"资金管理模式的组织设置为内部计息对象，可能对公司资金管理产生怎样的影响？

答案

任务五十二　新达智能科技有限公司内部计息业务处理

子任务一　计算新达智能科技有限公司的内部利息并进行财务处理

任务描述

每月月底由资金组织新达集团发起内部活期计息，对各成员单位内部账户资金进行收益核算，资金专员采用向导的方式计算利息，只需要录入利息计算的对象及计算的日期范围，系统将自动完成存款利息的计算。按集团规定，内部活期计息采用积数计息法，与银行活期存款的计息方法一致，利息计算的结果将由系统自动产生内部利息单，资金专员查询确认后提交审核，审核后当天根据单据进行记账，及时在账表中反映该笔业务，详情如表3-116至表3-118所示。

表3-116　利息计算详情

计息对象	起始日期	终止日期
智能科技资金内部账户_用户账号	2023/1/1	2023/1/31

表3-117　内部利息单详情

业务日期	计息对象名称	计息天数	存款积数/元	本期存款利息/元	账面余额/元	计息组织	对应组织
2023/1/31	智能科技资金内部账户_用户账号	31	28 949 728	2412.48	904 780.48	新达集团_用户账号	新达智能科技有限公司_用户账号
【利息明细】页签							

利息类型	开始日期	结束日期	天数	积数/元	年利率/%	本期利息/元
存款利息	2023/1/1	2023/1/31	31	28 949 728	3	2412.48

表3-118 凭证详情

账簿	核算组织	日期	借方科目	核算维度	借方金额/元	贷方科目	核算维度	贷方金额/元
新达集团账簿_用户账号	新达集团_用户账号	2023/1/31	财务费用_利息支出		2412.48	其他应收款_统收款	01_用户账号/新达智能科技有限公司_用户账号	2412.48

➚ 任务要求1

进入金蝶云星空系统，切换当前组织为新达集团_用户账号，按任务描述的详情表，计算新达智能科技有限公司_用户账号的内部利息。

➚ 任务要求2

要求查询新达智能科技有限公司_用户账号的资金内部账户的收支变动和余额，用积数计息法手工计算当月利息，并与内部利息单的"本期存款利息"比较核对，内部利息单的数据及其他信息均核对无误后，依次进行保存、提交、审核。

➚ 任务要求3

进入金蝶云星空系统，切换当前组织为新达集团_用户账号，按任务要求2审核通过的内部利息单，生成新达集团账簿对应的总账凭证，并核对凭证分录是否正确。

➚ 操作指导

切换组织为"新达集团_用户账号"。

单击左上角的【所有功能】，执行【财务会计】→【资金管理】→【日常处理】→【利息计算】命令，打开"利息计算"界面。

在"利息计算"界面，选择计息对象为"智能科技资金内部账户_用户账号"，修改起始日期为"2023/1/1"，修改终止日期为"2023/1/31"，然后单击【确定】按钮，如图3-227所示。

图3-227 利息计算

计算完毕后会自动弹出一个窗口，单击【确定】按钮，进入"内部利息单-修改"界面，修改业务日期为"2023/1/31"，核对计息对象名称为"智能科技资金内部账户_用户账号"，存款积数为"28 949 728"，本期存款利息为"2412.48"，账面余额为"904 780.48"，然后依次单击【提交】【审核】按钮，如图3-228所示。

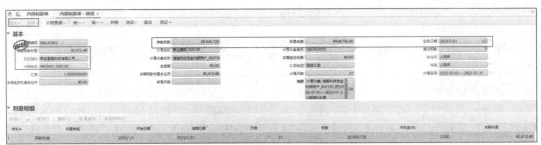

图3-228 内部利息单

执行【财务会计】→【资金管理】→【日常处理】→【内部利息单】命令,打开"内部利息单"界面。

在"内部利息单"界面,选中刚刚审核通过2412.48元的内部利息单,执行【凭证】→【生成凭证】命令,选中"新达集团账簿_用户账号",然后单击【凭证生成】按钮,如图3-229所示。

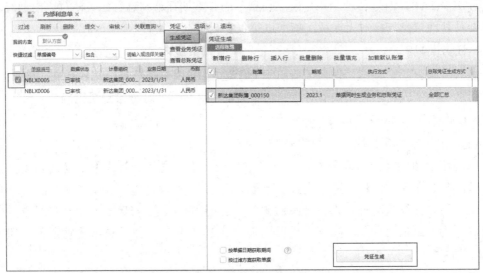

图3-229 内部利息单凭证生成

在弹出的"凭证生成报告列表"界面,选中该条数据,单击【查看总账凭证】按钮。

在弹出的"凭证列表"界面,打开新达集团账簿的凭证,核对科目、金额等信息,如图3-230所示。

图3-230 查看凭证

子任务二　新达智能科技有限公司收利息款并进行财务处理

↗ 任务描述

新达集团审核通过内部利息单后，系统自动生成新达智能科技有限公司的内部利息收款单，记录智能科技资金内部账户余额增加，详情如表3-119、表3-120所示。

表3-119　内部利息收款单详情

单据类型	业务日期	往来/付款单位类型	往来/付款单位	币别	收款组织
内部利息收款单	2023/1/31	组织机构	新达集团_用户账号	人民币	新达智能科技有限公司_用户账号
【明细】页签					
结算方式	收款用途	应收金额/元	实收金额/元	内部账号	内部账户名称
内部利息结算	利息收入	2412.48	2412.48	NBZH01_用户账号	新达智能科技有限公司内部账户_用户账号(资金)

表3-120　凭证详情

账簿	核算组织	日期	借方科目	核算维度	借方金额/元	贷方科目	核算维度	贷方金额/元
新达智能科技账簿_用户账号	新达智能科技有限公司_用户账号	2023/1/31	其他应收款_统收款	用户账号/新达集团_用户账号	2412.48	财务费用_利息收入		2412.48

↗ 任务要求1

进入金蝶云星空系统，切换当前组织为新达智能科技有限公司_用户账号，按任务描述的详情表，核对内部利息收款单信息，确认无误后，依次进行保存、提交、审核。

↗ 任务要求2

进入金蝶云星空系统，切换当前组织为新达智能科技有限公司_用户账号，按任务要求1审核通过的内部利息收款单，生成新达智能科技账簿对应的总账凭证，并核对凭证分录是否正确。

↗ 操作指导

切换当前组织为"新达智能科技有限公司_用户账号"，如图3-231所示。

图3-231　切换组织

单击左上角的【所有功能】，执行【财务会计】→【出纳管理】→【日常处理】→【收款单】命令，打开"收款单"界面。

在"收款单"界面，选中任务五十二的子任务二审核通过的内部利息收款单，执行

【凭证】→【生成凭证】命令，选中"新达智能科技账簿_用户账号"，然后单击【凭证生成】按钮，如图3-232所示。

图3-232　收款单凭证生成

在弹出的"凭证生成报告列表"界面，选中该条数据，单击【查看总账凭证】按钮。

在弹出的"凭证列表"界面，打开新达智能科技账簿的凭证，核对科目、金额等信息，如图3-233所示。

图3-233　查看凭证

子任务三　账表查询

➔ 任务描述

新达智能科技有限公司内部计息业务全部处理完毕后，新达智能科技有限公司可以通过内部利息收款单查询内部利息数据，可看到其资金内部账户余额增加了606.93元；可以通过查询银行存款日记账查看公司资金内部账户的变动情况。

新达智能科技有限公司隶属于新达集团，所以新达集团可以通过银行存款流水账，查询到新达智能科技有限公司资金内部账户的变动情况，账表过滤条件及余额详情如表3-121所示。

表3-121 新达智能科技有限公司银行存款日记账过滤条件及余额详情

账簿	内部账户	起始日期	结束日期	内部账户余额/元
新达智能科技账簿_用户账号	NBZH01_用户账号 (新达智能科技有限公司内部账户_用户账号(资金))	2023/1/1	2023/1/31	904 780.48

▸ **任务要求**

进入金蝶云星空系统,切换当前组织为新达智能科技有限公司_用户账号,按任务描述的详情表,查询银行存款日记账,核对余额是否正确。

▸ **操作指导**

在金蝶云星空系统管理界面,单击左上角的【所有功能】,执行【财务会计】→【出纳管理】→【日记账】→【银行存款日记账】命令。

在弹出的"银行日记账过滤条件"界面,选择账簿为"新达智能科技账簿_用户账号",内部账户选择"NBZH01_用户账号",起始日期为"2023/1/1",结束日期为"2023/1/31",然后单击【确定】按钮,如图3-234所示。

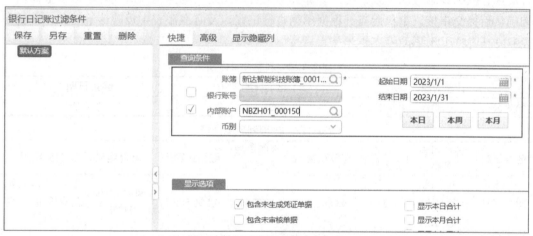

图3-234 银行日记账过滤条件

查看新达智能科技账簿的银行存款日记账,可以看到内部账号为"NBZH01_用户账号"的账户余额为"904 780.48",如图3-235所示。

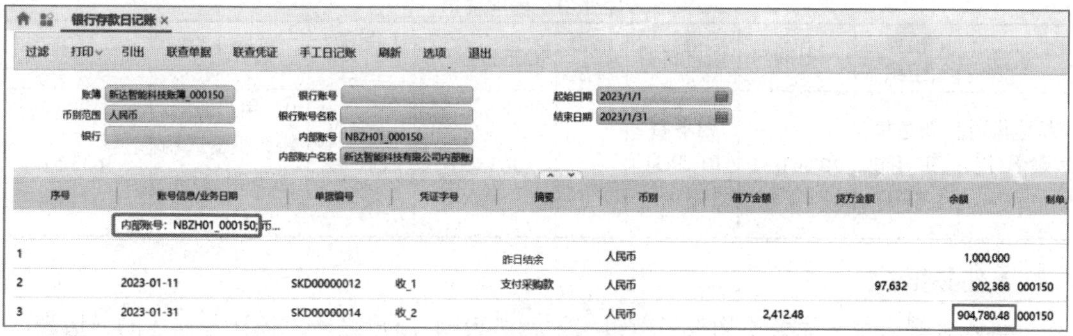

图3-235 查看银行存款日记账

思考题

(1) 请解释内部活期计息的计算流程,并说明采用积数计息法的原因。
(2) 内部利息单的审核通过和记账操作对公司内部财务管理有何重要性?
(3) 为什么新达智能科技有限公司内部账户余额会增加606.93元?
(4) 新达集团通过银行存款流水账查询新达智能科技有限公司资金内部账户的变动情况,对公司的财务监控有何帮助?

答案

任务五十三　新达机器人销售有限公司内部计息业务处理

子任务一　计算新达机器人销售有限公司的内部利息并进行财务处理

任务描述

每月月底由资金组织新达集团发起内部活期计息,对各成员单位内部账户资金进行收益核算,资金专员采用向导的方式计算利息,只需要录入利息计算的对象及计算的日期范围,系统将自动完成存款利息的计算。按集团规定,内部活期计息采用积数计息法,与银行活期存款的计息方法一致,利息计算的结果将由系统自动产生内部利息单,资金专员查询确认后提交审核,审核后当天根据单据进行记账,及时在账表中反映该笔业务,详情如表3-122至表3-124所示。

表3-122　利息计算详情

计息对象	起始日期	终止日期
销售公司资金内部账户_用户账号	2023/1/1	2023/1/31

表3-123　内部利息单详情

业务日期	计息对象名称	计息天数	存款积数/元	本期存款利息/元	账面余额/元	计息组织	对应组织
2023/1/31	销售公司资金内部账户_用户账号	31	43 602 092	3633.51	3 551 545.77	新达集团_用户账号	新达机器人销售有限公司_用户账号

【利息明细】页签

利息类型	开始日期	结束日期	天数	积数/元	年利率/%	本期利息/元
存款利息	2023/1/1	2023/1/31	31	43 602 092	3	3633.51

表3-124　凭证详情

账簿	核算组织	日期	借方科目	核算维度	借方金额/元	贷方科目	核算维度	贷方金额/元
新达集团账簿_用户账号	新达集团_用户账号	2023/1/31	财务费用_利息支出		3633.51	其他应收款_统收款	02_用户账号/新达机器人销售有限公司_用户账号	3633.51

任务要求1

进入金蝶云星空系统,切换当前组织为新达集团_用户账号,按任务描述的详情表,计算新达机器人销售有限公司_用户账号的内部利息。

任务要求2

要求查询新达机器人销售有限公司_用户账号的资金内部账户的收支变动和余额,用积数计息法手工计算当月利息,并与内部利息单的"本期存款利息"比较核对,内部利息单的数据及其他信息均核对无误后,依次进行保存、提交、审核。

任务要求3

进入金蝶云星空系统,切换当前组织为新达集团_用户账号,按任务要求2审核通过的内部利息单,生成新达集团账簿对应的总账凭证,并核对凭证分录是否正确。

操作指导

切换组织为"新达集团_用户账号"。单击左上角的【所有功能】,执行【财务会计】→【资金管理】→【日常处理】→【利息计算】命令,打开"利息计算"界面。

在"利息计算"界面,选择计息对象为"销售公司资金内部账户_用户账号",修改起始日期为"2023/1/1",修改终止日期为"2023/1/31",然后单击【确定】按钮,如图3-236所示。

图3-236 利息计算

计算完毕后会自动弹出一个窗口,单击【确定】按钮,进入"内部利息单-修改"界面,修改业务日期为"2023/1/31",核对计息对象名称为"销售公司资金内部账户_用户账号",存款积数为"43 602 092",本期存款利息为"3633.51",账面余额为"3 551 545.77",然后依次单击【提交】【审核】按钮,如图3-237所示。

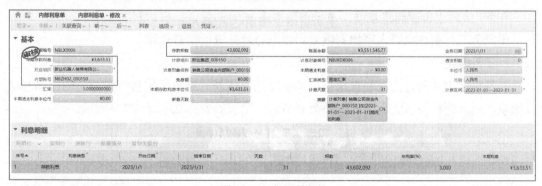

图3-237 内部利息单

执行【财务会计】→【资金管理】→【日常处理】→【内部利息单】命令,打开"内部利息单"界面。

在"内部利息单"界面,选中刚刚审核通过3633.51元的内部利息单,执行【凭证】→【生成凭证】命令,选中"新达集团账簿_用户账号",然后单击【凭证生成】按钮,如图3-238所示。

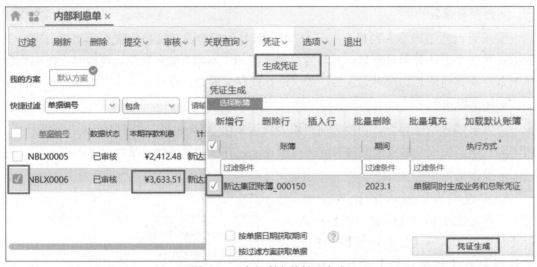

图3-238　内部利息单凭证生成

在弹出的"凭证生成报告列表"界面，选中该条数据，单击【查看总账凭证】按钮，如图3-239所示。

图3-239　凭证生成报告列表

在弹出的"凭证列表"界面，打开新达集团账簿的凭证，核对科目、金额等信息。

子任务二　新达机器人销售有限公司收利息款并进行财务处理

↗ 任务描述

新达集团审核通过内部利息单后，系统自动生成新达机器人销售有限公司的内部利息收款单，记录销售公司资金内部账户余额增加，详情如表3-125、表3-126所示。

表3-125　内部利息收款单详情

单据类型	业务日期	往来/付款单位类型	往来/付款单位	币别	收款组织
内部利息收款单	2023/1/31	组织机构	新达集团_用户账号	人民币	新达机器人销售有限公司_用户账号
【明细】页签					
结算方式	收款用途	应收金额/元	实收金额/元	内部账号	内部账户名称
内部利息结算	利息收入	3633.51	3633.51	NBZH02_用户账号	新达机器人销售有限公司内部账户_用户账号(资金)

表3-126 凭证详情

账簿	核算组织	日期	借方科目	核算维度	借方金额/元	贷方科目	核算维度	贷方金额/元
新达销售账簿_用户账号	新达机器人销售有限公司_用户账号	2023/1/31	其他应收款_统收款	用户账号/新达集团_用户账号	3633.51	财务费用_利息收入		3633.51

↗ **任务要求1**

进入金蝶云星空系统,切换当前组织为新达机器人销售有限公司_用户账号,按任务描述的详情表,核对内部利息收款单信息,确认无误后,依次进行保存、提交、审核。

↗ **任务要求2**

进入金蝶云星空系统,切换当前组织为新达机器人销售有限公司_用户账号,按任务要求1审核通过的内部利息收款单,生成新达销售账簿对应的总账凭证,并核对凭证分录是否正确。

↗ **操作指导**

切换当前组织为"新达机器人销售有限公司_用户账号"。

单击左上角的【所有功能】,执行【财务会计】→【出纳管理】→【日常处理】→【收款单】命令,打开"收款单"界面。

在"收款单"界面,选中任务五十三的子任务二审核通过的内部利息收款单,执行【凭证】→【生成凭证】命令,选中"新达销售账簿_用户账号",然后单击【凭证生成】按钮,如图3-240所示。

图3-240 收款单凭证生成

在弹出的"凭证生成报告列表"界面,选中该条数据,单击【查看总账凭证】按钮,如图3-241所示。

图3-241 凭证生成报告列表

在弹出的"凭证列表"界面,打开新达销售账簿的凭证,核对科目、金额等信息。

子任务三 账表查询

↗ 任务描述

新达机器人销售有限公司内部计息业务全部处理完毕后,新达机器人销售有限公司可以通过内部利息收款单查询内部利息数据,其资金内部账户余额会增加2676.83元,可以通过查询银行存款流水账查看自己资金内部账户的变动情况。

新达机器人销售有限公司隶属于新达集团,所以新达集团公司可以通过银行存款流水账,查询到新达机器人销售有限公司资金内部账户的变动情况,账表过滤条件及余额详情如表3-127所示。

表3-127 新达机器人销售有限公司银行存款流水账过滤条件及余额详情

收付组织	内部账户	起始日期	结束日期	内部账户余额/元
新达机器人销售有限公司_用户账号	NBZH02_用户账号 (新达机器人销售有限公司内部账户_用户账号(资金))	2023/1/1	2023/1/31	3 551 545.77

↗ 任务要求

进入金蝶云星空系统,切换当前组织为新达机器人销售有限公司_用户账号,按任务描述的详情表,查询银行存款流水账,核对余额是否正确。

↗ 操作指导

在金蝶云星空系统管理界面,单击左上角的【所有功能】,执行【财务会计】→【出纳管理】→【报表】→【银行存款流水账】命令。

在弹出的"银行存款流水账过滤条件"界面,收付组织选择"新达机器人销售有限公司_用户账号",内部账户选择"NBZH02_用户账号",起始日期为"2023/1/1",结束日期为"2023/1/31",然后单击【确定】按钮,如图3-242所示。

查看新达机器人销售有限公司的银行存款流水账,可以看到内部账户"NBZH02_用户账号"的余额为"3 551 545.77",如图3-243所示。

第3章 管理会计在集团型企业的信息化应用 213

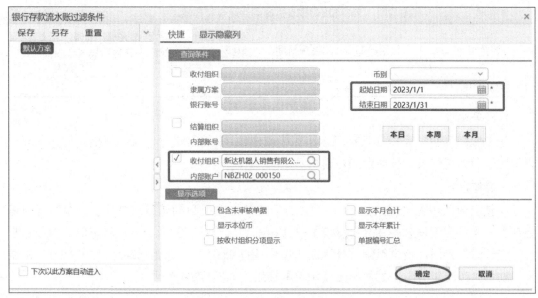

图3-242 银行存款流水账过滤条件

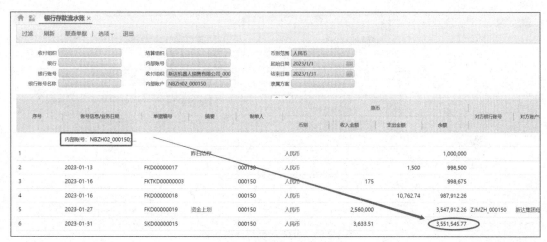

图3-243 查看银行存款流水账

↗ 思考题

(1) 解释内部活期计息的计算流程，并说明积数计息法的特点。

(2) 内部利息单的审核通过和记账操作对公司内部财务管理有何影响？

(3) 新达集团通过银行存款流水账查询新达机器人销售有限公司资金内部账户的变动情况，对公司的财务监控有何帮助？

答案

任务五十四　新达集团查询内部利息统计表

↗ 任务描述

新达集团资金专员每月完成内部计息业务处理后，可以通过内部利息统计表查询各成员单位内部利息数据，并按期进行统计分析。报表过滤条件及余额详情如表3-128所示。

表3-128　报表过滤条件及余额详情

资金组织	起始日期	结束日期	存款利息/元	
			销售公司资金内部账户_用户账号	智能科技资金内部账户_用户账号
新达集团_用户账号	2023/1/1	2023/1/31	3633.51	2412.48

↗ **任务要求**

进入金蝶云星空系统，切换当前组织为新达集团_用户账号，按任务描述的详情表，查询内部利息统计表，核对余额是否正确。

↗ **操作指导**

切换当前组织为"新达集团_用户账号"。单击左上角的【所有功能】，执行【财务会计】→【资金管理】→【分析报表】→【内部利息统计表】命令。在弹出的"内部利息统计表过滤"界面，资金组织选择"新达集团_用户账号"，起始日期为"2023/1/1"，结束日期为"2023/1/31"，然后单击【确定】按钮，如图3-244所示。

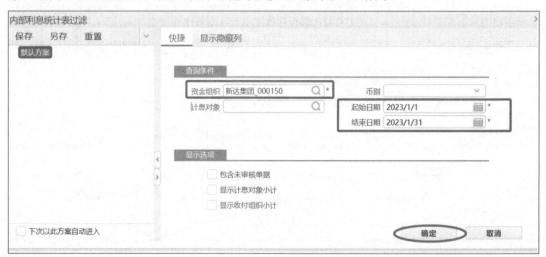

图3-244　内部利息统计表过滤

查看新达集团的内部利息统计表，可以看到计息对象"智能科技资金内部账户_用户账号"的存款利息为"2412.48"，计息对象"销售公司资金内部账户_用户账号"的存款利息为"3633.51"，如图3-245所示。

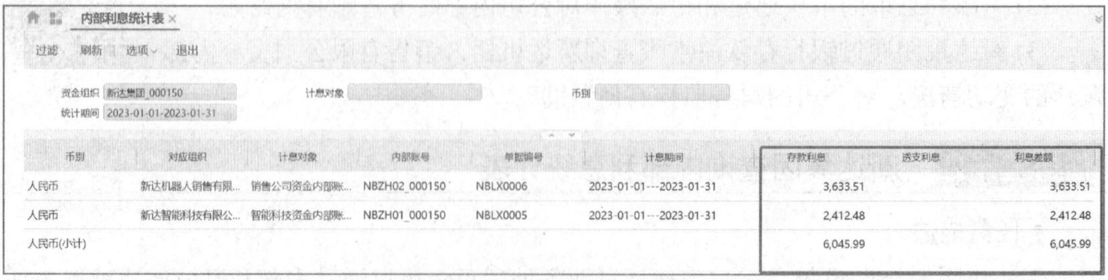

图3-245　查看内部利息统计表

任务五十五　预算与实际差异分析(理论题)

↗ 预算分析背景

新达集团成立于2009年，注册资本5000万元，是一家主要从事机器人研发、制造、服务为一体的公司并且是国内顶尖的机器人制造商之一，公司研发总部坐落于国家顶尖的机器人产业园——江苏省机器人科技产业园，采用日本、德国等的尖端技术并拥有自主知识产权和核心技术的高新技术企业，产品具有高稳定性、使用寿命长、维护简单、配件成本低的优点。自公司成立以来，一直以"打造国内顶尖、世界先进的机器人生产厂商"为目标，目前是全球销量前十的机器人生产厂商。

随着新达集团业务不断发展壮大，其业务步入高速发展阶段。这决定了其成长期的战略重心不在财务而在营销，以销售为起点的预算管理模式应该而且能够为企业营销战略实施并持续提高其竞争力提供全方位的管理支持。因此，每年10月启动下一年全面预算编制工作，以销售预算编制为起点，分别编制销售预算、生产预算、采购预算、成本预算、费用预算及资金预算。

新达集团在进行预算编制后，对预算进行过程控制，根据企业实际情况进行预算调整，为真正达到事前、事中、事后预算控制分析，需在每个季度业务完结后进行预算分析，新达集团预算管理工作机构和各预算执行单位应当建立预算执行情况分析制度，定期召开预算执行分析会议，通报预算执行情况，研究、解决预算执行中存在的问题，认真分析原因，提出改进措施。

在进行预算分析时，新达集团主要采用差异分析、对比分析、对标分析、结构分析的方法分析预算执行情况。各个方法的使用要求如下。

(1) 差异分析：各预算报表的数据与实际绩效之间的差异，分析引起差异的内外部原因，及时发现和解决预算执行过程中出现的问题和存在的风险，为预算控制提供目标、方向和重点，如图3-246所示。

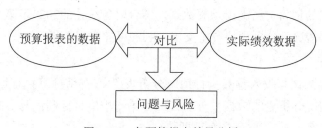

图3-246　各预算报表差异分析

(2) 对比分析：将某项指标与性质相同的指标项进行对比来揭示差异，分析报表中的项目与总体项目之间的关系及其变动情况，探讨产生差异的原因，判断企业预算的执行情况。其主要包括实际数与预算数的对比分析、同比分析(将本期实际数与上年同期实际数进行对比分析)、环比分析(将本期实际数与上期实际数进行对比分析)等。

(3) 对标分析：选取行业内标杆企业作为比较标准，通过对标分析，可以了解企业在行业竞争中的地位，明确差距，提出相应的改进措施。

(4) 结构分析：分析实际数结构与预算数结构之间的差异，分析结构变化对预算完成情况的不同影响。

本案例将以新达集团各项预算执行明细情况为背景，分析导致预算利润与实际利润产生差异的原因，并从收入、费用、成本维度对预算进行分析。

子任务一　分析新达集团利润差异原因

↗ 任务描述

利润是衡量企业经营最重要的指标之一，会计人员要核算出利润，利润是否完成预算目标可以通过会计人员每月编制的损益表反映出来，但是会计人员不仅要提供利润结果，还必须对影响利润差异的各个因素及影响程度进行透彻的分析，为经营者下一步决策提供充足的依据。

新达集团每一季度定期召开预算执行分析会议，通报预算执行情况。经财务核算，2023年第一季度实际利润额为2000万元，未完成目标利润额，新达集团财务需认真分析导致利润产生差异可能的原因。

↗ 任务要求

根据新达集团发展战略规划获取目标利润数据，分析可能导致目标利润与实际利润产生差异的原因，并以文字形式描述(言之有理即可)。

子任务二　分析收入/成本/费用差异对利润产生的影响

↗ 任务描述

根据年初制定的销售预算数据，结合财务统计的2023年第一季度各个省区业绩实际执行情况、预算执行进度，分析销售收入对利润可能产生的影响，同时分析差额完成业绩的省区数量占比。

根据年初制定的生产费用预算数据，结合财务统计的2023年第一季度各个部门的费用项目实际执行情况，分析生产费用对利润可能产生的影响。

根据年初制定的销售费用支出预算数据，结合财务统计的2023年第一季度各个部门的费用项目实际执行情况，分析销售费用支出对利润可能产生的影响。

↗ 任务要求

根据案例提供的销售收入预算执行情况分析表/生产费用预算执行情况分析表/销售费用支出预算执行情况分析表的数据，分析2023年第一季度目标利润与实际利润产生差异的综合原因，并以文字形式描述(言之有理即可)。

子任务三　分析收入/成本/费用差异对利润产生的影响

↗ 任务描述

从整个集团层面出发，统计2023年第一季度各个部门生产费用预算调整的比例，并分析出现预算调整的各个费用项目占比，最后统计调整金额占比最高的费用项目。

从整个集团层面出发，统计2023年第一季度销售费用支出预算调整的比例，并分析出现预算调整的各个费用项目占比，最后统计调整金额占比最高的费用项目。

分析2023年第一季度业绩超额完成的占比情况，经往年数据统计，一般业绩超额完成比例超50%属于非正常情况，思考出现业绩超比例50%情况的可能原因。

任务要求

根据案例提供的销售收入预算执行情况分析表、生产费用预算执行情况分析表、销售费用支出预算执行情况分析表的数据，按照任务描述信息完成统计分析，以文字形式或图表形式展示(言之有理即可)。